Gay Robins

Frauenleben im Alten Ägypten

GAY ROBINS

Frauenleben im Alten Ägypten

Aus dem Englischen übersetzt von Martina Dervis und Sabine Jainski

VERLAG C. H. BECK MÜNCHEN

Der Übersetzung liegt folgende Ausgabe zugrunde:
Gay Robins, Women in Ancient Egypt

British Museum Press, London

Wissenschaftliche Beratung für die deutsche Ausgabe:
Stephanie Oestreich und Steven Lundström, Berlin

Mit 85 Abbildungen

Die Deutsche Bibliothek – CIP-Einheitsaufnahme

Robins, Gay:
Frauenleben im Alten Ägypten / Gay Robins. Aus dem Engl. übers. von Martina Dervis und Sabine Jainski. – München : Beck, 1996
Einheitssacht.: Women in Ancient Egypt <dt.>
ISBN 3-406-40411-1

ISBN 3 406 40411 1

Für die deutsche Ausgabe:

Gesamtherstellung: Kösel, Kempten
Gedruckt auf säurefreiem,
aus chlorfrei gebleichtem Zellstoff hergestelltem Papier
Printed in Germany

Inhalt

V.
Familie und Haushalt

VI.
Frauen ausserhalb des Hauses

VII.
Die ökonomische und rechtliche Stellung der Frauen

VIII.
Frauen und das Tempelritual

IX.
Persönliche Frömmigkeit und Tod

X.
Frauenbilder in Literatur und Kunst

Einleitung

Dieses Buch, das das Leben der Frauen im Alten Ägypten untersucht, wurde für ein breites Publikum geschrieben. Warum ist ein solches Buch überhaupt notwendig? Schließlich gibt es ja auch keine Bücher, die sich ausschließlich mit dem Leben der Männer im Alten Ägypten befassen. Da davon auszugehen ist, daß etwa die Hälfte der altägyptischen Bevölkerung aus Frauen bestand, müßte jedes Buch über das Alte Ägypten automatisch auch Frauen berücksichtigen. Warum also beschäftigen wir uns so intensiv mit den Frauen in diesem Buch, so als ob es sich um eine besondere Gesellschaftsgruppe handelte, vergleichbar Trauernden, Webern oder Tänzern? Die Erklärung liegt in der politischen Struktur des Alten Ägypten, an deren Spitze ein König stand, der mit Hilfe einer rein männlichen Bürokratie regierte. Aus diesem Grund werden Frauen in der politischen Geschichtsschreibung Ägyptens, die den Hauptgegenstand der ägyptologischen Forschung seit ihren Anfängen im vorigen Jahrhundert darstellt, kaum erwähnt, eine Tatsache, der die meisten Forscher keine Beachtung schenkten, lebten sie doch selbst in Gesellschaften, in denen das öffentliche Leben (Politik, Religion, Militär und Wissenschaft) überwiegend von Männern beherrscht wurde und in denen die Belange der Männer, die man als gegeben hinnahm, die Norm darstellten. Frauen wurden als Abweichung von dieser Norm betrachtet und folglich als Spezialfall behandelt. Jede Untersuchung über Altägypten ging daher von der männlichen Norm aus.

Weit verbreitete Ansichten sind schwer zu verändern, doch die Kritik an dieser Vorherrschaft des Männlichen hat im Laufe des 20. Jahrhunderts an Stoßkraft gewonnen und die feministische Bewegung wie auch die akademische Disziplin der «women's studies»* hervorgebracht. Dies hat zu einer fortgesetzten Neueinschätzung der Rollen von Frauen in Vergangenheit und Gegenwart geführt, wie auch zu einem neuen Verständnis der entscheidenden Beiträge, die sie in der Geschichte der Menschheit geleistet haben. Das vorliegende Buch ist

* A. d. Ü.: Frauenstudien und Frauenforschung sind in Deutschland nicht in dem Maße institutionalisiert wie in den USA, wo die meisten Universitäten über einen eigenen Bereich der «women's studies» verfügen, in dem auch akademische Abschlüsse erworben werden können.

ein Versuch, dieses neuerwachte Interesse auch auf die Rollen zu lenken, die Frauen in der altägyptischen Welt gespielt haben.

Natürlich ist ein solches Vorhaben von einer Reihe von Schwierigkeiten begleitet. Ein grundlegendes Problem ist die Tatsache, daß die Ägyptologen es trotz des reichen Quellenmaterials immer noch nicht geschafft haben, sich ein wirklich umfassendes Bild vom Funktionieren der ägyptischen Gesellschaft und ihrer Regierung sowie von den Abläufen in Recht und Wirtschaft zu machen. Es ist schwer, den Ort und die Bedeutung von Frauen in einem System zu bestimmen, das wir nicht vollständig überblicken. Dennoch können wir einige interessante Schlußfolgerungen ziehen, und das Bild vom Leben der Frauen, das daraus entsteht, ist lebendig und faszinierend, auch wenn es notwendigerweise lückenhaft bleiben muß.

Umreißen wir zunächst kurz die hauptsächlichen Schwierigkeiten, die sich bei jeder Studie über das Alte Ägypten stellen. Zwei Probleme sind besonders gravierend: erstens die Beschaffenheit des Quellenmaterials; und zweitens die Interessen und Voreingenommenheiten der Ägyptologen.

Die wichtigsten Quellen für jede Untersuchung Altägyptens sind archäologische, schriftliche und bildliche Zeugnisse. Alle drei enthalten selbst schon Befangenheiten und Lücken, die umgangen werden müssen, bevor das Material sinnvoll genutzt werden kann. Archäologisches Quellenmaterial besteht aus den physischen Überresten einer Kultur, welche durch Ausgrabungen geborgen werden können. Die Wissenschaftler können nur erforschen, was ausgegraben wurde, so daß wir durch das Verschwinden vergänglicher Bestandteile mit einer Wissenslücke beginnen. Archäologie ist im wesentlichen ein zerstörerisches Unternehmen, obgleich in jüngster Zeit immer mehr Wert auf nichtdestruktive Methoden gelegt wird. Sobald man jedoch auf irgendeine Weise in das Gelände eingreift, wird mit der Zerstörung von Beweismaterial begonnen. Vereinfacht ausgedrückt: die Vergangenheit liegt schichtweise im Boden begraben, wobei das Alter der Schichten mit der Tiefe zunimmt, so daß man immer weiter in der Zeit zurückgeht, je tiefer man schürft. Bei der Ausgrabung einer Stätte müssen diese Schichten eine nach der anderen abgetragen werden, bis der Grund erreicht ist. Die moderne Archäologie verlangt, daß jedes Stadium dieses Prozesses ausführlich dokumentiert wird, damit zukünftige Forscher im schriftlichen Bericht alle Informationen finden können, die während der Ausgrabung gewonnen wurden, da der Akt der Ausgrabung selbst die Stätte unwiederbringlich zerstört hat.

Leider ist die Archäologie als wissenschaftliche Disziplin noch relativ jung, und sie ist noch dabei, ihre Methoden zu entwickeln und zu verfeinern. Die Geschichte der Archäologie begann mit Plünderungen und

Schatzsuche, und erst allmählich bildete sich das Konzept der kontrollierten Ausgrabung heraus. So wurden viele Stätten in Ägypten im letzten Jahrhundert ausgeplündert, und das Material, das sie enthalten haben mögen, wurde zerstört. Als Sir Flinders Petrie um die Jahrhundertwende eine wissenschaftlichere Vorgehensweise einführte, wurde sie zunächst von vielen seiner Kollegen nicht beachtet. Obwohl Petries Methode mit der Zeit an Boden gewann, ging trotzdem viel archäologisches Quellenmaterial verloren, teils weil die Interessen und Fragen jeder Generation an die Vergangenheit andere sind, teils weil erst in neuerer Zeit verfeinerte archäologische Techniken entwickelt wurden. So wurde Material, das wir heute für wichtig halten, in früheren Jahrzehnten vergessen oder ausgesondert. Die große Anzahl unverzierter Tonscherben, die an den meisten Stätten gefunden wurden, schien uninteressant; jetzt gibt es spezielle Methoden, um eine große Vielfalt an Informationen aus diesen Bruchstücken herauszuholen, die uns beispielsweise helfen können, die Funktionen verschiedener Plätze eines Ausgrabungsortes zu bestimmen. Es gab eine Zeit, in der Tierknochen kaum als interessante Funde betrachtet wurden, und niemand kam auf den Gedanken, Bodenproben zu entnehmen, um in menschlichen und tierischen Ausscheidungen enthaltene Pflanzenreste oder Parasiten zu suchen. Heute nehmen Spezialisten an den meisten Ausgrabungen teil, die nur die Aufgabe haben, genau dies zu untersuchen. Wir erhalten von ihnen Informationen über Haustierhaltung, Schlachtungspraktiken, Tier- und Menschennahrung, Verseuchung der Bevölkerung mit Parasiten sowie Informationen über die Funktion des Ortes. Wo Ausgrabungen durchgeführt wurden, bevor man solche Fragen überhaupt berücksichtigte, sind diese Informationen für immer verloren.

Andere Lücken in unserem archäologischen Wissen sind auf die geographischen Besonderheiten Ägyptens zurückzuführen. Das Delta im Norden ist eine wasserreiche, fruchtbare, ebene Landschaft, die während des größten Teils der Geschichte Ägyptens das wirtschaftliche Zentrum des Landes bildete. Dennoch ist es archäologisch sehr wenig erforscht, da der hohe Grundwasserspiegel Ausgrabungen schwierig und teuer macht und der Zugang durch die heutige Besiedelung begrenzt ist. Ein ähnliches Problem behindert Ausgrabungsversuche im Anbaugebiet des Niltals. Die alten Städte und Dörfer lagen jedoch genau in diesen landwirtschaftlich genutzten Gegenden im Delta und im Flußtal. Selbst Theben, die große Stadt des Südens, von der wir scheinbar so viel wissen, hat uns nur Kenntnisse über ihre Tempel und Gräber gelassen; über die Wohnviertel der Stadt ist so gut wie nichts bekannt. Es ist überall das gleiche Dilemma: Es mangelt nicht an Ausgrabungen von Tempeln und Gräbern, wohl aber von Siedlungen. Ein Grund dafür ist, daß die Ägypter ihre Gräber und Tempel am Rande der Wüste und nicht innerhalb des bebauten Gebietes errichteten. Hier erleichtert nicht nur der trockene Sand die Ausgrabungen, sondern der unmittelbare Lohn scheint auch größer wegen der Pracht der zutage geförderten Steinmonumente, der Chancen, reiche Grabbeigaben zu entdecken sowie der allgemein guten Konservierungseigenschaften des Wüstensands. Um wie viel lohnender erscheint dies im Vergleich zu einer Grabung an einer wasserüberfluteten Stätte voll unscheinbarer, schlecht erhaltener Gebäude aus Lehmziegeln, mit geringer Aussicht auf kostbare oder künstlerische Funde. Wir sollten dankbar sein, daß die Ägypter gelegentlich aus besonderen Gründen Siedlungen in Wüstengebieten errichtet haben, denn dies sind die einzigen umfassend ausgegrabenen Stätten: Echnatons Stadt in Tell el-Amarna, die Stadt Kahun nahe dem Eingang des Fajumtals sowie die Arbeitersiedlungen in Tell el-Amarna und Deir-el-Medineh. Obgleich es gute Gründe gibt, diese nicht als typisch für die Gesamtheit der Siedlungen anzusehen, stellen sie unsere einzigen Informationsquellen für diese Gegenden dar, und deshalb wird dieses Buch häufig auf sie Bezug nehmen. Sie füllen jedoch nicht die großen Lücken in unserem Wissen über Siedlungen aus, und wir bleiben daher praktisch ohne Kenntnis von den Dörfern und Städten, in denen die alten Ägypter ihr tägliches Leben lebten, und den Häusern, die sie bewohnten. Da ein großer Teil des Verantwortungsbereiches einer Frau in der Führung des Hauses lag, ist dieser Verlust für jede Studie über Frauen besonders schmerzlich.

Schriftliche Quellen bieten ganz andere Probleme, die sich aus den Verwendungszwecken ergeben, für die die Ägypter ihre Texte entwarfen. Zum einen war nur ein geringer Teil der Bevölkerung, vielleicht ein Prozent, schreibkundig. Diese Gruppe bildete die Schreiberbürokratie, die das Land verwaltete; der Rest der Bevölkerung bestand aus Analphabeten und war von daher nicht in der Lage, Textmaterial zu produzieren. Des weiteren bleibt unklar, ob die Frauen der Schreiberklasse ebenfalls schreibkundig waren, und wenn dies der Fall ist, ob alle oder nur einige von ihnen die Schreib- und Lesekunst erlernten. Nach unserem gegenwärtigen Wissensstand gibt es mit Sicherheit keinen Text, von dem zweifelsfrei nachgewiesen werden kann, daß ihn eine Frau geschrieben hat. Von daher sind die erhaltenen Texte nicht unvoreingenommen: Sie wurden von einer kleinen Elite produziert, die vorwiegend, wenn nicht insgesamt, männlich war und nicht die ägyptische Bevölkerung als ganze repräsentierte.

Auch wenn die Schrift grundlegend für die ägyptische Zivilisation war, unterlag sie besonderen Regeln, die man verstehen muß, bevor man Texte richtig deuten kann. Inschriften, die man in Hieroglyphen auf Tempel- und Grabwände schrieb, wurden gewöhnlich nach traditionellen Vorbildern verfaßt mit dem Ziel, die ägyptische Weltsicht und ihre

Ideale zu bestätigen; die Inhalte dürfen daher nicht wörtlich genommen werden. So bestehen die sogenannten Autobiographien von Beamten in der Hauptsache aus Stereotypen. Ihr Ziel ist es zu bekräftigen, daß der Untertan sein Leben in Übereinstimmung mit den anerkannten Normen lebte. Wenn wir dies einmal erkannt haben, können wir erwarten, etwas über diese Normen zu erfahren, aber nur wenig über das Leben des individuellen Beamten. Es ist zudem eine bedeutsame Tatsache, daß ähnliche Autobiographien nicht für Frauen angefertigt wurden. Das bedeutet, daß wir keine vergleichbaren Aufzeichnungen anerkannter Verhaltensregeln für Frauen in der Gesellschaft haben.

Nicht an Architektur gebundene Texte, gewöhnlich in hieratischer oder später in demotischer Schrift auf Papyrus oder Ostraka geschrieben, geben uns wichtige Informationen zur Funktionsweise der Tempel- und Regierungsinstitutionen, über den Ablauf der Rechtsverhältnisse und zur Wirtschaft, doch müssen wir bedenken, daß die Auswahl der Texte, die wir besitzen, vom Zufall der Überlieferung bestimmt ist, und viele verlorengegangen sind. Der größte Teil der privaten, juristischen und ökonomischen Dokumente entstammt der untypischen Arbeitersiedlung in Deir el-Medineh aus der Zeit des Neuen Reiches. Es gibt kaum vergleichbares Material aus anderen Zeiten und Orten. Meist sind die erhaltenen Dokumente unvollständig und damit schwer verständlich, darüber hinaus fehlt uns gewöhnlich der Zusammenhang, der zur Zeit der Niederschrift eindeutig war. Das gleiche gilt für die erhalten gebliebenen Briefe. Sie sind knapp formuliert und setzen voraus, daß der Empfänger die Situation kennt; deshalb bleibt für moderne Leser ihre Bedeutung unklar.

Die Ägypter entwickelten keine schriftliche Tradition der Selbsterforschung oder des Ausdrucks persönlicher Meinungen. Briefe kommentieren keine politischen oder sonstigen Ereignisse. Sie geben keine Auskunft über das tägliche Leben des Schreibenden, enthalten keine Reisebeschreibungen oder Beobachtungen über das, was rundherum vorgeht. Bislang wurde niemals so etwas wie ein persönliches Notizbuch oder Tagebuch gefunden. Weder Männer noch Frauen schrieben ihre Gedanken oder den Ablauf der Tagesereignisse auf, bevor sie sich schlafen legten. So begegnen uns in Ägypten selten individuelle Persönlichkeiten, weil die Ägypter offenbar nicht daran interessiert waren, sich in ihrer wirklichen Existenz zu verewigen, sondern nur in dem Maße, wie sie mit den Idealen der Gesellschaft übereinstimmten.

In vieler Hinsicht wirft darstellendes Material ähnliche Probleme auf wie geschriebene Texte. Es wurde meist von der männlichen Schreiberelite in Auftrag gegeben und, soweit wir wissen, von männlichen Künstlern ausgeführt. Das Ziel der Tempel- und Grabkunst war die Darstellung des Ideals, und wie die Inschriften kann sie nicht als

Abbild der Wirklichkeit aufgefaßt werden. Nur selten zeichneten ägyptische Künstler einfach das Leben um sie herum, wie sie es sahen. Jedes Kunstwerk wurde für einen bestimmten Zweck hergestellt, den man zunächst verstehen muß, bevor man es als Quelle verwenden kann.

So wie die Quellen einseitig zweckgerichtet sind, enthalten die Prämissen moderner Ägyptologen gewisse Voreingenommenheiten. Wie objektiv die Forscher in ihrem Ansatz auch zu sein versuchen, sie tragen eine Reihe vorgefaßter Meinungen mit sich herum, welche in der unmittelbaren Weltsicht ihrer Kultur verankert sind und deren sie sich vielleicht nicht bewußt sind. Ein Buch über Frauen, das vor der Frauenbewegung der letzten Jahre geschrieben wurde, mußte zwangsläufig einen anderen Ansatz wählen und andere Fragen stellen als ein heutiges Buch. Als das anerkannte Ideal für eine Frau die vorbildliche Ehefrau und Mutter war, die weder einer Berufstätigkeit nachging, noch am öffentlichen Leben teilnahm, ist es nicht weiter verwunderlich, wenn es Forschern gar nicht auffiel, daß Frauen im öffentlichen Leben Altägyptens nicht auftraten. Wenn sie in ihren Schriften über Frauen meist ihr Hauptaugenmerk auf Kleidung, Kosmetik und Schmuck richteten – trotz der Tatsache, daß all dies auch von Männern getragen wurde – dann deshalb, weil diese Forscher das Produkt einer Gesellschaft waren, die solche Dinge mit Frauen verband und ein männliches Interesse an ihnen als unnatürlich betrachtete.

Ein anderes Feld, in dem offenbar moderne Vorurteile ins Spiel kamen, ist die Vater-Tochter-Ehe in der königlichen Familie. Diese hat zu großem Aufruhr unter denjenigen Forschern geführt, die leugnen möchten, daß diese Ehen als wirkliche Verbindungen existierten. Ihr angestrengter Protest scheint jedoch einer modernen Befangenheit zu entstammen, die sich auf ein in unserer Gesellschaft tief verwurzeltes Verständnis von Inzest stützt. Der Vollzug der Geschwisterehe bricht ebenfalls die modernen Inzesttabus, doch ihr Vorhandensein in der königlichen Familie Altägyptens mußte aufgrund der überwältigenden Beweislast anerkannt werden. Die Vater-Tochter-Ehe verletzt jedoch nicht nur die Inzestdefinition unserer Gesellschaft, sondern ignoriert auch die Generationenschwelle und evoziert das Klischeebild vom lüsternen Alten, der sich an einem unschuldigen jungen Mädchen vergeht. Viele Forscher ziehen es daher vor zu glauben, Königstöchter, die auch Königsfrauen waren, hätten den Titel erhalten, um die Tatsache hervorzuheben, daß sie manchmal die wirkliche Frau des Königs in rituellen Funktionen ersetzten. Die Ehe kann dann als Fiktion angesehen werden, um den Rang der Königstöchter zu erhöhen, und die geschmacklose Idee einer tatsächlich vollzogenen Ehe zwischen Vater und Tochter wird vermieden. Das Problem dieser Argumentation ist, daß sie sich auf heutige Vorurteile und nicht auf Beweismaterial aus

Altägypten stützt. Wir haben keinen Begriff davon, wie Ägypter sexuelle Beziehungen zwischen Königen und ihren Töchtern betrachtet haben mögen.

Die ungleiche Verteilung des Materials ist ein weiterer Grund für die falsche Interpretation alter Quellen durch moderne Forscher; denn sie verführt die Forscher dazu, die Quellen rückwärts oder vorwärts in der Zeit zu interpretieren, manchmal über Jahrhunderte hinweg. Die Geschichte Ägyptens von der Ersten Dynastie bis zur Eroberung durch Alexander im Jahre 332 v. Chr. umfaßt nahezu drei Jahrtausende, und während dieser Zeit blieb die ägyptische Gesellschaft – und die Position von Frauen in ihr – nicht unverändert. Die erhaltenen Quellen sind jedoch nicht gleichmäßig über diesen Zeitraum verteilt, und verschiedene Arten von Quellenmaterial werden zu unterschiedlichen Zeiten mehr oder weniger bedeutend; insgesamt gibt es mehr erhaltene Zeugnisse aus späteren denn aus früheren Perioden. Dies ist mit Sicherheit der Fall bei Material, das für Studien über Frauen gebraucht wird. Vieles davon entstammt dem Neuen Reich oder späteren Zeiten, und es ist gefährlich, wenngleich verführerisch, es zurückzuinterpretieren, um den Materialmangel früherer Epochen zu beheben. Da die Ägypter häufig nicht die Dinge aufzeichneten, die wir wissen wollen, sind wir außerdem gezwungen, viele unserer Hypothesen aus einem Quellenfragment hier und einigen verstreuten zweideutigen Tatsachen da zusammenzustückeln. Da wir über so wenig Material verfügen, müssen wir unbedingt der Versuchung widerstehen, vom Einzelnen aufs Allgemeine zu schließen – eine Vorgehensweise, die nur allzu leicht zu Irrtümern führt. Ebenso wichtig ist es, Lücken nicht zu verdecken. Das Alte Ägypten zu erforschen gleicht dem Versuch, einen Teppich voller Löcher zu reparieren, dessen Zeichnung größtenteils verloren ist. Aus dem, was sich erhalten hat, kann man sich eine ungefähre Vorstellung von dem Muster machen, doch wo zu viel fehlt, um es wiederherzustellen, können wir nicht einfach die verbleibenden Fäden zusammenziehen, um das Loch zu schließen, als ob gar nichts fehle. Man kann ein neues Muster aus seiner Phantasie einsetzen, aber nur mit dem Risiko, weit vom Original abzukommen. Wie verlockend es für Forscher auch sein mag, einen zusammenhängenden Bericht über Frauen im Alten Ägypten zu präsentieren, müssen sie doch ebenso die Lücken anerkennen und nicht versuchen, sie zuzustopfen, entweder indem sie die wenigen bekannten Fakten zu einer Geschichte zusammenziehen, die nichts von den Unzulänglichkeiten der Quellen weiß, oder durch einfallsreiches Ausfüllen, das eine interessante Darstellung hervorbringen kann, aber keinen festen Grund in der Realität hat. Aufgrund dieser ungleichen Verteilung des Materials über die Zeit ist dieses Buch eher entlang thematischer Linien geordnet als strikt chronologisch. Da so viel des verfügbaren Materials aus dem Neuen Reich stammt, wird sich der Text auf diesen Zeitraum konzentrieren. Früheres Material wird jedoch berücksichtigt werden, wo es vorhanden ist, wie auch neuere Zeugnisse aus der Dritten Zwischenzeit und der Spätzeit.

Wenn man den Platz der Frauen in der altägyptischen Gesellschaft verstehen will, muß man zunächst einmal die soziale Struktur Ägyptens betrachten. In der ägyptischen Weltsicht war die Organisation der Gesellschaft hierarchisch. Zuoberst befand sich die göttliche Welt, selbst streng geordnet, aber eindeutig über der Menschheit stehend. Der König als Oberhaupt der menschlichen Gesellschaft teilte einige Eigenschaften mit den Göttern und stand als Mittler zwischen der göttlichen und der menschlichen Sphäre. Mitglieder seiner Familie, die durch die Verbindung mit dem König seine Entrücktheit teilten, bildeten eine festgefügte Gruppe an der Spitze der Gesellschaft. Darauf folgte die Oberklasse der Schreiber, bestehend aus dem etwa einen Prozent der Bevölkerung, das die männliche Regierungsbürokratie Ägyptens stellte, sowie deren Familienmitglieder. Dieser winzigen Gruppe verdanken wir den größten Teil unseres Quellenmaterials über Altägypten. Unter ihnen rangierten Künstler und Handwerker sowie untere Berufsgruppen, deren Angehörige vermutlich Analphabeten waren. Die Quellen von Deir el-Medineh lassen klar erkennen, daß einige Künstler des Lesens und Schreibens mächtig waren und die Grenze zwischen Schreiber und Künstler nicht immer eindeutig zu ziehen war. Die große Mehrheit der Bevölkerung gehörte vermutlich der Bauernklasse an, die das Land bebaute, um einen Mehrwert zur Ernährung der nicht nahrungsproduzierenden Teile der Gesellschaft zu erwirtschaften. Wahrscheinlich war diese große Bauernklasse, die den Großteil der Bevölkerung umfaßte, selbst hierarchisch strukturiert. Wir wissen jedoch nur sehr wenig über diese Bevölkerungsgruppe, da ihre Mitglieder als Analphabeten keine eigenen Berichte hinterlassen haben. Die unterste Schicht bildeten Sklaven, zu denen auch ausländische Gefangene gehörten, die gekauft und verkauft werden konnten. Das wenige, was wir über die unteren Klassen sagen können, muß aus den Quellen der Oberschicht erschlossen werden, die gewöhnlich kein Interesse daran hatte, Informationen über ihre Untergebenen aufzuzeichnen.

Es zeigt sich also, daß jede Untersuchung der ägyptischen Gesellschaft im Grunde eine Untersuchung der Oberklasse der Schreiber ist. Daraus folgt, daß eine Studie über Frauen im Alten Ägypten sich fast gänzlich auf Frauen dieser Oberschicht beschränken muß; dazu kommen die Frauen der königlichen Familie, über welche einiges an Material erhalten ist.

Über der menschlichen Welt stand die göttliche, bewohnt von männlichen und weiblichen Gottheiten. Als Konstruktion des menschlichen Geistes spiegelt die göttliche Welt sicher in gewisser Weise die Vorgänge in der menschlichen Welt wieder. Dennoch waren die Wechselwirkungen zwischen göttlicher und menschlicher Sphäre stets ausgesprochen komplex, da die menschliche zwar die göttliche hervorbrachte, sich aber selbst nach dem Vorbild ihrer eigenen Gedankenkonstruktion formte, und so beide Welten einander spiegelten und sich gegenseitig beeinflußten. In der ägyptischen Vorstellung vom Universum waren im selben Augenblick der Schöpfung sowohl die göttliche als auch die menschliche Welt entstanden, vorher hatte es nur ungeschiedene Materie gegeben. Die Schöpfung ereignete sich, als diese Materie in die unzähligen verschiedenen Formen geteilt wurde, welche die erschaffene Welt bilden.

In einem der wichtigsten Schöpfungsmythen, der aus dem religiösen Zentrum von Heliopolis stammt, begann der selbstentstandene Schöpfergott den Schöpfungsprozeß, indem er durch Masturbation das erste Götterpaar erzeugte, eine männliche und eine weibliche Gottheit: Schu (Luft) und Tefnut (Feuchtigkeit). Deren Zusammenwirken erzeugte ein weiteres Paar: Geb (Erde) und Nut (Himmel), die ihrerseits Isis und Osiris sowie Nephthys und Seth hervorbrachten. So begann die Erschaffung des Universums durch das Zusammenwirken des männlichen und des weiblichen Prinzips, die dann in Götterpaaren verkörpert wurden. Der Schöpfergott mußte in sich ein weibliches und ein männliches Potential haben, welche dann im ersten göttlichen Paar auseinandertraten. Später wurde der weibliche Aspekt des Gottes ausdifferenziert zu einer Göttin namens «Gotteshand», die man als Werkzeug der Masturbation betrachtete. Spätestens in der 18. Dynastie wurde sie mit Hathor, der Göttin der Sexualität, gleichgesetzt. Andere Mythen dienten ebenfalls dazu, das Wunder der Schöpfung auszudrücken, und es ist interessant, daß auch dort der Schöpfergott als männlich vorgestellt wird, obgleich er logisch gesehen eine Verbindung von männlich und weiblich war.

Die Wechselwirkungen des männlichen und weiblichen Prinzips setzten nicht nur die Funktionen des Universums in Gang, sie waren auch ein Mittel der ständigen kosmischen Erneuerung. Dies wird im Mythos von Kamutef, dem «Stier seiner Mutter», verkörpert: Dieser Gott der untergehenden Sonne schwängert die Himmelsgöttin, aus der er am Morgen wiedergeboren wird. So ist sie zugleich Gattin und Mutter des Gottes, während der Gott zugleich Vater und Sohn ist. Auf diese Weise wird wie eine Endlosschleife ein selbstreproduzierender Zirkel aufeinander folgender Generationen etabliert, in dem Alter in Jugend verwandelt und das Universum ständig erneuert werden kann.

Das weibliche Prinzip verkörperte sich in den Göttinnen, die die Ägypter verehrten. Die Untersuchung dieser Gottheiten ist schwierig, weil oft sogar Göttinnen mit ausgeprägt eigener Identität ineinander übergehen und die gleichen Eigenschaften, Insignien, Beinamen und Funktionen haben. Eine der Hauptgöttinnen war Isis, Schwester und Gattin des Totengottes Osiris. Als Osiris von seinem Bruder Seth ermordet wurde, beweinte ihn Isis und durchstreifte ganz Ägypten auf der Suche nach seinem Körper. Als sie ihn endlich gefunden hatte, gebrauchte sie ihre großen magischen Fähigkeiten, um ihn wieder zum Leben zu erwecken und einen Sohn von ihm zu empfangen, der seinen Vater einst rächen sollte. Isis gebar ihr Kind Horus in den Sümpfen von Chemmis im Delta, wo sie ihn durch die Kraft ihres Zaubers vor den Ränken Seths und anderen Gefahren, die dem Kind drohten, bewahrte. So wurde Isis zum Inbegriff der Mutterschaft, und ab 1000 v. Chr. sind viele Bilder erhalten, die sie mit ihrem kleinen Sohn zeigen. In Zaubersprüchen wird sie häufig zum Schutz von Kindern angerufen. Sie war auch eine wichtige Totengöttin, da sie die Hoffnung nährte, sie werde die Verstorbenen auferwecken, so wie sie einst Osiris auferweckt hatte.

War Isis die ideale Gattin und Mutter, so verkörperte die Göttin Hathor weibliche Sexualität, Liebe, Musik und Tanz sowie Rausch. Sie brachte Fruchtbarkeit und beschützte Frauen im Kindbett. Aufgrund ihrer engen Verbindung zu Zeugungskraft und Geburt war sie auch eine Totengöttin, die für die Wiedergeburt in ein Leben nach dem Tode zuständig war. Doch Hathor war nicht immer wohlgesonnen. Zusammen mit anderen Göttinnen wie Tefnut, Mut und Sachmet war sie auch die zornige Göttin, Tochter und Auge Res, die in Raserei Ägypten verließ und von einem männlichen Gott besänftigt und zurückgebracht werden mußte. Als Re die Menschheit vernichten wollte, schickte er Hathor als sein Auge, um das Schlachten zu vollziehen. Später besann der Gott sich anders und versuchte, die Zerstörung aufzuhalten, doch die Göttin war nicht mehr zu bändigen, und nur durch einen Trick konnte Re ihr Einhalt gebieten, indem er sie nämlich betrunken machte.

Hathor und den mit ihr verbundenen oder identifizierten Göttinnen schrieb man ein zweifaches Wesen zu. Einerseits waren sie wohltätig und verliehen Fruchtbarkeit und neues Leben; andererseits waren sie gefährlich, denn sie brachten Zerstörung mit sich. In ihren Kulten diente ein Teil des Rituals zur Besänftigung ihrer gefährlichen Seite, zu diesem Zweck wurde das Sistrum, die der Hathor heilige Rassel, geschüttelt. Eigentlich konnte das Wesen des Göttlichen, ganz gleich ob es sich nun in männlichen oder weiblichen Gottheiten manifestierte, den Menschen, die sich ihm näherten, immer gefährlich werden, und der Gebrauch des Sistrums als Lenkungsmittel übertrug sich auf andere göttliche Kulte.

Die Zweiheit, die die Göttinnen verkörperten, spiegelte sich auch in der ägyptischen Vorstellung von der Natur des Menschen wider, in welcher Frauen eine gute und eine schlechte Seite zugeschrieben wurde. Sie waren ehrbar, wenn sie den Normen der Gesellschaft entsprachen, doch es bestand immer die Gefahr, daß sie die Regeln brachen; dann waren sie unehrenhaft und zu verurteilen. Die Männer mußten sich ebenfalls anpassen, doch für sie gab es andere Vorschriften. Da die Gesellschaft männlich dominiert war, wurden die Normen von Männern für Männer gesetzt. Diese bestanden beispielsweise auf der Treue verheirateter Frauen gegenüber ihren Ehemännern, doch nicht umgekehrt, was den Männern zum Vorteil gereichte, weil sie nur so sicher sein konnten, Vater der Kinder ihrer Frau zu sein. Dagegen hatten Frauen keinen Zweifel an ihrer Mutterschaft und zogen daher weniger Gewinn aus der Regelung.

Aufgrund ihrer Dominanz konnten Männer ihre Herrschaft über die öffentliche, politische Sphäre fortsetzen, während Frauen – wie geeignet sie auch immer sein mochten – offiziell keinen Zugang zur Regierungsbürokratie hatten. Ob Frauen die vielfältigen geschlechtlichen Diskriminierungen in ihrer Gesellschaft bewußt wahrgenommen und überdies Unmut darüber empfunden haben, werden wir nie erfahren, da kein Bericht erhalten ist, der ihre Haltungen und Meinungen ausdrückt. Vermutlich akzeptierten die meisten Frauen das Leben so, wie sie es vorfanden, und stellten ehrwürdige alte Gebräuche nicht in Frage, wohingegen jede, die die Anpassung verweigerte, wohl einfach ausgestoßen wurde. Die moderne feministische Bewegung ist vielleicht nur möglich geworden durch den gesteigerten Wert, den man dem Individuum als selbständigem Wesen zuschrieb, anstatt es als Bestandteil des sozialen Gefüges mit einer vorgeschriebenen Stelle und Funktion zu betrachten. Im Alten Ägypten wurde Anpassung hochgeschätzt, nicht Individualität; und Männer wie Frauen hatten vorherbestimmte Rollen in einer Gesellschaft, die sich ihre Vorbilder in der Vergangenheit suchte. Obgleich die ägyptische Gesellschaft durchaus nicht unverändert blieb, erfolgte der Wechsel langsam, und zu jeder gegebenen Zeit war es praktisch unmöglich, den Status quo in Frage zu stellen.

Von unserem Standpunkt aus können wir jetzt auf das Alte Ägypten zurückblicken und über drei Jahrtausende hinweg einiges von der Struktur der ägyptischen Gesellschaft erkennen, wie sie nämlich auf der Ungleichheit der Geschlechter errichtet war, mit der Vorherrschaft von Männern in öffentlichen Angelegenheiten. Die offizielle Bürokratie rekrutierte sich nicht nur ausschließlich aus Männern, auch der König, von dem alle Macht stammte, war männlich und mit der männlichen Gottheit Horus gleichgesetzt. Zwar gelangten im Laufe der Zeit vier weibliche Könige auf den Thron, doch ihre Position entsprach keineswegs der Norm. Mein Ziel ist es, in diesem Buch eine Beschreibung der Stellung der Frauen in der Gesellschaft Altägyptens zu geben, die so objektiv wie möglich ist. Wenn ich Sachverhalte anspreche, die für uns heutzutage relevant sind, dann nicht deshalb, weil ich die Ägypter wegen wahrgenommener Mängel in ihrer Gesellschaft kritisieren möchte oder weil ihre Problemlösungen nicht mehr den unsrigen gleichen, sondern aufgrund des intellektuellen Bedürfnisses zu verstehen, wie wir selbst dahin gekommen sind, wo wir uns heute befinden. Wenn wir uns anschauen, wie andere Gesellschaften ihre Welten organisiert haben und Probleme angegangen sind, die uns immer noch betreffen, gewinnen wir eine zusätzliche Perspektive für unsere eigenen Versuche, die Komplexitäten unserer modernen multikulturellen Welt zu verstehen.

Von Frauen zu sprechen, als seien sie eine homogene Gruppe, ist selbst schon irreführend. Da die Gesellschaft im Alten Ägypten hierarchisch strukturiert und die Hälfte der Bevölkerung weiblich war, wurden auch die Frauen dementsprechend eingeordnet, und Frauen der königlichen Familie, der Oberschicht der Schreiber, der unteren Berufsgruppen sowie des Bauernstandes werden außer ihrer Gebärfähigkeit wenig gemeinsam gehabt haben. Wenn sie dies auch von den Männern unterschied und sie für weibliche und nicht männliche Rollen innerhalb der Gesellschaft bestimmte, werden die Klassenunterschiede große Diskrepanzen zwischen den Erfahrungen von Frauen aus verschiedenen Klassen verursacht haben. Der Bauernstand war als ganzer, obwohl zahlenmäßig der größte, wirtschaftlich der ärmste mit der geringsten Macht, da er keinen Einfluß auf die Regierungsprozesse hatte und nur den ihm auferlegten Verordnungen gehorchen konnte. Eine Bauersfrau kannte nur das empfangende Ende der Macht. Im Gegensatz dazu hatte eine Frau aus der Oberschicht der Schreiber nicht nur Zugang zu größeren wirtschaftlichen Ressourcen, sie stand auch der bürokratischen Macht nahe, die die Männer ihrer Familie ausübten, und sie könnte in einer Position gewesen sein, deren Entscheidungen zu beeinflussen. Königliche Frauen hatten Zugang zur obersten Machtquelle Ägyptens, zum König, und ein schwacher Regent mag von einer starken Ehefrau oder Mutter beherrscht worden sein. Darüber hinaus war der König zwar menschlichen Ursprungs, sein königliches Amt jedoch göttlich, und so hatte die Stellung der königlichen Frauen in bezug auf den König ebenfalls einen Aspekt von Göttlichkeit, der sie von nicht-königlichen Frauen unterschied.

Eine Untersuchung über die königlichen Frauen allein könnte schon leicht einen Band füllen. In diesem Buch, in dem sowohl königliche als auch private Frauen berücksichtigt werden sollen, werden sich die ersten beiden Kapitel mit königlichen Frauen befassen, während die folgenden Kapitel hauptsächlich von Frauen aus der Oberschicht handeln. Frauen, die auf der sozialen Leiter weiter unten stehen, werden berücksichtigt, so oft es das Material zuläßt.

Chronologie

(Nach J. Baines und J. Málek, Atlas of Ancient Egypt, Oxford 1980, S. 36–37. Alle angegebenen Daten beziehen sich auf die Zeit v. Chr., die Daten vor 664 basieren auf Schätzungen.)*

2920–2649	*Frühdynastische Zeit (1.–2. Dynastie)*
2649–2150	*Altes Reich (3.–6. Dynastie)*
2649–2575	3. Dynastie
2575–2465	4. Dynastie
2465–2323	5. Dynastie
2323–2150	6. Dynastie (einschließlich Nitokris)
2289–2255	Pepi I.
2150–2040	*Erste Zwischenzeit (7.–11. Thebanische Dynastie)*
2040–1640	*Mittleres Reich*
2040–1991	11. Dynastie
1991–1783	12. Dynastie
1991–1962	Amenemhet I.
1971–1926	Sesostris I.
1929–1892	Amenemhet II.
1897–1878	Sesostris II.
1878–1841	Sesostris III.
1844–1797	Amenemhet III.
1799–1787	Amenemhet IV.
1787–1783	Nefrusobek
1783–1640	13. Dynastie
1640–1550	*Zweite Zwischenzeit (15.–17. Dynastie)*
1555–1550	Kamose
1550–1070	*Neues Reich (18.–20. Dynastie)*
1550–1307	18. Dynastie
1550–1525	Ahmose
1525–1504	Amenophis I.
1504–1492	Thutmosis I.
1492–1479	Thutmosis II.
1479–1425	Thutmosis III.

* A. d. Ü.: Die deutsche Übersetzung der ägyptischen Namen folgt dem «*Lexikon der Ägyptologie*», soweit dies möglich war; ansonsten wurde H. Ranke, *Die ägyptischen Personennamen* (Glückstadt 1935/52), zu Rate gezogen.

1473–1458	Hatschepsut
1427–1401	Amenophis II.
1401–1391	Thutmosis IV.
1391–1353	Amenophis III.
1353–1335	Amenophis IV./Echnaton
1335–1333	Semenchkare
1333–1323	Tutanchamun
1323–1319	Eje
1319–1307	Haremheb
1307–1196	19. Dynastie
1307–1306	Ramses I.
1306–1290	Sethos I.
1290–1224	Ramses II.
1224–1214	Merenptah
1214–1204	Sethos II. – Amenmesse (Eroberer im Reich Sethos' II.)
1204–1198	Siptah
1198–1196	Tausret
1196–1070	20. Dynastie
1196–1194	Sethnacht
1194–1163	Ramses III.
1163–1156	Ramses IV.
1156–1151	Ramses V.
1151–1143	Ramses VI.
1143–1070	Ramses VII.–XI.
1070–712	*Dritte Zwischenzeit (21.–25. Thebanische Dynastie)*
978–959	Siamun (21. Dynastie)
777–749	Osorkon III./IV. (23. Dynastie)
770–750	Kaschta (Thebanische 25. Dynastie)
750–712	Pije (Thebanische 25. Dynastie)
712–332	*Spätzeit (25.–31. Dynastie)*
712–657	25. Dynastie
712–698	Schabako
698–690	Schebitko
690–664	Taharqa
664–657	Tanotamun
664–525	26. Dynastie
664–610	Psammetich I.
525–404	27. Dynastie (Persisch)
404–399	28. Dynastie
399–380	29. Dynastie
380–343	30. Dynastie
343–332	31. Dynastie (Persisch)
332	Eroberung durch Alexander

I.
Königliche Frauen und das Königinnentum

Der König und das Königtum

Im Alten Ägypten leiteten die königlichen Frauen ihr Ansehen aus ihrer Beziehung zum König ab, der bis auf sehr wenige Ausnahmen stets männlich war. Der Überlieferung zufolge wurde Ägypten nach der Erschaffung der Welt von aufeinander folgenden männlichen Göttern beherrscht, doch später in «geschichtlichen» Zeiten regierten menschliche Könige das Land. Trotzdem blieb das Amt des Königs göttlich; sein Inhaber hob sich allein durch die Tatsache, daß er ein göttliches Amt erfüllte, von den übrigen Menschen ab und nahm göttliche Züge an. Diese Verwandlung wurde in Ritualen vollzogen, die bei der Thronbesteigung eines Königs stattfanden. Viele Bilder aus der königlichen Ikonographie spiegeln dieses Ereignis wider und sorgen damit für seine ständige Erneuerung.

Das Amt des Königs war von grundlegender Bedeutung für die Existenz des Staates Ägypten selbst.[1] Der König stand zwischen der göttlichen und der menschlichen Welt, er fungierte als ihr Berührungspunkt und Mittler. Theoretisch vollzog er die Rituale in den Tempeln, die notwendig waren, um die Welt in Gang zu halten. Er empfing das Geschenk des Lebens von den Göttern und gab es an seine Untertanen weiter. Zwar wurden die Tempelrituale in Wirklichkeit im ganzen Land von Priestern ausgeführt, aber die Tempelgemälde zeigten immer den König – und nicht die Priester – in direkter Beziehung zu den Gottheiten.

In dem Maße, in dem der König der göttlichen Sphäre unterstellt war, stand er auch über der menschlichen Welt. Er verkörperte den Staat und trug die letzte Verantwortung für die Regierung des Landes, die in den Händen der Schreiberbürokratie lag. Als die Welt erschaffen wurde, hatte der Schöpfergott die richtige Ordnung der Dinge begründet, die im Ägyptischen die *Ma^cat* hieß. Die Autorität des Königs entstammte dem Glauben, daß er in Übereinstimmung mit der *Ma^cat* regierte.

Da das Königtum vom Vater auf den Sohn übergehen sollte, heirateten die Könige und zeugten Familien, um die Thronfolge zu sichern. In der unmittelbaren Umgebung des Königs finden wir daher eine ganze Reihe königlicher Frauen: die Mutter des Königs, seine Frauen und

1. Königin Ahmose, schwanger mit Hatschepsut, wird in das Geburtszimmer geführt. Sie trägt die Geierhaube.

seine Töchter. Aufgrund der unpersönlichen Beschaffenheit des Quellenmaterials wissen wir wenig über diese Frauen als Individuen, aber wir können etwas über ihren Einfluß und ihre Stellung in der Gesellschaft erfahren. Die überlieferten Zeugnisse, die einen Zeitraum von nahezu drei Jahrtausenden umfassen – von der Ersten bis zur 31. Dynastie –, zeigen eine Anzahl von Veränderungen in den Titeln und Insignien königlicher Frauen sowie in den Zusammenhängen, in denen sie dargestellt wurden. Unklar bleibt, inwiefern diese tatsächlich für grundlegende Veränderungen in der Betrachtungsweise königlicher Frauen stehen oder inwiefern sie einfach nur verschiedene, sich entfaltende Darstellungsweisen derselben fundamentalen Wahrheiten wiedergeben. Ein Großteil meiner Ausführungen in diesem Kapitel stützt sich auf Zeugnisse aus der 18. und 19. Dynastie.

Die Göttlichkeit des Königinnentums

Seit frühester Zeit wurde der Status königlicher Frauen durch Bezugnahme auf den König bestimmt, in den Titeln «Mutter des Königs», «Ehefrau des Königs», «Königstochter» sowie später auch «Hauptfrau des Königs» und «Königsschwester». Man muß nun die Frage stellen: Wenn der König bis zu einem gewissen Grade göttlich war, wie übertrug sich das auf die Frauen, die eng mit ihm verbunden waren? Oder anders formuliert: Wenn das Königtum göttlich war, gab es dann auch eine Vorstellung von göttlichem Königinnentum?[2]

Wir können versuchen, diese Frage zu beantworten, indem wir die Insignien betrachten, die die Königinnen trugen. Mit «Königin» meine ich hier besonders die «Mutter des Königs» und die «Hauptfrau des Königs». Die Königstöchter mögen zwar potentielle Königinnen gewesen sein, aber sie haben keinen Anteil an der üblichen Ikonographie und den Titulaturen der Königsmütter und Hauptfrauen.

Eines der ältesten Stücke der Insignien der Königin ist die Geierhaube: eine eng anliegende Kappe, dem Körper eines Geiers nachgebildet, dessen Flügel sich zu beiden Seiten des Kopfes der Trägerin ausbreiten, während sein Kopf von ihrer Stirn absteht (Abb. 1). Die Uräusschlange (d. h. die königliche Kobra) konnte den Kopf des Geiers ersetzen (Abb. 2). Diese Haube ist seit dem Alten Reich bekannt. Sie wurde ursprünglich von der Geiergöttin Nechbet, der Schirmherrin Oberägyptens, getragen, wenn sie in menschlicher statt in Vogelgestalt erschien. Nechbet bildete ein Paar mit Wadjit (auch Uto genannt), der Kobragöttin Unterägyptens, und analog nahm auch Wadjit die Geierhaube an, sobald sie in menschlicher Gestalt erschien; sie ersetzte lediglich den Kopf des Geiers durch die Uräusschlange. Später wurde die

2. Block mit dem Ausschnitt einer Szene, in der Hatschepsut mit den Insignien der Königin einer Gottheit opfert. Ihr folgt eine weibliche Gestalt, die mit großer Sicherheit als ihre Tochter Neferure identifiziert werden kann.

Geierhaube auch von anderen Göttinnen benutzt. Seit der 5. Dynastie wurde sie zudem als Bestandteil der Insignien der Königin dargestellt, und von da an von Königinnen durch die gesamte Pharaonengeschichte hindurch getragen. Die Geierhaube war als göttliche Krone entstanden und wurde weiterhin von weiblichen Gottheiten verwendet; die Tatsache, daß man sie auf Königinnen übertragen hat, legt uns deshalb die Vermutung nahe, sie könnte einen göttlichen Aspekt im Königinnentum bezeichnet haben.

Neben der Möglichkeit, den Kopf des Geiers durch die Uräusschlange zu ersetzen, konnten die Königinnen auch die Uräusschlange allein tragen (Abb. 3), obgleich dies offenbar erst im Mittleren Reich üblich wurde. Mit der Uräusschlange verbanden sich viele Assoziationen; eine der grundlegendsten war die mit der oben erwähnten Kobragöttin Wadjit. Wie die Geierhaube wurde die Uräusschlange jedoch auch von anderen Göttinnen übernommen. So wurde sie auch mit dem Sonnengott Re und der Göttin Hathor assoziiert; Hathor galt als das Auge Res, das durch seine heftige Angriffskraft den König und die Götter vor ihren Feinden beschützte. Außerdem war die Uräusschlange das hervorstechendste Kennzeichen des Königs. Wenn die Königin die Uräusschlange trug, konnte dies eine ganze Reihe von Bedeutungen haben. Zum Teil konnte sie sich aus ihrer persönlichen Verbindung zum König ableiten und von daher ein Zeichen ihrer Königswürde sein. Aber vielleicht enthielt sie auch Hinweise auf Wadjit und andere weibliche Gottheiten und außerdem auf die Sonnenmythologie, die die Königin mit Hathor als Tochter und Auge Res verband. Von der späten 18. Dynastie an konnte die Uräusschlange mit den Kuhhörnern und der Sonnenscheibe Hathors geschmückt werden (Abb. 4), und damit wurde die Verwandtschaft zu Hathor noch zusätzlich betont.

In der 18. Dynastie begannen die Königinnen, zwei Uräusschlangen nebeneinander zu tragen, eine Kombination, die man üblicherweise als doppelten Uräus bezeichnet (Abb. 5, 12). Das Material legt nahe, daß dieser sich auf die beiden Göttinnen Nechbet und Wadjit bezieht, und damit auf Ober- und Unterägypten; dies wird durch die Tatsache bestätigt, daß die eine Schlange manchmal die weiße Krone Oberägyptens und die andere die rote Krone Unterägyptens trägt. Wie die einzelne Uräusschlange besaß auch der doppelte Uräus eine Verbindung zur Sonne, weil man ihn mit den Augen Res gleichsetzte, und die beiden Schlangen waren häufig mit den Hörnern und der Sonnenscheibe Hathors anstelle der beiden Kronen geschmückt. Der doppelte Uräus wurde nicht nur von Königinnen, sondern auch von Göttinnen getragen. Seit der späten 18. Dynastie entwickelten sich immer kunstvollere Kombinationen zwischen Geierhaube, Geierkopf und einzelner bzw. doppelter Uräusschlange (Abb. 6). Diese Entwicklung spiegelte vermutlich nur eine allgemeine stilistische Vervollkommnung wieder; die Bedeutungsbereiche, die von den Insignien abgedeckt wurden, blieben offenbar weitgehend gleich.

Von der 13. Dynastie an erscheinen Königinnen mit einem Paar gerader Falkenfedern, die auf einem runden Träger, der auf dem Kopf sitzt, befestigt sind (Abb. 5). Der Ursprung der Doppelfederkrone der Königin ist unklar. Sie wurde zu dieser Zeit nicht von Göttinnen getragen, aber ähnliche Federn fungierten als Abzeichen männlicher Falkengöt-

3. Die «Schenkungsstele» von König Ahmose, die den König und seine Königin Ahmose Nofretere mit ihrem Sohn vor dem Gott Amun-Re darstellt.

ter, des männlichen Fruchtbarkeitsgottes Min und des männlichen thebanischen Gottes Amun. Im *Totenbuch* aus der Zeit des Neuen Reiches wird die Doppelfeder mit dem doppelten Uräus gleichgesetzt. Sie wird auch in Verbindung zu Re genannt, und eine Sonnenhymne aus der 18. Dynastie setzt sie gleich mit den Augen Res. Obwohl die Federn eigentlich auf männliche Gottheiten verweisen, werden sie durch die solaren Verbindungen (insbesondere zum doppelten Uräus und zu Res Augen) in denselben Bedeutungszusammenhang gebracht wie die einzelne und doppelte Uräusschlange der Königin. Dazu kommt, daß die Göttin Hathor ein Paar geschwungener Straußenfedern trägt. Obwohl man diese ikonographisch immer sorgfältig von der doppelten Falkenfeder, die von männlichen Göttern und Königinnen getragen wurde, unterschied, verwendete man das ägyptische Wort für «Doppelfeder» (*schuti*) für beide Formen von Federpaaren. So könnten die Ägypter eine Verbindung zwischen Hathors Straußenfedern und den Falkenfedern der Königin gesehen haben, da sie mit demselben Wort bezeichnet wurden. Diese These wird noch plausibler durch die Tatsache, daß im Reich Amenophis' III. aus der 18. Dynastie die Königinnen begannen, Hathors Kuhhörner und ihre Sonnenscheibe zusammen mit der doppelten Falkenfeder zu tragen (Abb. 7), so wie Hathor sie häufig mit ihrem Paar Straußenfedern kombinierte.

Seit dem Alten Reich gibt es Abbildungen, auf denen eine Königin das *anch*-Zeichen (das Zeichen des Lebens, Abb. 5) in der Hand hält. Es ist selbstverständlich kein originäres Merkmal der Königin, denn das *anch*-Zeichen wird gewöhnlich von Gottheiten und Königen getragen. Privatpersonen werden dagegen nur sehr selten mit ihm gezeigt.[3] Die Königin hält ein *anch*-Zeichen gewöhnlich in folgenden Zusammenhängen: wenn sie auf irgendeine Weise mit einer Göttin verbunden oder gleichgesetzt wird; oder wenn sie statt mit Gottheiten, die ihr übergeordnet sind, in Beziehung zu Privatpersonen gezeigt wird, denen sie übergeordnet ist; oder in Kult- bzw. Grabkontexten, wo sie als Tote dargestellt wird. Das *anch*-Zeichen könnte dazu gedient haben, seinen Träger aus der menschlichen Sphäre herauszuheben.

Zusammenfassend läßt sich feststellen, daß die hier besprochenen Einzelstücke aus den Insignien der Königinnen allesamt göttlichen

4. Szene aus dem Grab von Cheriuf: Amenophis III., begleitet von Königin Teje, beim Sedfest.

5. Szene aus dem Grab von Cheriuf: Amenophis III., begleitet von Königin Teje, thront in einem Kiosk und gewährt dem Grabeigentümer eine Audienz.

Ursprungs sind und in einen königlichen Zusammenhang übertragen wurden, um Kennzeichen des Königinnentums zu werden. Genauso, wie das Königtum göttlich war, muß es also seit dem Alten Reich auch eine Vorstellung von göttlichem Königinnentum gegeben haben, die durch die folgenden Zeitalter hindurch lebendiger Bestandteil der Königsideologie blieb.

Die «Thronerbinnen»-Theorie

Seit über einem Jahrhundert wiederholen Forscher die These, das Anrecht auf den Thron sei im Alten Ägypten durch die weibliche Linie der Königsfamilie vererbt worden – in direkter Folge von einer «Thronerbin» zur nächsten. So mußte jeder König – ob er der Sohn seines Vorgängers war oder nicht – seinen Anspruch auf den Thron durch Heirat mit der «Thronerbin» legitimieren, die die Tochter des vorigen Königs und seine Erb-Königin war. Das bedeutete, daß der König in den meisten Fällen seine Schwester oder Halbschwester heiraten mußte. Obwohl nach dieser These das Anrecht auf den Thron durch die weibliche Linie vererbt wurde, hatte nicht die «Thronerbin» das Amt des Königs inne, sondern der Mann, den sie heiratete.

Wenn diese Theorie zutrifft, hätte jeder König eine Frau von königlicher Herkunft heiraten müssen, und es sollte demnach möglich sein, eine Linie direkt voneinander abstammender königlicher Frauen zu ziehen. Eine Studie zur Situation in der 18. Dynastie, der Zeit, mit der diese Theorie am häufigsten in Verbindung gebracht wird, zeigt, daß eine solche Linie einfach nicht existiert.[4] Frauen von königlicher Geburt können durch den Titel «Königstochter» eindeutig identifiziert werden, da es in der 18. Dynastie kein Material über Frauen nicht-königlicher Abstammung gibt, denen dieser Titel zugeschrieben wurde. Das schließt aus, daß dieser Titel manchmal verliehen wurde, um den Rang nicht-königlicher Frauen zu erhöhen. Von den Königinnen der 18. Dynastie tragen einige den Titel «Königstochter», andere jedoch nicht. Obwohl die Herkunft der Königinnen selten erwähnt wird, werden Königinnen auch in den Fällen, wo uns ihre Abstammung von nicht-königlichen Eltern bekannt ist, nicht mit dem Titel «Königstochter» bezeichnet. So können wir zweifelsfrei zwischen Königinnen von königlicher und nicht-königlicher Herkunft unterscheiden, und es wird deutlich, daß es keinen kontinuierlichen Stammbaum der «Thronerbinnen» gibt. Zur Widerlegung dieser Theorie genügt der Hinweis, daß die Hauptfrauen von Thutmosis III., Amenophis II. und Amenophis III. sämtlich nicht-königlicher Herkunft waren.

Es besteht jedoch kein Zweifel daran, daß einige Könige ihre Schwestern oder Halbschwestern heirateten und Kinder von ihnen hatten; die «Thronerbinnen»-Theorie wurde zum Teil auch deshalb entwickelt, weil die Forscher eine Erklärung für eine Form der Ehe suchten, die sie als inzestuös betrachteten. In ägyptischen Texten gibt es keinerlei Hinweis darauf, daß so etwas wie eine «Thronerbin» existierte. Statt dessen müssen wir die Erklärung für die Geschwisterehe anderswo suchen. Solche Ehen scheinen unter nicht-königlichen Ägyptern selten gewesen zu sein, doch haben wir bereits in der Einleitung festgestellt, daß sie unter Gottheiten vorkamen. Bei der Erschaffung der Welt brachte der Schöpfergott ein Paar hervor, das wiederum ein zweites göttliches Paar zeugte usw.; das berühmteste Paar waren Osiris und seine Schwester-Gattin Isis. So war die Partnerwahl zur Zeit der Weltschöpfung notwendig auf Bruder und Schwester beschränkt. Durch die Ehe mit seiner Schwester hob sich der König von seinen Untertanen ab, die gewöhnlich nicht ihre Schwestern heirateten. Indem er die Götter nachahmte, betonte er die göttliche Seite des Königtums.

Die Herkunft der Königsfrauen nicht-königlicher Abstammung

Die erhaltenen Quellen geben uns keinen Hinweis darauf, wie der König diejenige auswählte, die seine Hauptfrau werden sollte. Es gibt auch keine Beweise dafür, daß der König nur dann eine Hauptfrau nicht-königlicher Abstammung nahm, wenn er keine Schwester hatte, die er heiraten konnte. Im Neuen Reich waren die ägyptischen Könige polygam. Es ist in der Forschung umstritten, ob sie es schon in früheren Zeiten waren. Wir finden jedoch bereits in der 13. Dynastie zum ersten Mal den Titel «Hauptfrau des Königs» als Zusatz zu dem einfachen «Ehefrau des Königs», was darauf schließen läßt, daß eine bestimmte Frau aus einer Reihe von Ehefrauen hervorgehoben wird.

6. Kolossalstatue von Amenophis III. und Königin Teje. Die Königin trägt die Geierhaube mit einem Geierkopf zwischen zwei Uräusschlangen.

7. Statuette der Königin Teje, die die Doppelfederkrone mit den Hörnern und der Sonnenscheibe trägt.

Was die 18. Dynastie betrifft, so hatten wir bereits gesehen, daß sich die Hauptfrauen des Königs in solche von königlicher und nicht-königlicher Abstammung aufteilen ließen. Über die Herkunft der letzteren wissen wir nur sehr wenig, wir erkennen sie häufig nur dadurch, daß sie nicht den Titel «Königstochter» tragen. Satiach, die erste Hauptfrau von Thutmosis III., wird auf einem Denkmal als Tochter einer königlichen Amme ausgewiesen. Diese war höchstwahrscheinlich für die Erziehung Thutmosis' III. zuständig gewesen, da sie den Zusatztitel «Eine, die den Gott aufzog» trägt, wobei mit «Gott» hier der König gemeint ist. Von der zweiten Hauptfrau desselben Königs können wir nachweisen, daß sie die Tochter einer Frau war, welche den Priestertitel «Gottesanbeterin» innehatte. Zu nennen wären schließlich die Eltern Tejes, der Gattin Amenophis' III., deren Grab im Tal der Könige entdeckt wurde, und die durch die Häufigkeit, mit der sie in bestimmten königlichen Texten genannt werden, eine Sonderstellung einnehmen. Die Titel von Tejes Vater Juja weisen ihn als Wagenlenker aus, vermutlich hat er eine Karriere in der Armee durchlaufen. Es ist nicht klar, ob seine Frau Tuja ihre verschiedenen hochrangigen Titel der Heirat ihrer Tochter mit dem König verdankte oder sie schon vorher besaß.

Leider können wir aus dieser Information nicht ersehen, wie jene Königinnen ausgewählt wurden, obwohl wir vermuten können, Thutmosis III. habe die Tochter seiner Amme von Kindesbeinen an gekannt. Sie führt uns jedoch zu der Frage, welche Auswirkungen eine solche Königinnenwahl auf die Familien hatte, aus denen die Frauen stammten. Das ist wiederum schwierig zu beantworten, da wir keine Denkmäler von Beamten besitzen, auf denen sie sich einer Verbindung zu einer Königin oder auch nur irgendeiner anderen königlichen Frau rühmen. Wir wissen jedoch, daß Königin Teje einen Bruder namens Anen hatte, weil eine Inschrift im Grab von Juja und Tuja, Tejes Eltern, Anen als Sohn Tujas bezeichnet. Anen selbst hat eine Anzahl von eigenen Denkmälern hinterlassen, aus denen wir erfahren, daß er zweiter Priester des Amun in Theben war – und damit in der Priester-Hierarchie nur der Oberpriester selbst noch über ihm stand. Man ist versucht anzunehmen, Anen verdanke seine Erhebung in ein hohes Amt der Verbindung seiner Schwester mit dem König. Er erwähnt jedoch auf keinem seiner Denkmäler seine Verwandtschaft zu Königin Teje, was darauf hindeutet, daß es für Beamte nicht statthaft war, sich solcher Beziehungen zu rühmen. Das bedeutet nicht, daß solche Verbindungen zum König für die Karriere eines Beamten oder möglicherweise gar für das Schicksal ganzer Familien nicht wichtig gewesen wären. Hinter dem offiziellen Bericht von der reibungslosen Erbfolge der Könige mag sich vielleicht so manche Intrige verbergen, mit dem Zweck, eine weibliche Verwandte als Geschlechtspartnerin des Königs unterzubringen (insbesondere mit dem Titel «Hauptfrau des Königs») und ihren Sohn zum Erben zu erklären.

Es gibt dafür ein lehrreiches Modell im China der Westlichen Han-Dynastie (206 v. Chr.–8 n. Chr.). Wie der ägyptische König stand der chinesische Kaiser an der Spitze einer Regierung, die in den Händen einer Bürokratie lag, welche aus Männern mit spezieller Ausbildung bestand. Beamte wurden innerhalb des Systems vom Kaiser zu den höchsten Ämtern befördert und waren in ihren Positionen völlig von ihm abhängig. Im Kampf zwischen den verschiedenen gebildeten Familien, deren Mitglieder derart in Ämter eingesetzt werden konnten, gab es jedoch keinen sichereren Weg, Machtpositionen zu erlangen und zu befestigen, als wenn eine nahe Verwandte zur Kaiserin erklärt wurde, obwohl es auch sehr nützlich sein konnte, eine Schwester oder Tochter zu haben, die Lieblingskonkubine des Königs war. Die Familie einer Kaiserin und ihre Klientel konnten für gewöhnlich die besten Ämter an sich reißen, doch wenn die Kaiserin starb oder in Ungnade fiel, zog dies meist den raschen Fall ihrer Verwandten nach sich, weil deren Feinde keine Zeit verloren, sie zu vernichten, während die Partei der neuen Kaiserin zur Macht aufstieg. Eine unschuldige Kaiserin war immer dem Risiko von Verleumdungen ausgesetzt, die nur das Ziel hatten, ihre Familie zu zerstören. Häufig war selbst der Kaiser trotz seiner übergeordneten Stellung unfähig, solche Machenschaften zu unterbinden.[5] Es ist möglich, daß auch in Ägypten männliche Beamte, die mit Königinnen oder anderen Frauen des Königs verwandt waren, hofften, durch diese Beziehung Einfluß auf den König zu nehmen und dadurch ihre Einsetzung in hohe Ämter zu erlangen. Wenn die Mutter eines Königs und seine Hauptfrau beide von nicht-königlicher Geburt waren, könnten darüber hinaus die Interessen der mütterlichen Verwandtschaft des Königs mit denen der Familie seiner Hauptfrau in Konflikt geraten sein. Einer der pragmatischen Vorteile der Geschwisterehe wird für den König darin bestanden haben, daß er so das Machtstreben der Beamtenfamilien zügeln konnte, obwohl es unwahrscheinlich ist, daß dies der Ursprung dieser Praxis ist.

Die Vater-Tochter-Ehe

Neben Königen, die ihre Schwestern heirateten, gab es einige, die ihre Töchter zur Frau nahmen. Satamun, die Tochter Amenophis III., ist als «Ehefrau des Königs», ja sogar als «Hauptfrau des Königs» gut bezeugt. Man weiß, daß sie die Tochter des Königs und seiner Hauptfrau Teje war, und manchmal werden sie auch alle drei gemeinsam erwähnt. Könige hatten normalerweise nicht mehr als eine Hauptfrau zur selben Zeit, doch Satamun wurde manchmal dieser Titel verliehen, obgleich ihre Mutter – wie wir wissen – noch am Leben war. Es ist jedoch beachtenswert, daß sie dort, wo ihr Name neben dem ihrer Mutter erscheint, nur «Ehefrau des Königs» genannt wird, während der Titel «Hauptfrau des Königs» Gelegenheiten vorbehalten bleibt, bei denen der Name ihrer Mutter nicht fällt.

Ob es im Reich des folgenden Königs Echnaton tatsächlich Vater-Tochter-Ehen gab, ist heftig umstritten.[6] Zwei der Töchter des Königs, Meritaton und Anchesenpaaton, tauchen als Mütter von Königstöchtern auf, die Meritaton junior beziehungsweise Anchesenpaaton junior hießen. Eine dritte Tochter, Meketaton, starb wahrscheinlich im Kindbett. Leider ist der Vater dieser Kinder nirgendwo genannt. Man ist leicht geneigt anzunehmen, daß der Titel «Königstochter» bedeuten muß, daß sie Töchter eines Königs und damit Echnatons Töchter waren, aber es gibt Belege dafür, daß die Tochter eines Königssohnes ebenfalls «Königstochter» genannt werden konnte.[7] Deshalb muß Echnaton nicht zwangsläufig der Vater der Juniorprinzessinnen sein, obwohl es noch umstritten ist, ob er Söhne hatte, die alt genug waren, diese Kinder zu zeugen. Andererseits trug auch keine der drei Prinzessinnen den Titel «Ehefrau des Königs». Später, gegen Ende der Herrschaft ihres Vaters, wurde Meritaton «Hauptfrau des Königs», doch dies geschah einige Zeit nach der Geburt von Meritaton junior. Es gibt zu viele Lücken in unserem Quellenmaterial, als daß wir bestimmen könnten, ob Echnaton die Kinder seiner Töchter zeugte oder nicht.[8]

In der nächsten Dynastie wurden drei Töchter von Ramses II., Bintanat, Meritamun und Nebettaui, Hauptfrauen des Königs.[9] Besonders Bintanat ist durch Denkmäler gut bezeugt und erscheint wie Satamun gelegentlich neben ihrer Mutter, der damaligen Hauptfrau des Königs Asetnefret. In ihrem Grab wird Bintanat in einer Szene gezeigt, in der ihr die Gestalt einer Königstochter folgt. Da man weiß, daß Bintanat in der Mitte seiner Regierungszeit die Gattin ihres Vaters war, ist es unwahrscheinlich, daß ein anderer als Ramses der anerkannte Vater dieses Kindes war, denn er wird sicher keinem anderen Mann Zugang zu seinen Ehefrauen gewährt haben. Nach dem Tod ihres Vaters am Ende seiner 64 Jahre währenden Herrschaft war Bintanat mit großer Sicherheit zu alt, um dem nächsten König, ihrem Bruder Merenptah, noch Kinder zu gebären. Die Existenz der Tochter Bintanats steht im Widerspruch zu der Behauptung, der Titel «Ehefrau des Königs» oder «Hauptfrau des Königs» sei nur als Rangtitel den Königstöchtern verliehen worden, welche in die Rolle ihrer Mütter schlüpften und damit nicht in einer vollzogenen Ehe lebten.

Diplomatische Ehen des Königs

Neben Frauen ägyptischen Ursprungs heirateten einige Könige der 18. und 19. Dynastie auch ausländische Prinzessinnen, um diplomatische Bündnisse zu festigen.[10] Anfang dieses Jahrhunderts wurde ein Grab, das drei Ehefrauen von Thutmosis III. gehörte, geplündert und der Inhalt verkauft.[11] Die Namen der Frauen (Menhet, Mertit und Menwaj) sind nicht ägyptisch und deuten darauf hin, daß die Frauen aus der Gegend von Syrien/Palästina stammten. So könnten sie Töchter syrischer Regenten gewesen sein, die aus diplomatischen Gründen mit dem ägyptischen König vermählt wurden. Es ist erstaunlich, daß sie im selben Grab mit ähnlich zusammengestellten Grabausstattungen begraben wurden, doch sind sie möglicherweise zur gleichen Zeit gestorben, vielleicht als Folge einer Epidemie im Palast. Alle drei tragen den Titel «Ehefrau des Königs», aber wir haben keine Genealogie, die uns Aufschluß über ihre Herkunft verschaffen könnte.

Es scheint zwei Arten von diplomatischen Ehen in Ägypten gegeben zu haben. Bei der ersten war der Vater der Braut dem ägyptischen König gleichrangig, und die beiden Herrscher nannten einander «Bruder»; bei der anderen war der Brautvater ein Vasall des ägyptischen Königs, den er als «mein Herr, mein Gott, mein Sonnengott» anredete. Die Annalen Thutmosis' III. verzeichnen, daß im Jahr 24 seiner Regentschaft der Tribut aus dem Lande Retenu nach einem Feldzug in diese Gegend auch folgendes enthielt: «die Tochter eines Anführers, zusammen mit ihrem Goldschmuck und Lapislazuli ihres Landes, und dem Gefolge, das zu ihr gehört, männliche und weibliche Sklaven, dreißig von ihnen».[12, 13] Das Wort für Anführer (*wer*) wurde von den Ägyptern gewöhnlich zur Bezeichnung ausländischer Herrscher verwendet; so können wir annehmen, daß die Tochter eines besiegten Herrschers als Zeichen der Unterwerfung ihres Vaters nach Ägypten geschickt wurde.

Ein großer Teil unserer Kenntnis der diplomatischen Ehen stammt aus den sogenannten Amarna-Briefen. Diese bestehen aus Teilen der Korrespondenz zwischen Amenophis III. und seinem Sohn Echnaton einerseits, sowie Kleinfürsten im Nahen Osten andererseits. Sie sind nicht in ägyptischer Schrift auf Papyrus, sondern in Keilschrift auf Tontafeln geschrieben, zumeist in Akkadisch, der internationalen Diplomatensprache, doch gelegentlich auch in einer anderen Sprache. In einem dieser Briefe schreibt ein ägyptischer König an einen syrischen Herrscher: «Schick deine Tochter dem König, deinem Herrn, und als Geschenke schicke zwanzig gesunde Sklaven, silberne Wagen und gesunde Pferde.»[14] Der Herrscher hatte vermutlich einzuwilligen, oder er wurde als Verräter Ägyptens angesehen. Ein anderer ausländischer Regent schreibt an den König: «Und siehe, ich habe meine Tochter an den Hof gesandt, zum König, meinem Herrn, meinem Gott, meinem Sonnengott.»[15] Auf diese Weise kann eine Reihe von ausländischen Frauen, nämlich Regententöchtern, nach Ägypten gekommen sein, als Zeichen der Unterwerfung ihres Vaters unter das ägyptische Reich und als Bürgschaft für seine Loyalität.

In der Zeit der Amarna-Korrespondenzen war Ägypten eine der Großmächte des alten Nahen Ostens, es beherrschte große Gebiete im Süden und im Norden: im goldreichen Nubien wie auch in Palästina und im südlichen Teil Syriens. Vergleichbare Großmächte waren nur die Königreiche Babylon in Mesopotamien und das in der großen nördlichen Biegung des Euphrat gelegene Mitanni, mit denen Ägypten Verträge schloß und Heiratsallianzen einging. Ägypten und Mitanni hatten jahrzehntelang Krieg gegeneinander geführt, doch unter Thutmosis IV. schlossen sie Frieden, und einer der Amarna-Briefe berichtet uns, daß der ägyptische König eine Tochter des mitannischen Königs Artatamas heiratete.[16] Als Thutmosis starb, bekräftigte sein Sohn Amenophis III. wiederum die Allianz, indem er Giluhepa, die Tochter des nächsten mitannischen Königs Sutarna, heiratete. Amenophis regierte 38 Jahre lang, und gegen Ende seiner Herrschaft starb Sutarna, auf den Tuschratta folgte. Sofort schrieb Amenophis an den neuen König und bat um die Hand seiner Tochter. Genau das gleiche passierte mit den Heiratsbeziehungen Amenophis' nach Babylon. Im ersten Teil seiner Regentschaft heiratete er die Tochter Kurigalzus II. von Babylon, später verlangte er die Tochter von Kurigalzus Nachfolger Kadaschman-Enlil I. Es scheint, als ob diese Heiratsallianzen nicht zwischen zwei Staaten, sondern zwischen zwei einzelnen Herrschern geschlossen wurden, so daß die Verbindung, wenn einer von beiden starb, mit einer neuen Ehe wiederhergestellt werden mußte. Das würde erklären, weshalb nach dem Tode Amenophis' III. sein Sohn Echnaton Taduhepa heiratete, die mitannische Prinzessin, die zwei Jahre zuvor als Frau seines Vaters nach Ägypten gekommen war. Echnaton erneuerte zudem die Allianz mit Babylon, indem er sich mit der Tochter Burnaburiaschs II., des Nachfolgers von Kadaschman-Enlil, vermählte. Amenophis III. war auch eine Heiratsallianz mit Tarkhundaradu eingegangen, dem Herrscher des Staates Arzawa in Anatolien, doch es gibt kein nachgelassenes Quellenmaterial, das uns beweisen könnte, daß diese unter Echnaton erneuert wurde.

Aus der Zeit zwischen den Regentschaften Echnatons und Ramses' II. ist wenig über diplomatische Ehen ägyptischer Könige mit ausländischen Prinzessinnen bekannt. Das muß nicht heißen, daß es solche Ehen nicht gegeben hat, vielleicht sind sie lediglich nicht bezeugt. Aus hethitischen Texten wissen wir nämlich, daß eine ägyptische Königin (die man gewöhnlich als Anchesenamun, die Witwe Tutanchamuns, identifiziert) dem hethitischen König schrieb und um einen seiner Söhne als Ehemann bat. Der Sohn wurde vermutlich nach Ägypten geschickt, aber er wurde unterwegs ermordet und kam niemals dort an.[17]

Für das Reich Ramses' II. wissen wir von Ehen mit einer Tochter des babylonischen Königs und einer Tochter eines nordsyrischen Herrschers. Ramses' berühmteste diplomatische Ehen schloß er jedoch mit zwei hethitischen Prinzessinnen. Eine der Hochzeiten fand im Jahr 34 seiner Regentschaft statt, um den Frieden zwischen Ramses und Hattusilis, dem Hethiterkönig, nach Jahrzehnten der Feindseligkeiten zu besiegeln. Es ist nicht bekannt, wann die andere Hochzeit stattfand, obwohl sie sicherlich später als die erste liegt. Möglicherweise war die erste Prinzessin gestorben, und die Allianz mußte durch eine neue Ehe wieder bestätigt werden.[18]

Obwohl wir wenig über die Heiratsformen in der ägyptischen Gesellschaft wissen, vermitteln uns die Texte ein erstaunlich homogenes Bild dessen, was einer diplomatischen Ehe ihre Rechtsgültigkeit verlieh. Drei Dinge scheinen notwendig gewesen zu sein: Der Brautvater mußte seine Tochter mit einer reichen Mitgift ausstatten; der zukünftige Ehemann hatte einen gleichwertigen reichen Brautpreis zu zahlen; und auf den Kopf der Braut wurde Öl gegossen, vermutlich in einem Ritual, das die wirkliche Hochzeitszeremonie darstellte.

Während der Regentschaft Amenophis' III. war Ägypten wahrscheinlich der mächtigste Staat im Nahen Osten. Als Antwort auf die Bitte eines babylonischen Königs um eine ägyptische Braut stellt Amenophis klar, daß «von alters her die Tochter eines ägyptischen Königs niemandem zur Ehe gegeben wurde».[19] Die ägyptischen Könige befanden sich so immer im Vorteil, wenn sie die Töchter fremder Herrscher als Gattinnen akzeptierten, diesen aber im Gegenzug ihre eigenen Töchter verweigerten. Nach dem Ende des Neuen Reiches gab ein ägyptischer König, vermutlich Satamun aus der 21. Dynastie, König Salomon von Israel eine Tochter zur Frau, doch zu dieser Zeit war Ägypten nicht mehr die große internationale Macht, die es einmal gewesen war.

Ein großer Teil unseres Wissens über diplomatische Eheschließungen stammt aus nichtägyptischen Quellen wie den hethitischen Texten und den Amarna-Briefen, die insofern nicht ägyptisch sind, als sie eher mit den nahöstlichen diplomatischen Konventionen als mit der ägyptischen Weltsicht übereinstimmten. Wenn in ägyptischen Quellen auf ähnliche Ehen Bezug genommen wird, werden sie vollkommen anders dargestellt. Was in Wirklichkeit zwischen Herrschern gleichen Ranges ausgehandelte Ehen waren, wird als Tributzahlung beschrieben.[20] Im ersten Jahrzehnt seiner Herrschaft ließ Amenophis III. eine Reihe von Gedenkskarabäen mit Inschriften herstellen, die von seinen verschiedenen Errungenschaften berichteten. Darunter erschien auch seine Heirat mit der mitannischen Prinzessin Giluhepa: «Im 10. Jahr unter der Herrschaft ... des Königs von Ober- und Unterägypten, dem Herrn des Rituals, Nebmaatra erwählt von Re, Sohn des Re, Amenophis Herrscher von Theben, dem Leben gegeben ist, und der Hauptfrau des Königs Teje, möge sie leben ... Die Wunder, welche Seiner Majestät gebracht wurden, er lebe, sei heil und gesund: Die Tochter von Sutarna, des Königs von Naharina (Mitanni), Giluhepa, und die ersten Frauen ihrer Umgebung, dreihundertsiebzehn Frauen.»[21] Hier gibt es weder Verhandlungen über die Höhe noch Austausch von Brautpreis und Mitgift, geschweige denn überhaupt eine Erwähnung der Hochzeit. Giluhepa wurde «gebracht», und das Verb «bringen» (*ini*) wurde im Altägyptischen häufig im Sinne von Beute oder Tribut bringen gebraucht. In Ägypten wurde also Amenophis' Hochzeit mit Giluhepa so dargestellt, als ob sie ein Beutestück oder ein Teil des Tributs wäre, der aus Mitanni zum ägyptischen König gebracht wurde.

Diese Formulierung wird noch deutlicher in den ägyptischen Quellen, die die beiden hethitischen Ehen Ramses' II. betreffen. Ihnen zufolge fand die erste Hochzeit statt, weil ägyptische Armeen das Land Hatti, in dem die Hethiter lebten, verwüstet hatten. «Jetzt, nachdem sie ihr Land in diesem erbärmlichen Zustand erblickten, unter der großen Macht des Herrn der beiden Länder, da sagte der große Prinz von Hatti zu seinen Soldaten und Hofleuten: ‹Nun seht dieses! Unser Land ist verwüstet ... Laßt uns alle Besitztümer ablegen, und mit meiner ältesten Tochter vor ihnen, laßt uns dem Guten Gott [d.h. dem ägyptischen König] Friedensopfer darbringen, auf daß er uns Frieden gebe, damit wir leben mögen› (...) Dann ließ er seine älteste Tochter bringen, der kostbare Tribut vor ihr bestand aus vielem Silber, Gold, Kupfer (?), Sklaven, unzähligen Pferden, Rindern, Schafen und Ziegen...» Schließlich erreichte diese große Prozession Ägypten, und die Tochter des hethitischen Königs «wurde vor das Angesicht seiner Majestät geführt, mit dem sehr großen Tribut hinter ihr (...) Ihr wurde der Name Maathorneferure gegeben, möge sie leben ... und ihr wurde ein Wohnsitz im Palast des königlichen Hauses angewiesen.» Die zweite Hochzeit wird in einem ähnlichen Stil beschrieben, außer daß die Prinzessin als die «andere Tochter» des hethitischen Königs bezeichnet wird.[22]

Wir können diese Berichte mit einem Brief vergleichen, den Ramses an die hethitische Königin Puduhepa richtete: «Siehe, der große König, der König Hattis, mein Bruder, hat mir geschrieben, und er sagt: ‹Laß Leute kommen, um gutes, feines Öl über den Kopf meiner Tochter zu gießen, und laß sie in das Haus des großen Königs bringen, des Königs von Ägypten.›»[23] Für die Ägypter war Ägypten der Nabel der Welt, und alle Nichtägypter waren theoretisch ihre Untertanen. Alle Waren, die nach Ägypten kamen, ob als Geschenke oder für den Handel bestimmt, wurden auf den Denkmälern als Tribut dargestellt, was Unterwerfung unter den König Ägyptens bedeutete. Natürlich hätten die ägyptischen Könige keine sinnvollen diplomatischen Beziehungen mit anderen Staaten unterhalten können, wenn sie auf diesen Prämissen bestanden hätten. In Wirklichkeit nahmen sie in ihren Verhandlungen mit ausländischen Herrschern die diplomatischen Formen an, die seit langem im Nahen Osten etabliert waren, doch im eigenen Land gaben sie den Ereignissen die Gestalt, die in ihren eigenen ideologischen Rahmen paßte.

Meistens wurden diplomatische Verhandlungen zwischen männlichen Königen von männlichen Botschaftern geführt, mit Ausnahme der gelegentlichen Beteiligung einer königlichen Frau, wie der hethitischen Königin Puduhepa, der Ramses II. einen Brief schrieb, und Ramses' Königin Nofretere, die selbst Grüße an Puduhepa schickte. Insgesamt spielten Frauen jedoch nur eine geringe aktive Rolle in diplomatischen

Verhandlungen; sie waren nur insofern wichtig, als sie die Möglichkeit boten, durch Ehen zwischenstaatliche Allianzen zu befestigen. Doch was geschah mit all diesen ausländischen Frauen, wenn sie einmal in Ägypten waren, nachdem sie alles Vertraute zurückgelassen hatten und in ein Land mit einer unbekannten Sprache und fremden Gebräuchen gekommen waren? Wir wissen leider nur sehr wenig über ihr Schicksal. Mertit, Menwaj und Menhet, die drei Frauen von Thutmosis III., erhielten ein ehrenvolles Begräbnis im ägyptischen Stil, doch von ihrem Leben wissen wir nichts. Kadaschman-Enlil von Babylon schrieb einen außergewöhnlichen Brief an Amenophis III., in dem er Auskunft über das Schicksal seiner Schwester verlangte, die Jahre zuvor nach Ägypten geschickt worden war. Der Brief existiert zwar nicht mehr, doch Amenophis zitiert Teile daraus in seinem Antwortbrief. Der babylonische König hatte geschrieben: «Siehe, du begehrst meine Tochter zur Ehe für dich, während meine Schwester, die mein Vater dir gab, dort bei dir ist, und niemand sie jetzt gesehen hat oder weiß, ob sie lebend oder tot ist.»[24] Amenophis antwortet, daß keine der Personen, die Kadaschman-Enlil nach Ägypten entsandte, die Prinzessin kannte – wie wollten sie sie dann wiedererkennen? Er schlägt vor, daß jemand, der sie kenne, zu ihr geschickt werde, um mit ihr zu sprechen, was darauf schließen läßt, daß sie noch am Leben war. Man bekommt den Eindruck, daß die babylonische Prinzessin ziemlich in Vergessenheit geraten war.

Dagegen erhielt die hethitische Prinzessin, die Ramses II. zuerst heiratete, bei der Hochzeit den ägyptischen Namen Maathorneferure und den Titel «Hauptfrau des Königs». Soweit wir wissen, erreichte dies keine andere ausländische Prinzessin. Es ist möglich, daß der hethitische König auf diesem Rang als Teil der Heiratsvereinbarung bestand. Als der hethitische König Suppiluliuma in früheren Zeiten seine Tochter einem der mitannischen Könige zur Ehe gegeben hatte, lautete ein Teil des Vertrags: «Du sollst meine Tochter nicht in die Stellung einer zweiten Frau bringen. In Mitanni soll sie als Königin regieren.»[25] Vielleicht stellte Hattusilis Ramses II. dieselbe Bedingung.

Der Fall Maathorneferures stellte jedoch eindeutig eine Ausnahme dar. Von den vielen anderen ausländischen Frauen der ägyptischen Könige werden wir wohl nie besonders viel erfahren – wir wissen nicht einmal, wieviele solcher Ehen ein König eingehen konnte. Zwei der ausländischen Frauen von Ramses II. sind nur durch einen zufälligen Verweis in einer hethitischen Quelle bekannt und werden in ägyptischen Texten gar nicht erwähnt. Wir können daher die Möglichkeit nicht ausschließen, daß er und andere Könige diplomatische Ehen eingingen, über die keine Aufzeichnungen existieren.

Während Ägypten sich auf der Höhe seiner imperialen Macht

befand, muß es viele kleinere Regenten gegeben haben, die einen Vorteil in einer Allianz mit dem ägyptischen Herrscher sahen; andere waren vielleicht gezwungen worden, ihre Töchter als Teil des geforderten Tributs nach Ägypten zu schicken. Was tat der König mit all diesen Frauen? Außer den königlichen Bräuten gab es auch noch die Frauen ihres Gefolges. Giluhepa zum Beispiel brachte mehr als dreihundert Frauen mit. Des weiteren sandten unterworfene Regenten manchmal Gruppen von nicht-königlichen Frauen als Geschenk an den König, um einen Teil ihres Tributs zu zahlen. Abdicheba von Jerusalem berichtet in einem der Amarna-Briefe: «Ich gab 21 Jungfrauen ... als Geschenk für den König, meinen Herrn», und ein anderer Stadtfürst schreibt: «Fürwahr, ich habe dem Wort des Königs, meines Herrn, große Beachtung geschenkt, und fürwahr, ich habe 500 Rinder und 20 Jungfrauen gegeben».[26]

All diese Frauen brauchten Wohnungen, Kleidung und Essen. Einige von ihnen hatten vielleicht sexuelle Beziehungen mit dem König, während andere ihn niemals zu Gesicht bekommen haben mögen. Vermutlich gab man ihnen eher Arbeit, als ihnen zu erlauben, müßig herumzusitzen. Wir wissen, daß Maathorneferure in einem Palast in Miwer lebte, heute Gurob im Fajumtal. Die Dokumente legen nahe, daß die Einrichtung mit der Herstellung von Kleidung befaßt war und das Personal hauptsächlich aus Ausländern bestand.[27] Spinnen und Weben waren Handwerke, die von Frauen seit dem Alten Reich ausgeübt worden waren, und wahrscheinlich wurde ein Teil dieses Frauenzustroms in die Textilproduktion geleitet. Anderen mag man Haushaltspflichten in den verschiedenen Palästen zugewiesen haben, welche der König in ganz Ägypten besaß.

Viele dieser Frauen hatten vermutlich kein angenehmes Los. In einer fremden Gesellschaft, weit weg von ihren Familien, vielleicht nicht einmal der Landessprache mächtig, waren sie Ausbeutung und Mißbrauch schutzlos ausgeliefert. Ein kleiner Fürst konnte als Untertan Ägyptens schwerlich danach fragen, wie der König seine Tochter oder Schwester behandelte. Solange mächtige Herrscher ihren Töchtern Grüße und Geschenke sandten und durch ihre Botschafter nach ihrem Schicksal fragen ließen, mußten sie gut behandelt werden, oder es drohten internationale Spannungen. Wenn man jedoch in ihrem Herkunftsland einmal das Interesse an ihrem Wohlergehen verloren hatte, wurde ihre Lage prekär. Solche Frauen waren nicht viel mehr als Waren, die um des Friedens und einer Allianz willen ausgetauscht wurden. Sie hatten keine Mitsprache an ihrem Schicksal, und trotzdem wurden sie zu wichtigen Rädchen im Getriebe des internationalen diplomatischen Systems: Das System wurde von Männern betrieben, aber die Frauen waren nötig, damit es überhaupt funktionierte.

Königskinder und die Thronfolge

Da die Könige eine Vielzahl von Frauen besaßen, könnte man erwarten, daß sie auch viele Kinder hatten. Es gibt bis zum Beginn des Reiches von Ramses II. allerdings nur wenige Hinweise darauf; Ramses wich von der Sitte seiner Vorgänger ab und ließ lange Prozessionen seiner Kinder in verschiedenen Tempeln in ganz Ägypten und Nubien darstellen. Außerdem erscheinen Königssöhne in den Schlachtszenen ihres Vaters, nehmen an Feldzügen teil und bringen Gefangene heim. Entsprechend früheren Traditionen werden einige der Töchter des Königs mit ihm auf königlichen Denkmälern dargestellt. Insgesamt werden mehr als hundert Kinder mit Ramses II. in Verbindung gebracht.[28] Die meisten von ihnen sind nur aus den Prozessionen bekannt, und wir haben keine Ahnung, wer ihre Mütter waren. Die Königstöchter, die an anderer Stelle gemeinsam mit dem König erscheinen, sind entweder Kinder von Nofretere, der ersten Hauptfrau Ramses', oder von Asetnefret, der zweiten. Neben den Kindern, die lange genug lebten, um auf den Denkmälern verewigt zu werden, muß es noch andere gegeben haben, die tot geboren wurden oder in früher Kindheit starben. Natürlich können zwei Frauen nicht so viele Kinder zur Welt gebracht haben.

Von Ramses wissen wir, daß er auch mit seiner Schwester Hentmire, mit dreien seiner Töchter, mit zwei hethitischen und mit einer syrischen und einer babylonischen Prinzessin verheiratet war; wahrscheinlich gab es noch weitere königliche Ehefrauen, deren Namen uns heute völlig unbekannt sind. Es ist äußerst merkwürdig, daß kaum Begräbnisse zweiter königlicher Ehefrauen bezeugt sind, obgleich sie ihnen doch ausgerichtet werden mußten, wie bei Mertit, Menhet und Menwaj im Reich Thutmosis' III.

Wir wissen, daß die Könige in der 18. Dynastie vielfache Ehen eingingen, doch im Gegensatz zu den Kindern Ramses' II. sind von diesen Königen nur sehr wenige Nachkommen bekannt. Im allgemeinen werden sie nicht in Tempeln oder auf königlichen Denkmälern gezeigt. Die meisten sind durch private Denkmäler bezeugt, welche ihren Ammen, ihren Lehrern oder anderen Beamten gehörten, und durch einige Grabbeigaben. Manche Königstöchter treten aus der Anonymität hervor, weil sie den König, ihren Bruder, heirateten und seine Hauptfrau wurden. Einige Prinzessinnen, die nicht als Hauptfrauen bezeugt sind, erscheinen mit dem König in Ritualszenen. Die bekannteste ist Neferure, die mit ihrer Mutter Hatschepsut dargestellt wird, nachdem diese die Titel eines Königs angenommen hatte. Zwei Töchter von Thutmosis III. begleiten ihren Vater in einer Opferszene im Tempel, und die Töchter

Amenophis' III. werden mit diesem König in verschiedenen Szenen des Sedfestes zur rituellen Erneuerung seiner Königswürde gezeigt.

Eine einzigartige Reihe königlicher Kinder der 18. Dynastie ist durch Mumienetiketten aus einem thebanischen Grab überliefert; sie wurden zur Zeit der 21. Dynastie anläßlich der Wiederbestattung ihrer Inhaber geschrieben, nachdem deren ursprüngliches Grab geplündert worden war.[29] Die meisten werden in anderen Quellen überhaupt nicht erwähnt, ein Umstand, der deutlich zeigt, wie wenig wir über die königlichen Nachkommen wissen. Wahrscheinlich haben viele Königskinder gar keine Aufzeichnungen über ihre Existenz hinterlassen.

Wenn ein Königskind geboren wurde, entschied sein Geschlecht sofort über seinen zukünftigen Platz im Leben. Ein Sohn war ein potentieller Thronerbe, der eine Erziehung erhalten mußte, die einem künftigen König angemessen war. Eine Tochter hatte keine Aussichten auf die Thronfolge, da die ägyptische Tradition keine weiblichen Könige anerkannte; daß es einer Frau in seltenen Fällen gelang, auf den Thron zu kommen, bedeutet nicht, daß diese Möglichkeit Königstöchtern üblicherweise offengestanden hätte. Töchter waren dennoch künftige Königinnen, und mit der Mutter und der Hauptfrau des Königs bildeten sie eine Dreiheit von Mutter, Gattin und Tochter, die die drei Aspekte der Göttin Hathor in ihrer Beziehung zum Sonnengott Re widerspiegelte. Diese enge Verbindung zwischen den königlichen Frauen gestattete es den Königstöchtern, gelegentlich mit ihren Vätern in Ritualszenen zu erscheinen, in denen man gewöhnlich die Mutter oder die Ehefrau des Königs erwartet hätte.

Königssöhne hatten dagegen keine rituelle Rolle während der Regierungszeit ihres Vaters und werden unter der Herrschaft ihrer Brüder nicht erwähnt. Das liegt daran, daß es in der Mythologie des Königtums nur einen Erben gab, obwohl jeder Sohn ein potentieller Erbe war. Das ägyptische Königtum war tief verwurzelt im Mythos von Osiris und seinem Sohn Horus, in welchem Horus als Sohn Osiris' die Königswürde beansprucht; der lebende König Ägyptens wurde mit Horus gleichgesetzt, sein toter Vorgänger mit Osiris. Auf dieser Ebene ging der Thron immer von Osiris an Horus, und dies war die offizielle, auf Denkmälern verewigte Perspektive; dort sehen wir nur eine endlose Reihe einander folgender Könige, die keinen Platz für andere Königssöhne läßt, denen es nicht gelungen war, auf den Thron zu kommen. Im Mythos von der göttlichen Geburt des Königs vereinigt sich der Gott Amun-Re mit der Königsmutter und zeugt so den König. Natürlich blieb bis zur Thronbesteigung eines Königs unbekannt, wer derjenige war, den der Gott gezeugt hatte. Auch hier gab es keine rituelle Rolle für mehr als einen Sohn.

Offiziell gab es nur einen geringen Spielraum für die Beteiligung von

Frauen bei der Thronfolge. Dennoch sollten wir den offiziellen Rahmen, in welchem der Thronfolge-Mechanismus ablief, nicht mit der Fähigkeit eines Einzelnen, das Funktionieren des Systems inoffiziell zu beeinflussen, verwechseln. Eine mächtige Königsmutter, Königsgattin oder auch eine Lieblingsfrau des Königs könnten einen Weg gefunden haben, in die Wahl des Thronerben einzugreifen. Es gibt auch Beweismaterial dafür, daß königliche Frauen manchmal konspirierten, um die rechtmäßige Thronfolge zu verändern.

Der bekannteste dieser Fälle – aufgezeichnet in hieratischer Schrift auf einem Papyrus, der sich jetzt im Ägyptischen Museum in Turin befindet – ereignete sich im Reich Ramses' III.[30] Das Dokument befaßt sich mit dem Verfahren gegen eine Gruppe von Menschen, die eines Komplotts überführt wurden, «Feindschaft zu stiften, um einen Aufstand gegen ihren Herrn [d. h. den König] herbeizuführen». Die Verschwörung scheint von einer königlichen Frau namens Teje, ihrem Sohn, anderen Frauen des Palasts und einer kleinen Gruppe Palastbeamter ausgeheckt worden zu sein. Andere, hauptsächlich mit Haremspflichten Beschäftigte, wurden in die Verschwörung verwickelt. Darüber hinaus wurden einige Leute außerhalb des Palasts mit einbezogen, darunter ein Befehlshaber der Armee und ein Aufseher über die Priester Sachmets; ein Hauptmann der Bogenschützen aus Nubien ist besonders erwähnt, da er von seiner Schwester, welche sich im Harem befand, in das Komplott eingeweiht wurde. Obwohl dies niemals ausdrücklich gesagt wird, können wir folgern, daß das Ziel der Verschwörung darin bestand, Ramses III. zu ermorden und Tejes Sohn anstelle des rechtmäßigen Erben auf den Thron zu setzen. Wäre dieser Schachzug erfolgreich gewesen, hätte Teje den Rang der Königsmutter erlangt, und alle am Komplott Beteiligten wären vermutlich von einem dankbaren König reich belohnt worden. Statt dessen mußte der unglückliche Prinz Selbstmord begehen. Einigen der übrigen Verschwörer wurde ebenfalls gestattet, sich selbst das Leben zu nehmen, doch von den meisten erfahren wir nur, daß die Untersuchungsbeamten dafür sorgten, daß sie ihre Strafe ereilte. In dem Dokument wird weder ein Gerichtsverfahren erwähnt, noch etwas über eine Bestrafung Tejes oder der anderen Frauen des Palastes gesagt.

Aus dem Mittleren Reich besitzen wir Material über ein Attentat auf das Leben Amenemhets I., des Gründers der 12. Dynastie; es ist in der Forschung umstritten, ob es erfolgreich war oder nicht. Einen Bericht darüber finden wir in einem Text, der als *Lehre des Königs Amenemhet I.* bekannt ist. Das Dokument wurde unter der Herrschaft seines Nachfolgers Sesostris I. verfaßt, doch es ist in der Form einer Ansprache des toten Amenemhet I. an seinen Sohn geschrieben. In seiner Lehre warnt Amenemhet Sesostris vor Verrat von allen Seiten, und geht dann dazu über, das Attentat zu beschreiben: «Es war nach dem Abendessen, als die Nacht hereingebrochen war, und ich hatte eine Stunde des Glücks verbracht. Ich war auf meinem Bett eingeschlafen, nachdem ich ermüdet war, und mein Herz hatte begonnen, dem Schlaf zu folgen ... Als ich zu mir kam, erwachte ich im Kampf, und ich erkannte, daß es ein Angriff der Leibwache war ... Hatte jemals eine Frau Truppen angeworben? Wird Verschwörung im Palast großgezogen? ...»[31] Der Angriff kam offensichtlich aus dem Innern des Palasts, und die Frage «Hatte jemals eine Frau Truppen angeworben?» deutet darauf hin, daß eine oder mehrere königliche Frauen in die Verschwörung verstrickt waren.

Die Autobiographie eines Beamten aus dem Alten Reich enthält Informationen darüber, daß er einem geheimen Gericht über eine Königin von Pepi I. vorsaß.[32] Obgleich wir niemals erfahren, worin ihr Verbrechen bestand, war es eindeutig schwerwiegend, und sie könnte in einer Verschwörung gegen den König gefaßt worden sein. Wir können jedoch andere Möglichkeiten, wie Ehebruch, nicht ausschließen.

Die Institution des Harems

Bedeutende Königinnen hatten ihre eigenen Häuser mit dazugehörigem Landbesitz, die von männlichen Beamten verwaltet wurden. Einer Lieblingsfrau konnte auch Landbesitz auf ihren eigenen Namen zugesprochen werden. Die meisten königlichen Frauen waren jedoch in einem der verschiedenen Harems untergebracht, welche sich in Memphis, Theben und Gurob am Eingang des Fajumtals befanden.[33] Jeder Harem war eine unabhängige Einrichtung von gleichem Rang wie die Haushaltungen des Königs, seiner Mutter und seiner Hauptfrau. Die Häuser waren mit Landbesitz und Vieh ausgestattet und wurden durch ein Netzwerk männlicher Beamter verwaltet. Lückenhafte Verwaltungsdokumente verzeichnen Mengen von Getreide, Öl und Fisch, die als Vorräte an den Harem von Gurob geliefert wurden. Andere Texte legen nahe, daß die Frauen in der Textilproduktion beschäftigt waren, so daß sie zu ihrem Unterhalt beitrugen, wenn sie vielleicht nicht gar die gesamten Kosten bestritten.

Der Harem in Gurob wurde zur Regierungszeit von Thutmosis III. gegründet. Es handelte sich nicht um einen Anbau des Königspalasts, sondern um ein unabhängiges Haus, in dem königliche Frauen und ihre Diener untergebracht waren. Wir haben bereits gesehen, daß die hethitische Königin Ramses' II., Maathorneferure, hier wohnte. Unklar ist, ob der König gelegentlich einen Besuch abstattete, ob er dorthin überflüssige Frauen schickte oder solche, deren er überdrüssig war.

Man kann annehmen, daß die königlichen Kinder in den verschiedenen Harems aufgezogen wurden, denn das Grab eines ramessidischen Prinzen, der mit etwa zwanzig Jahren gestorben war, wurde auf einem der großen Friedhöfe in der Nähe von Gurob, der letzten Ruhestätte der Bewohner, gefunden.

Die Dokumente verzeichnen auch eine Einrichtung namens «Haushalt der königlichen Kinder». Es ist nicht klar, ob dieser Teil des Harems war oder selbst eine getrennte Verwaltungseinheit darstellte. Über das Leben der meisten königlichen Nachkommen ist nichts bekannt. Lebten sie bis zu ihrem Tod im Harem oder im «Haushalt der königlichen Kinder»? Durften sie heiraten, und wenn ja, wer könnten ihre Partner gewesen sein? Das vorhandene Material zeigt, daß einige der Söhne Ramses' II. zu Lebzeiten ihres Vaters heirateten und Kinder zeugten. Es ist außergewöhnlich, daß es trotz der großen Anzahl von Ramses' Kindern zwei Generationen nach seinem Tod eine Erbfolgekrise gab und die Dynastie nach der kurzen Herrschaft einer Frau erlosch.

Die rituelle Rolle der Königsmutter und der Hauptfrau des Königs

Unter allen königlichen Frauen waren die Mutter und die Hauptfrau des Königs die wichtigsten. Obwohl wir über sie als Individuen wenig sagen können, können wir anhand des Quellenmaterials davon ausgehen, daß die Position dieser Frauen bis zu einem gewissen Grade göttlich war. Sie waren für das Ritual die wichtigsten der königlichen Frauen, und sie hoben sich durch ihre Insignien, Titel und die Umgebung, in der sie dargestellt wurden, von den übrigen ab. Da praktisch kein Unterschied zwischen den beiden Frauen gemacht wurde, können sie beide als Königinnen bezeichnet werden.

Die Königinnen erscheinen am häufigsten in Tempelszenen oder auf königlichen Stelen, wo sie dem König folgen, der eine rituelle Handlung vollzieht. Da die Gegenwart des Königs in Tempelszenen sich nicht auf bestimmte Anlässe beschränkt, ist es unwahrscheinlich, daß sich die Präsenz einer Königin auf ein bestimmtes Ereignis bezieht. Daß Königinnen aber in rituellen Zusammenhängen dargestellt werden konnten, weist möglicherweise auf eine eigene Rolle im Ritual hin. Normalerweise sind die Königinnen in diesen Szenen nicht aktiv, doch sie können einer Gottheit opfern oder ein Sistrum schütteln. Es ist möglich, daß eine Königin wirklich an einigen Ritualen teilnahm, wenn der König diese selbst im Tempel vollzog, was aber vermutlich selten vorkam.

Szenen, die die göttliche Geburt des Königs zeigen, sind von anderer Art als die übrigen Tempelszenen. Erstens beanspruchen sie, ein besonderes Ereignis darzustellen: wie die Königsmutter den König durch den Gott Amun-Re empfängt. Tatsächlich liegt ihre Wahrheit nicht auf einer weltlichen, sondern einer mythologischen Ebene. Zweitens tritt die Königin ohne die Vermittlung des Königs in direkten Kontakt zu den Göttern, was sonst selten passiert. Aus der 18. Dynastie sind zwei vollständige Geburtszyklen erhalten, daneben Fragmente anderer Zyklen aus späteren Zeiten.[34] Dort wird die Königsmutter vom Gott Amun-Re besucht, von dem es heißt, daß er die Gestalt ihres königlichen Gemahls annimmt, und sie empfängt und gebiert später den Thronerben. Der gesamte Geburtszyklus konnte nur retrospektiv dargestellt werden, weil niemand sicher wußte, wer der nächste König sein würde, bis er den Thron bestieg. War der König einmal gekrönt, so folgte daraus, daß seine Mutter vom Gott besucht worden war und der König der Sohn Amun-Res war. Das bedeutete, daß jede Königsmutter einmal die irdische Gemahlin des Gottes Amun-Re gewesen war, und dies mag ein Grund für ihr Ansehen gewesen sein.

Einige Königsmütter aus der 18. Dynastie waren nicht die Hauptfrauen ihrer königlichen Ehemänner gewesen, doch unter der Herrschaft ihrer Söhne wurde ihnen zusätzlich zum Titel «Mutter des Königs» der Titel «Hauptfrau des Königs» verliehen. Dies weist darauf hin, daß die beiden Rollen gleichgesetzt wurden, zumal auch andere Titel und Insignien identisch waren. Das kann vielleicht durch eine Analogie mit dem göttlichen Kamutef-Mythos erklärt werden, in welchem der Sonnengott die Himmelsgöttin jede Nacht schwängerte und am Morgen von ihr wiedergeboren wurde, wodurch er sich ständig erneuerte. Die Himmelsgöttin ist so zugleich Mutter und Gattin des Gottes. In der königlichen Mythologie hoffte der König, durch ein ähnliches Modell Erneuerung zu erlangen, in welchem Mutter und Ehefrau identisch gedacht werden mußten. In Wirklichkeit wurde die Rolle in zwei Parts aufgeteilt, die von verschiedenen Frauen gespielt wurden, doch rituell bildeten sie eine Einheit. Idealerweise hätte jede Hauptfrau auch Königsmutter sein sollen, doch in der Praxis geschah dies nicht, und so wurde statt dessen jeder Königsmutter, die nicht die Hauptfrau des vorigen Königs gewesen war, dieser Titel im Reich ihres Sohnes verliehen.

II.
Königinnen, Macht und die Übernahme des Königtums

Das Amt der Königin hat – wie das des Königs – seine Wurzeln in der Mythologie und in der göttlichen Welt. Obwohl die Frauen, die die Stellung einer Königin einnahmen, Menschen waren, hatte man sie bis zu einem gewissen Grade aus der menschlichen Sphäre herausgehoben und ihnen göttliche Aspekte beigelegt. Der Begriff des Königinnentums war die Ergänzung zu dem des Königtums, und die wechselseitige Abhängigkeit beider bedeutete, daß eins nicht ohne das andere existieren konnte.

Königinnen waren also für das Ritual sehr wichtig, doch wieviel Macht konnte eine Königin wirklich ausüben? Es ist unmöglich, dies vollständig zu beantworten, doch wir können uns ein ungefähres Bild verschaffen. Die Frage muß auf zwei Ebenen gestellt werden: Mit welcher Macht war die Stellung einer Königsmutter oder Hauptfrau des Königs tatsächlich ausgestattet, und wieviel Macht konnte ein willensstarkes Individuum zusätzlich erlangen? Wir wissen, daß Königinnen ihre eigenen Landgüter erhielten und daß auch männliche Beamte, wie Verwalter, in ihrem Dienst standen. Eine Königin könnte so nicht nur ein gewisses Maß an wirtschaftlicher Freiheit genossen, sondern auch die Dienste von Männern beansprucht haben, die ihr und ihren Interessen treu ergeben waren.

In dieser Verbindung mag ein Potential gelegen haben, das zumindest eine Machtbasis für eine ehrgeizige Königin schaffen konnte. Die ägyptischen Denkmäler schildern jedoch nur das Ideal und lassen aus, was nicht in das offizielle Muster paßte – und in diesem Muster kamen individuelle Persönlichkeiten nicht vor. So dürfen wir niemals erwarten, Quellenmaterial über die Karrieren einzelner Königinnen und ihre mögliche Einflußnahme auf die Macht zu finden. Aus den Denkmälern ergibt sich auch kein Schema, aus dem man schließen könnte, daß Königinnen auf regulärer Basis Macht verliehen worden wäre. Ungeachtet dessen ist es möglich, über einige Königinnen etwas mehr zu sagen.

Ahhotep II.

Als König Ahmose, der Begründer der 18. Dynastie, den Thron bestieg, war der nördliche Teil Ägyptens immer noch von den ausländischen Hyksos-Herrschern besetzt, und das südlich gelegene Nubien wurde von einem Verbündeten der Hyksos regiert. Im Verlauf seiner Regentschaft eroberte Ahmose Nubien, schlug zwei Aufstände nieder und vertrieb die Hyksos aus Ägypten. Für den thebanischen Herrscher muß dies eine Zeit der Spannungen und Schwierigkeiten gewesen sein, und es gibt Hinweise darauf, daß die Königsmutter Ahhotep eine entscheidende Rolle in diesen bewegten Ereignissen spielte. Später errichtete Ahmose eine große Stele in Karnak, auf der er Ahhotep pries als «eine, die für Ägypten sorgt. Sie kümmerte sich um seine [d.h. Ägyptens] Soldaten; sie bewachte es; sie brachte seine Flüchtlinge zurück, und versammelte die, die es verlassen hatten; sie befriedete Oberägypten und vertrieb seine Aufständischen.»[1] Obgleich diese Passage weit weniger präzise ist, als wir es uns wünschen würden, ist sie doch frei von den stereotypen Phrasen, die normalerweise für Königinnen verwendet wurden, und legt damit nahe, daß sie in wirklichen Ereignissen begründet war. Als Ahmose die Nachfolge des vorigen Königs Kamose antrat, war er vermutlich noch ziemlich jung, denn er setzte den unter Kamose begonnenen Großangriff gegen die Hyksos erst einige Jahre nach seiner Thronbesteigung fort. Es ist möglich, daß die beschriebenen Ereignisse zu einer Zeit stattfanden, in der Ahhotep als Königin für den jungen König die Regierungsgeschäfte führte. Wie dem auch sein mag – und der ägyptische Bericht ist nicht genau genug, als daß wir sicher sein könnten –, es wird klar, daß Ahhotep eine Königin war, die tatsächlich Macht ausübte.

Ahmose Nofretere

Ahmoses Hauptgemahlin, Ahmose Nofretere, scheint nicht weniger bedeutend als seine Mutter gewesen zu sein, obwohl keiner der erhaltenen Texte so von ihr spricht wie Ahmose von Ahhotep.[2] Ahmose Nofretere war die Schwester oder Halbschwester von Ahmose und die Mutter seines Nachfolgers, Amenophis' I. Während seiner Regierungszeit verlieh ihr Ahmose den Titel «Gottesgemahlin des Amun» (siehe 8. Kapitel). Von diesem Ereignis weiß man durch eine Stele, die im Tempel Amuns in Karnak errichtet wurde (Abb. 3). Diese Stele verzeichnet praktisch ein juristisches Dokument über ihre Einsetzung in das Amt, in dem Ahmose Nofretere und ihren Erben auch Güter und

Landbesitz auf ewig zugeschrieben werden. Es handelt sich dabei um ein Priesterinnenamt, das seiner Inhaberin eine wichtige Stellung im Amunkult zu Theben verschaffte.

Anderes Material aus einer späteren Zeit seiner Regentschaft legt nahe, daß die Königin auf die eine oder andere Weise in die Bauprojekte ihres Ehemanns mit einbezogen war. Ihr Name erscheint neben Ahmoses über Texten, die von der Wiedereröffnung der Kalksteinbrüche am gegenüberliegenden Ufer von Memphis im Jahre 22 der Herrschaft des Königs berichten. Ihr Name wurde auch in den Alabastersteinbrüchen in der Nähe von Assiut gefunden. Als Ahmose beschloß, in Abydos eine Opferkapelle für Tetischeri, die Mutter seines Vaters und seiner Mutter, zu errichten, hinterließ er eine Stele, die von dieser Entscheidung berichtet und beschreibt, wie er um die Zustimmung Ahmose Nofreteres zu seinen Plänen warb. Eine solche Beteiligung der Königin ist einzigartig in den Berichten, und sie mag Ahmose Nofreteres Interesse für die religiösen Bauprojekte des Reiches widerspiegeln.

Wir wissen, daß Ahmose Nofretere nicht nur ihren Ehemann, sondern auch ihren Sohn Amenophis I. bis in die Regierungszeit seines Nachfolgers, Thutmosis' I., hinein überlebte. Obwohl Thutmosis höchstwahrscheinlich nicht mit Ahmose Nofretere verwandt war, wird deutlich, daß die Königin in seinem Reich immer noch hoch verehrt wurde. Ihre Gestalt erscheint in einer Szene auf einer Stele aus dem Jahr 1 der Regentschaft Thutmosis' I., auf der der König seine offizielle Titulatur bekanntgab; er errichtete ihr außerdem eine Statue im Tempel von Karnak. Wir wissen nicht, wann Ahmose Nofretere starb, doch ein Bruchstück einer privaten Stele, die leider weder ein Datum noch den Namen eines Königs trägt, erwähnt ihren Tod: «Als die Gottesgemahlin Ahmose Nofretere, gerechtfertigt unter dem großen Gott, dem Herrn des Westens, gen Himmel flog.»[3]

Eine Anzahl von Kultgegenständen, die Ahmose Nofretere gestiftet hatte, wurden in Tempeln in Karnak, Deir el-Bahari, Abydos und Serabit el-Chadim im Sinai gefunden. Andere Königinnen und auch Könige stifteten ähnliche Gegenstände, doch Ahmose Nofretere war sowohl die erste Stifterin als auch diejenige, die die meisten Kultgegenstände schenkte; vielleicht gab sie den Anstoß für diese Entwicklung. Das Quellenmaterial läßt keinen Zweifel an Ahmose Nofreteres Beteiligung am Kult: sie zeigte nicht nur Interesse an den Gebäuden, die ihn beherbergten, sondern nahm auch an seinem Ritual teil und stiftete Kultgegenstände. Vieles davon mag in ihrer Funktion als Gottesgemahlin gelegen haben, die Ahmose Nofretere offenbar ebenso wichtig war wie ihre Stellung als Königin. Königinnen stellten ihrem Namen recht häufig nur einen Titel anstelle einer längeren Titulatur voran. Sie suchten dafür einen bedeutenden Titel aus, gewöhnlich «Ehefrau des Königs», «Hauptfrau des Königs» oder «Mutter des Königs». Ahmose Nofretere hatte natürlich ein Anrecht auf diese Titel, doch sie benutzte sie selten. Statt dessen wählte sie meistens den Titel «Gottesgemahlin».

Ahmose Nofreteres Ruhm bestand nach ihrem Tode fort. Gemeinsam mit ihrem Sohn Amenophis I. wurde sie vergöttlicht und von den Arbeitern in Deir el-Medineh als Patronin verehrt (Abb. 47). Ihr Kult erhielt sich dort durch das ganze Neue Reich und bezeugte damit den außerordentlichen Status dieser Königin. Sowohl zu Lebzeiten als auch nach ihrem Tod überschattete sie das Leben der Hauptgemahlin und Schwester ihres Sohnes, Meritamun, die, obwohl sie den Titel «Gottesgemahlin» trug, nicht gut bezeugt ist. Nach Ahmose Nofretere war die nächste wichtige Inhaberin dieses Amts Hatschepsut, die Tochter von Thutmosis I.; es ist möglich, daß Meritamun vor Ahmose Nofretere starb. Obwohl Thutmosis I. ganz klar der erwählte und rechtmäßige Nachfolger von Amenophis I. war, wurde seine Mutter Seniseneb nicht «Ehefrau des Königs» genannt. Das kann nur heißen, daß Thutmosis nicht der Sohn eines Königs war, und daß Amenophis ihn zu seinem Erben machte, weil er keine lebenden Söhne hatte. Hatschepsut war demnach nicht blutsverwandt mit Ahmose Nofretere, es sei denn, Thutmosis entstammte einem jüngeren Zweig der königlichen Familie.

Hatschepsut

Aus den Regierungszeiten ihres Vaters, Thutmosis' I., und ihres Halbbruders und Ehemanns, Thutmosis' II., erfahren wir wenig über Hatschepsut. Sie erscheint auf einer Stele Thutmosis' II. als seine Hauptfrau und als Gottesgemahlin (Abb. 8), doch scheint sie erst nach seinem Tod zu Berühmtheit gelangt zu sein. Die Biographie eines Beamten dieser Zeit stellt ausdrücklich fest, daß Thutmosis II. «zum Himmel aufstieg und sich mit den Göttern vereinigte. Sein Sohn erschien auf seinem Thron als König der beiden Länder und regierte auf dem Sitz dessen, der ihn erzeugt hatte. Seine Schwester, die Gottesgemahlin Hatschepsut, beherrschte die Angelegenheiten des Landes.»[4] Da Thutmosis III. fast 54 Jahre lang regierte, kam er wahrscheinlich als Junge auf den Thron, und Hatschepsut führte für ihn die Regierungsgeschäfte. Thutmosis war nicht der Sohn Hatschepsuts, von der nur eine Tochter, Neferure, bezeugt ist, sondern der Sohn einer unbedeutenderen Ehefrau von Thutmosis II. namens Aset.

Mit der Machtübernahme Thutmosis' III. taucht Hatschepsut plötz-

8. Stele von Thutmosis II.: Der König, gefolgt von Königin Ahmose, der Witwe Thutmosis' I., und seiner eigenen Königin Hatschepsut.

lich in den Quellen auf. Zu dieser Zeit verwendete sie noch die Insignien und Titel einer Hauptfrau des Königs, doch wenn sie ihrem Namen nur einen Titel voranstellte, bevorzugte sie wie Ahmose Nofretere fast immer den der Gottesgemahlin. In anderen Dingen wich sie jedoch von ihren Vorgängerinnen ab. Sie wird in Szenen dargestellt, die der Ikonographie des Königs entstammen, und sie trägt Titel, die Königstiteln nachgebildet sind. Wenn Beamte Titel oder Wendungen benutzten, in denen gewöhnlich der König vorkam, setzten sie statt dessen «Ehefrau des Königs» oder «Herrin der beiden Länder» dort ein; der letzte Titel ist offensichtlich dem Königstitel «Herr der beiden Länder» nachgebildet. Noch zu ihrer Zeit ließ Hatschepsut als Regentin ein Paar Obelisken schlagen und in Karnak aufrichten; damit nahm sie ein Privileg des Königs in Anspruch. In einem Gebäude in Karnak wurde sie in Szenen dargestellt, wo sie direkt den Göttern opfert (Abb. 2), was normalerweise nur die Könige tun. Als Regentin Ägyp-

9. Ausschnitt einer Tempelszene: Hatschepsut als König, zusammen mit Thutmosis III. Die beiden Gestalten sind fast identisch.

tens verstärkte Hatschepsut ihre Autorität, indem sie auf königliche Ikonographie, Titel und Handlungen zurückgriff.

Irgendwann vor dem 8. Jahr der Regierungszeit Thutmosis' III. gab Hatschepsut die Titel und Insignien einer Königin auf. Von da an nahm sie die fünfteilige Königstitulatur an, und auf den Denkmälern – wenn nicht auch im richtigen Leben – erschien sie in der männlichen Tracht eines Königs (Abb. 9). Um die Rechtmäßigkeit ihrer Herrschaft zu bekräftigen, ließ sie Texte aufsetzen, die behaupteten, sie sei von ihrem Vater als Nachfolgerin auserwählt und von ihm dem Hof und allen Göttern Ägyptens vorgestellt worden. Außerdem ließ sie in ihrem Totentempel in Theben den Mythos von ihrer göttlichen Geburt malen, in dem der Gott Amun-Re mit ihrer Mutter, Königin Ahmose, gezeigt wird (Abb. 10), worauf die Geburt Hatschepsuts als König folgte.[5]

Es wurde früher einmal angenommen, Hatschepsut habe den Thron bestiegen, weil sie sich als letzte Repräsentantin der reinen dynastischen Linie betrachtete, die durch die königlichen «Thronerbinnen» weitergegeben wurde, während Thutmosis II. und Thutmosis III. nur Söhne nicht-königlicher Konkubinen waren. Mittlerweile wissen wir aber, daß dem nicht so sein kann, weil es keine Linie von «Erbköniginnen» gab. Wir werden nie mit Sicherheit entscheiden können, warum Hatschepsut sich über die Tradition hinwegsetzte und König wurde, und weshalb die männliche Bürokratie diese Verirrung duldete, doch wir können einige Hypothesen aufstellen. Erstens hatte Hatschepsut vermutlich einen starken Charakter und machte das Beste aus der Macht, die ihr als Regentin zugefallen war. Auf einer praktischen Ebene können wir uns vorstellen, daß sie bei ihrer Übernahme der Regentschaft sorgfältig die Beamten auswählte, die ihr dienen sollten. Der berühmteste von ihnen war Senenmut, der neben zahlreichen Ämtern die Stellung eines Obersten Verwalters der Königin und Lehrers ihrer Tochter bekleidete (Abb. 11).[6] Hatten diese Beamten einmal ihren Dienst unter ihrer Herrschaft angetreten, wird ihr Erfolg in gewissem Maß mit dem ihren verbunden gewesen sein. Viele von ihnen mögen sich besorgt gefragt haben, was mit ihnen geschehen

10. Der Gott Amun-Re mit Königin Ahmose bei der Empfängnis Hatschepsuts.

würde, wenn der junge Thutmosis III. die Regierung selbst übernehmen sollte. Würde er sie durch eigene Ernennungen ersetzen wollen?

Wir können sicher sein, daß Hatschepsut dem jungen König die Macht übergeben sollte, sobald er alt genug war, selbst zu regieren. Wenn sie jedoch – wie viele Regenten – mit der Zeit Gefallen an der Machtausübung fand, war ihr vermutlich die Aussicht unangenehm, sie wieder aufgeben zu müssen. Doch da Thutmosis III. mit jedem Jahr älter wurde, konnte sie die Regentschaft kaum auf unbestimmte Zeit verlängern. Es hätte ihr nicht viel geholfen, den jungen König umzubringen, denn er war ihr Mittel zur Macht. Im Alten Ägypten existierte jedoch ein System, nach dem zwei Könige zur gleichen Zeit regieren konnten. Ursprünglich war dieses System dafür vorgesehen, daß ein alternder König seinen Erben mit auf den Thron nehmen konnte, um einen reibungslosen Machtwechsel zu sichern. Hatschepsut nutzte diese Möglichkeit der Mitregentschaft für sich aus. Sie wurde mit voller königlicher Titulatur zum König gekrönt, ohne Thutmosis III. vom Thron stoßen zu müssen. Er blieb während ihrer Regierungszeit König, unter ihrer gemeinsamen Herrschaft wurden seine Regierungsdaten verwendet. Obgleich er zu dieser Zeit seltener dargestellt wurde als Hatschepsut, zeigte man ihn mit ihr in Tempelszenen (Abb. 9), und eine Reihe Beamter verwendete die Namen beider Könige auf ihren Denkmälern. Hatschepsut war jedoch zweifellos die dominantere Partnerin.

In der Vergangenheit wurde Hatschepsut oft als Pazifistin inmitten ihrer kriegerischen männlichen Verwandten betrachtet, doch Donald Redford hat gezeigt, daß ihr Bild nicht so eindeutig ist und daß zu ihrer Regierungszeit Feldzüge geführt wurden.[7] Als Errungenschaft, der in ihrem Totentempel in Theben besonders gedacht werden sollte, wählte sie jedoch eine Handelsmission ins Land Punt, einen Landstrich an der Küste Afrikas, der über das Rote Meer zu erreichen war. Das Ziel der Mission war es, regionale Produkte zu beschaffen, wie Panther und Pantherfelle, Straußenfedern und -eier, Elfenbein, Tropenhölzer, Gold und insbesondere Weihrauch, der in den Kulten der Götter Ägyptens reichlich verwendet wurde.

Als Hatschepsut König wurde, mußte sie das Amt der «Gottesgemahlin» aufgeben, das sie an Neferure, ihre Tochter von Thutmosis' II., weitergab. Unter allen Königstöchtern der 18. Dynastie sticht Neferure durch die große Anzahl ihrer Beglaubigungen hervor. Während sie unter der Herrschaft ihres Vaters nicht sicher erwähnt ist, tritt sie zur Zeit der Regentschaft ihrer Mutter für Thutmosis III. klar hervor. Die meisten Beglaubigungen stammen jedoch aus der Regierungszeit ihrer Mutter, in der Neferure in Tempelszenen dargestellt wurde, wo sie ihrer Mutter folgt, die als König einer Gottheit opfert. Wir finden

11. Statue Senenmuts, in seinen Armen Neferure, die Tochter von Hatschepsut und Thutmosis II.

Neferures Namen auf einer großen Zahl von Skarabäen, die bei weitem die Anzahl derjenigen übersteigt, die anderen Königstöchtern und vielen Königinnen gehörten. Während einige Skarabäen die Titel «Königstochter» oder «Königstochter, Königsschwester» gebrauchen, wird sie auf den meisten «Gottesgemahlin» genannt, was zeigt, daß ihr dieses Amt genauso wichtig war wie vorher ihrer Mutter und Ahmose Nofretere.

Wie sollen wir Neferures Berühmtheit deuten? Es ist nicht neu, aber es kommt selten vor, daß Königstöchter in Opferszenen mit dem König erscheinen. Andererseits werden in Szenen dieses Typs meistens Königinnen gezeigt. Ich möchte die These aufstellen, daß Neferures Erscheinen hier von wesentlicher Bedeutung für Hatschepsut war. Als weiblicher König konnte Hatschepsut keine «Hauptfrau des Königs» haben, doch in bestimmten Ritualen war die Anwesenheit einer Königsmutter oder Hauptfrau des Königs notwendig, oder die Anwesenheit einer Königstochter, was allerdings weit weniger üblich war. Da ihre Mutter bereits tot war, brauchte Hatschepsut ihre Tochter, um diese Rolle auszufüllen. Über ihre möglichen Pläne für Neferure wissen wir nichts. Wollte sie, daß ihre Tochter ihr nach ihrem Tode als König nachfolgte, oder bestimmte sie Neferure zur Ehe mit Thutmosis III.? Daß Neferure ihn zu Lebzeiten ihrer Mutter nicht heiratete, ist offensichtlich, denn sie ist nirgendwo als «Ehefrau des Königs» bezeugt.

Leider wissen wir nicht, was am Ende von Hatschepsuts Herrschaft geschah. Im Jahr 22 regierte Thutmosis III. allein, doch ob Hatschepsut eines natürlichen Todes gestorben war oder mit Gewalt entfernt wurde, gehört nicht zu den Dingen, die ägyptische Quellen überliefern. Wann Neferure starb, ist ebenfalls unsicher. Man dachte früher, daß ihr Tod in die Regierungszeit ihrer Mutter fiel, und es gibt Beweise dafür, daß ihre Gestalt in einigen Fällen zu Lebzeiten ihrer Mutter aus Szenen in Hatschepsuts Totentempel in Deir el-Bahari entfernt wurde. Aus dem Anfang der Alleinherrschaft von Thutmosis III. stammt eine Stele, die ursprünglich Neferure dargestellt haben könnte.[8] Sie trägt inzwischen den Namen Satiachs, der ersten Hauptfrau von Thutmosis, doch der einzige Titel auf der Stele ist «Gottesgemahlin». Dies war der wichtigste Titel Neferures, den Satiach jedoch niemals besaß. Wenn die Stele ursprünglich Neferure zeigte, können wir annehmen, daß sie starb und ihr Name durch den Satiachs ersetzt wurde.

Wie sollen wir dieses bemerkenswerte Zwischenspiel deuten, in dem Hatschepsut für mehr als ein Jahrzehnt als König regierte? Sie war weder die erste noch die letzte Frau auf dem ägyptischen Thron; eine Königin namens Nitokris könnte am Ende der 6. Dynastie regiert haben[9], Nefrusobek war der letzte König der 12. Dynastie und Tausret der letzte der 19. Zwischen diesen Frauen und Hatschepsut gibt es jedoch einen Unterschied. Sie alle regierten nur für wenige Jahre am Ende einer Dynastie, als seien sie der letzte Ausweg für Familien gewesen, deren Glückssträhne sich dem Ende zuneigte. Hatschepsut dagegen übernahm die Macht inmitten einer blühenden Dynastie und herrschte zehn, möglicherweise fast zwanzig Jahre lang. Sie erfreute sich einer wohlhabenden Regentschaft, wie ihre Bautätigkeiten, z.B. im Amuntempel von Karnak und in ihrem Totentempel am Westufer Thebens, bezeugen. Sie muß von starkem Charakter gewesen sein, um mit den Traditionen eines Königtums zu brechen, die verlangten, daß ein König männlich zu sein hatte, und eine ausgeprägte Persönlichkeit besessen haben, um die Unterstützung einflußreicher männlicher Beamter zu gewinnen. Wir können auch davon ausgehen, daß sie die Macht liebte und die Fähigkeit hatte, sie auszuüben. Da es innerhalb der ägyptischen Ideologie keine Bestimmungen für einen weiblichen König gab, mußte sie sich einer männlichen Geschlechtsrolle anpassen, indem sie auf ihren Denkmälern in männlicher Tracht mit der Figur eines Mannes erschien. Wir wissen nicht, wie sie im wirklichen Leben gekleidet war. In schriftlichen Dokumenten waren ihre Schreiber weniger sicher, wie sie mit der Situation umgehen sollten. Manchmal verwendeten sie männliche Pronomen und grammatische Formen, manchmal weibliche. Traditionell wurde der König mit dem männlichen Gott Horus gleichgesetzt, doch Hatschepsut bezeichnete sich häufig als weiblichen Horus, was wie ein Selbstwiderspruch erschienen sein mag. Es entstand so eine Spannung zwischen Hatschepsuts biologischem Geschlecht und der männlichen Geschlechtsrolle des Königs. Natürlich war es für eine Frau nicht einfach, den ägyptischen Thron innezuhaben, und in nahezu drei Jahrtausenden waren nur vier von zwei- bis dreihundert Königen weiblich. Im Alten Ägypten war es keineswegs vorgesehen, daß eine Frau zur Herrscherin aufstieg.

Bleibt die Frage, warum Thutmosis III. die Situation so lange duldete und warum er im letzten Teil seiner Regierungszeit Hatschepsuts Namen und Gestalt von ihren Denkmälern entfernte, häufig indem er sie gegen seine eigenen oder die früherer Könige austauschte. Wenn Thutmosis auch zunächst zu jung war, um widersprechen zu können, kann man unmöglich glauben, er sei später zu bescheiden gewesen, seine Rechte einzufordern. Angenommen, er war acht oder neun Jahre alt, als sein Vater starb, müßte er dreißig gewesen sein, als er die Alleinherrschaft antrat. Sofort bewies er sein Talent als militärischer Befehlshaber und vergrößerte Ägyptens Besitztümer in Syrien/Palästina Jahr um Jahr mit brillanten Feldzügen. Sollte dieser Mann nicht in der Lage gewesen sein, sich gegen Hatschepsut zur Wehr zu setzen? Zwei mögliche Antworten fallen uns ein. Erstens, er akzeptierte die Mitregentschaft, arbeitete gern mit seiner Koregentin zusammen und war bereit zu warten, bis sie starb, um selbst zu regieren. Zweitens, er war ganz und gar nicht einverstanden, begann zu handeln und die Übernahme der Alleinherrschaft war darauf zurückzuführen, daß Hatschepsut ermordet worden war.

Man hat das Austilgen von Hatschepsuts Namen und Gestalt auf ihren Denkmälern manchmal als Ausdruck seines Hasses gewertet. Doch es gibt zwingende Beweise dafür, daß diese Auslöschung nicht unmittelbar nach Beginn seiner Alleinherrschaft stattfand, sondern auf seine späteren Regierungsjahre zu datieren ist.[10] Es wäre seltsam, wenn Thutmosis so lange gewartet hätte, um Rache zu nehmen. Wenn die Zerstörung jedoch nicht durch Haß begründet war, sondern durch das Verlangen, die Erinnerung an eine Frau auszumerzen, die gegen alle Regeln den Thron bestiegen hatte, dann wäre der zeitliche Abstand weniger bedeutend. Tatsächlich böte sich dann als Erklärung an, daß Hatschepsut eines natürlichen Todes gestorben war und Thutmosis keinen Groll gegen sie hegte. Vielleicht hat er sich zunächst gesträubt, ihre Denkmäler zu verstümmeln, doch mit der Zeit mag politisches

Kalkül die Oberhand über seine Gefühle gewonnen haben, und er mag schließlich zugestimmt haben, alle Spuren des unnatürlichen weiblichen Königs zu vernichten, da sie nicht mit der *Ma^cat*, der natürlichen Ordnung der Welt, übereinstimmten. Immerhin ist es in diesem Zusammenhang von Bedeutung, daß der Name und die Gestalt Hatschepsuts als Königin nicht angegriffen wurden.

Teje

Die Königinnen der mittleren 18. Dynastie, die für die Alleinherrschaft von Thutmosis III. und die Regierungszeit seiner Nachfolger Amenophis II. und Thutmosis IV. bezeugt sind, sind nur schemenhaft dokumentiert. Erst im Reich Amenophis' III. treffen wir auf die nächste herausragende Königin. Irgendwann in seiner frühen Regierungszeit ließ Amenophis einen Gedenkskarabäus anfertigen, dessen Inschrift lautet: «... König von Ober- und Unterägypten, Nebmaatra, Sohn des Re, Amenophis Herrscher von Theben, dem Leben gegeben ist, und die Hauptfrau des Königs Teje, möge sie leben. Der Name ihres Vaters ist Juja, und der Name ihrer Mutter ist Tuju; sie ist die Frau eines mächtigen Königs, seine südliche Grenze liegt in Kari [im oberen Nubien] und seine nördliche in Naharina [Mitanni].»[11] Auf diese Weise wird uns Teje, die Hauptfrau des Königs, vorgestellt, die keine königlichen Eltern hatte und Mutter des königlichen Erben wurde, der als der häretische König Echnaton regieren sollte. Teje bekleidete die Stellung der Hauptfrau des Königs während der gesamten Regierungszeit Amenophis', und sie erscheint mit dem König in Szenen, die die Feier seines Sedfestes zur Erneuerung seines Königtums zeigen (Abb. 4), wie auch in Audienzszenen in privaten Gräbern (Abb. 5). Sie wird in gleicher Größe wie der König in einer kolossalen Sitzstatue dargestellt, die ursprünglich aus Amenophis' Totentempel in Theben stammt (Abb. 6). In einer Szene aus einem privaten Grab sitzt sie auf einem Thron, auf dessen Armlehne sie wiederum in Gestalt einer Sphinx erscheint, welche Feinde niedertritt, ein Motiv, das direkt aus der Ikonographie des Königs entnommen ist (Abb. 5). Ihr Name erscheint neben dem Amenophis' oder allein auf kosmetischen Gegenständen und unzähligen Skarabäen. Zu dieser Zeit nahm die Königin zum ersten Mal die Hörner und Sonnenscheibe Hathors als Teil ihrer Insignien an (Abb. 7). Es war eine Zeit, in der die solaren und göttlichen Aspekte des Königtums besonders betont wurden – so stiftete Amenophis III. einen Kult, in dem eine vergöttlichte Gestalt seiner selbst angebetet wurde. Wie wir bereits gesehen haben, gab es einen solaren, hathorischen Aspekt des Königinnentums, und das Heraustreten Tejes und anderer königlicher

12. Kopf einer Statue der Königin Teje.

Frauen unter Amenophis' Herrschaft mag mit der Hervorhebung der Göttlichkeit des Königtums zusammenhängen, die zu einer entsprechenden Betonung der göttlichen Seite des Königinnentums führte. Wieder einmal fehlt uns das Material, um Teje als Person beurteilen zu können, obgleich ihre markante Erscheinung in Plastik und Relief, wo sie mit Schmollmund und herabgezogenen Mundwinkeln dargestellt wird, vielleicht darauf hinweist, daß sie eine Frau von Charakter war (Abb. 12).

Nofretete

Obgleich es so scheinen mag, als habe Teje für das Reich Amenophis' III. eine bedeutende Rolle gespielt, unterschied sich ihre Stellung im wesentlichen nicht von der anderer uns bekannter Königinnen der 18. Dynastie. Ganz anders verhielt es sich mit ihrer Nachfolgerin Nofretete, der Hauptgemahlin von Echnaton. Keine andere Königin wurde so häufig auf Denkmälern, in Tempeln, Gräbern und auf Plastiken dargestellt.[12] Ihr Ehemann Echnaton hieß ursprünglich Amenophis; einige Jahre nach seiner Thronbesteigung änderte er jedoch seinen Namen zu Ehren seines eigenen Gottes Aton, der in der Sonnenscheibe verkörpert wurde. Echnaton betete nicht mehr die überlieferten Götter Ägyptens an, sondern baute statt dessen Tempel für Aton in Karnak, dem traditionellen Zentrum des Amun-Kultes. Schließlich verließ er die bestehenden ägyptischen Städte, da sie alle eng mit bestimmten Gottheiten verknüpft waren, und gründete eine neue, dem Aton geweihte Hauptstadt in einer bis dahin unbesiedelten Wüstengegend Mittelägyptens. Diese Stadt nannte er Achet-Aton, «Horizont des Aton» – heute kennt man sie eher unter dem Namen Tell el-Amarna.

Schon in den Tempeln von Karnak taucht häufig die Gestalt Nofretetes auf. In einem Gebäude wird sie gezeigt, wie sie direkt – ohne den König – dem Aton opfert. Welche Bedeutung Nofretete für die Aton-Religion hatte, kann man auch daran erkennen, wie sie auf Stelen von Hausaltären abgebildet ist, nämlich zusammen mit Echnaton unter der Aton-Scheibe sitzend (Abb. 13). Diese Stelen standen im Mittelpunkt des häuslichen Kults. Offensichtlich bildete das Königspaar gemeinsam mit Aton in der Anbetung eine Dreiheit, die die üblichen Götter-Triaden der traditionellen Religion widerspiegelte. Andere Zeugnisse belegen, daß Privatpersonen ihre Gebete direkt an die Königin richten konnten. Von daher spielte Nofretete eine grundlegende Rolle im Aton-Kult, denn sie füllte die Lücke aus, die durch die Ächtung traditioneller Göttinnen entstanden war.

Zunächst war Nofretete mit den üblichen Insignien der Königinnen geschmückt, darunter die Doppelfederkrone, die Hörner und die Sonnenscheibe, sowie mit dem einfachen und doppelten Uräus (Abb. 14); alle diese Zeichen hatten eine solare Bedeutung. Sie benutzte jedoch nie die Geierhaube, die möglicherweise nicht zur Theologie des Aton paßte. In ihrer späteren Regierungszeit trug Nofretete hauptsächlich die hohe blaue Krone, berühmt durch ihre Büste, die jetzt in Berlin steht. Diese Krone war nur ihr eigen (Abb. 13). Dennoch ist sie manchmal auch mit den Kronen des Königs zu sehen (Abb. 15). Gelegentlich wurde sie auch beim Erschlagen von Feinden dargestellt, also in einer für die Ikonographie des Königs typischen Szene (Abb. 16). Man hat vermutet, daß Nofretete eventuell als Mitregentin Echnatons in den letzten Jahren seiner Herrschaft die Titel eines Königs annahm.[13] Die Ereignisse am Ende der Amarna-Zeit sind jedoch in der Forschung immer noch heftig umstritten.[14]

Trotz ihrer Bedeutung und der wichtigen rituellen Rolle, die Nofretete während der Regierungszeit Echnatons innehatte, war sie nicht die einzige Frau des Königs. Spuren einer anderen Frau wurden unter veränderten Inschriften auf einigen Denkmälern und auf verschiedenen

13. Stele eines Hausaltars in Amarna mit Echnaton, Nofretete und dreien ihrer Kinder unter der Scheibe und den Strahlen des Aton.

14. Fragment eines Reliefs mit dem Kopf und dem Oberkörper Nofretetes. Sie trägt die Doppelfederkrone, die Hörner und die Sonnenscheibe sowie den Uräus.

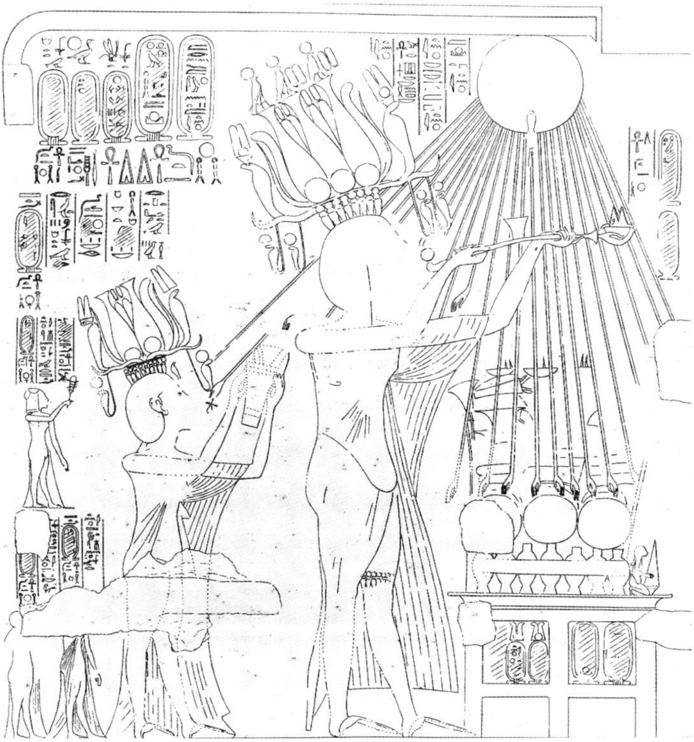

15. Szene, die Nofretete mit der gleichen Krone wie Echnaton zeigt.

16. Nofretete beim Erschlagen der Feinde.

Gegenständen der Grabausstattung gefunden.[15] Ihre formelhafte Ehrenbezeichnung kann folgendermaßen rekonstruiert werden: «Ehefrau und große Geliebte des Königs von Ober- und Unterägypten, der in der Wahrheit lebt, Herr der beiden Länder Waenra Nefercheperura, des vollendeten Kindes des Aton, der in alle Ewigkeit lebe, Kija». Im Unterschied zu allen anderen bekannten Königsfrauen wurde Kija nicht der Titel «Ehefrau des Königs» verliehen. Sie wurde jedoch – anders als jede Königsfrau, die nicht dessen Hauptfrau war – gemeinsam mit dem König auf Denkmälern dargestellt. Trotzdem wurden in der zweiten Hälfte seiner Regierungszeit ihr Name und ihre Titel ausgelöscht und durch diejenigen der Echnaton-Töchter Meritaton und Anchesenpaaton ersetzt. Leider gibt es weder einen Parallelfund, der uns helfen könnte, Kijas Stellung am Hof zu verstehen, noch existiert irgendein Zeugnis über ihr Schicksal. Dennoch ist es sehr ungewöhnlich, daß einige Grabbeigaben, die man für sie angefertigt hatte – darunter ein Sarg und Eingeweidekrüge – für andere Beisetzungen wiederverwendet wurden. Das wirft die Frage auf, ob sie womöglich nicht das ihr zugedachte Begräbnis erhalten hat.

Außer mit Kija war Echnaton noch mit mitannischen und babylonischen Prinzessinnen verheiratet, doch diese erscheinen nie auf seinen Denkmälern. Möglicherweise besaß er noch andere Frauen, von denen wir nichts wissen. Keiner anderen Königin jedoch wurde soviel Bedeutung und Allgegenwart auf den Denkmälern verliehen wie Nofretete.

Zusammenfassung

Auch wenn wir vermuten können, daß Frauen wie Ahmose Nofretere, Hatschepsut, Teje und Nofretete willensstarke Persönlichkeiten waren, werden uns die ägyptischen Quellen – so sehr wir es uns auch wünschten – keine Einsicht in ihren Charakter geben. Letzten Endes wissen wir mehr über die Stellung, die sie innehatten, als über die Menschen, die sie waren. Wir haben gesehen, daß das Königtum an sich kein Amt war, das Frauen normalerweise offenstand, und daß die Rolle der königlichen Frauen darin bestand, den göttlichen Aspekt des Königtums durch göttliches Königinnentum zu ergänzen. Ideologisch gesehen repräsentierte die Königin das weibliche Prinzip im Universum, durch das sich der männliche König erneuern konnte, tatsächlich aber verschafften die königlichen Frauen dem Thron seine Erben. Sowohl die Königsmutter als auch die Hauptfrau des Königs spielten eine wichtige Rolle im Ritual, und möglicherweise verlieh diese ihren Inhaberinnen eine gewisse Macht. Andere Ehefrauen hatten keine rituelle Rolle, doch sie könnten Einfluß ausgeübt haben, sofern sie die Gunst des Königs auf sich ziehen konnten. Manchmal überschritten königliche Frauen den rechtlichen Rahmen der Macht und versuchten, durch Mord das Geschehen zu beeinflussen, um einen Prinz, der nicht der offizielle Erbe war, auf den Thron zu bringen.

Das Königtum war für die ägyptische Weltsicht grundlegend. Die Gesellschaft war um den König herum organisiert, er bildete den Verbindungspunkt zwischen göttlicher und menschlicher Sphäre. Er stellte auch die einzige Regierungsform dar, die in Ägypten irgendeinen Wert besaß. Zentral für das Funktionieren des Königtums war die weibliche Verwandtschaft des Königs, und man kann den ägyptischen Begriff des Königtums nur dann richtig verstehen, wenn man den komplementären Begriff des Königinnentums und die Rolle der königlichen Frauen kennt.

III.
Die Ehe

Die Bedeutung der Ehe im Alten Ägypten

Private Denkmäler zeigen uns, daß den Familiengruppen in der sozialen Organisation Ägyptens ein hoher Stellenwert zukam und daß im Mittelpunkt dieser Gruppen ein Mann, eine Frau und ihre Kinder standen. Dies bestätigt ein Verzeichnis der Bewohner der Arbeitersiedlung in Deir el-Medineh aus der Zeit des Neuen Reiches, das die dort Ansässigen Haus für Haus aufzählt.[1] Obwohl das Dokument nur sehr bruchstückhaft erhalten ist, geht doch deutlich daraus hervor, daß der Besitzer eines jeden Hauses mit der Angabe seiner Abkunft von seinen Eltern verzeichnet ist. Wenn er verheiratet ist, folgt danach der Name seiner «Ehefrau» und ihre Abstammung. Am Schluß stehen die Namen seiner Kinder, falls er welche hat, mit ihrer Abstammung. Ich habe wie üblich das Wort «Ehefrau» benutzt, um das ägyptische *hemet* zu übersetzen, und setze damit die Existenz der Ehe voraus. Doch die Bestimmung der Ehe im Alten Ägypten hat die Forscher vor eine Reihe von Problemen gestellt. In unseren Quellen gibt es keinen Hinweis auf irgendeine juristische oder religiöse Zeremonie, die der Ehe eine feste Form gegeben hätte. Tatsächlich «scheint der einzige bedeutsame Akt der Beischlaf gewesen zu sein, und insbesondere der Eintritt einer Partei, gewöhnlich der Frau, in den Haushalt der anderen.»[2] Das wird in einigen ägyptischen Begriffen wiedergegeben, denen wir die Bedeutung «heiraten» beilegen, so wie «einen Haushalt gründen», «in einen Haushalt eintreten» und später «zusammenleben». Auf der anderen Seite wird «Scheidung» in Worten ausgedrückt, die «Verstoßung» oder «Weggang» bedeuten. Ein anderer Ausdruck für die Ehe heißt einfach «(jemanden) als Ehefrau nehmen». Der entsprechende Ausdruck «einen Mann nehmen» taucht erst in der zweiten Hälfte des 6. Jahrhunderts v. Chr. auf, und zwar in ganz besonderen Dokumenten, die für frühere Zeiten nicht bezeugt sind und die sich auf Scheidung beziehen. Das heißt nicht unbedingt, daß dieser Ausdruck nicht früher schon existierte. Da die meisten formellen Dokumente und Texte vom Standpunkt des Mannes aus geschrieben sind, ist es gut möglich, daß es bis zum Aufkommen der späten Scheidungsurkunden einige Gelegenheiten gab, die Wendung schriftlich zu gebrauchen.

Eine kleine Anzahl von Texten berichtet von der Befugnis einer dritten Partei, Ehen zu billigen. Der erste, die Inschrift einer Statue des königlichen Friseurs Sabastet aus dem 27. Regierungsjahr von Thutmosis III. aus der 18. Dynastie, lautet: «(Betreffend) den Sklaven, der mir gehört, namens Ameniui, ich nahm ihn gefangen mit meinem starken Arm, als ich dem Herrscher folgte ... ich gab ihm die Tochter meiner Schwester Nebetta zur Ehefrau, ihr Name ist Takemet.»[3] In einem langen Papyrus aus einer späteren Zeit im Neuen Reich erfahren wir, daß eine Witwe namens Rennefer drei Kinder eines Sklavenmädchens großzog, welches ihr Ehemann Nebnefer erworben hatte. Da die Ehe kinderlos blieb, wurde das Mädchen möglicherweise nur deshalb gekauft, um den Eheleuten Kinder zu verschaffen, deren Vater vermutlich Nebnefer war. Jedenfalls erzählt uns Rennefer, daß «der Stallmeister Padiu mein Haus betrat und Taiemniut, ihre [der Kinder] älteste Schwester, zur Frau nahm, er ist mein Verwandter und mein jüngerer Bruder. Ich akzeptierte ihn für sie und er ist an diesem Tag mit ihr zusammen.»[4]

Eine dritte Stelle findet sich in einem weit späteren Dokument aus der 27. Dynastie, das aber Ereignisse beschreibt, die während der 26. Dynastie stattgefunden haben.[5] Psammetich I. hatte einen Mann mit Namen Padiaset zum Priester des Amun-Re in Teuzoi im Fajum-Tal ernannt. Im 14. Regierungsjahr dieses Königs bat ein anderer Priester des Amun-Re aus Theben namens Horwedja den Padiaset um eine Verabredung in Teuzoi, mit der Begründung, daß sein Vater ebenfalls dort Priester gewesen sei. Außerdem bat er um Padiasets Tochter Nitemhat als Ehefrau. Padiasets Antwort lautete: «Ihre Zeit ist noch nicht gekommen; werde Priester von Amunrasonter, und ich werde sie dir geben.»[6] Im nächsten Jahr erbrachte Horwedja den Beweis dafür, daß sein Vater tatsächlich Priester in Teuzoi gewesen war, und «Padiaset bewirkte für Horwedja ... daß er zum Priester Amuns von Teuzoi gemacht wurde, und er gab ihm Nitemhat, seine Tochter, zur Frau.»[7]

Die beiden ersten Texte befassen sich mit ungewöhnlichen Situationen. Sabastet erwähnt seine Frau, seine Schwester und die Tochter seiner Schwester, aber keine eigenen Kinder. Möglicherweise war er kinderlos und hatte Ameniui als Sohn adoptiert, den er durch die Heirat mit der Tochter seiner Schwester in die Familie einführte. Es wird nicht berichtet, ob Nebetta ein Mitspracherecht bei diesem Arrangement für ihre Tochter hatte, doch vielleicht handelte es sich um eine ökonomisch vorteilhafte Heirat, denn der Text fährt fort: «Sie [Takemet] hat mit [meiner] Frau und auch der Schwester geteilt. Wenn er [Ameniui] weggeht, ist er nicht mittellos.» Mit anderen Worten: Der Reichtum bleibt in der Familie, und das ganze Arrangement könnte für Sabastet der Weg gewesen sein, um einen Erben zu bekommen und für seine Schwester, die vielleicht verwitwet war, sowie deren Tochter zu sorgen.

Im zweiten Fall steht wiederum ein wirtschaftliches Abkommen hinter der Heirat, denn wir erfahren, daß Rennefer die drei Kinder und Padiu zu ihren Erben erklärt. Der Text mag beinhalten, daß Rennefer der Ehe zustimmen mußte, auch wenn sie sie nicht arrangiert hatte – möglicherweise, weil sie darüber verfügte, ob und wenn ja, wen die Kinder heiraten durften. Dennoch wissen wir nicht, ob sie die Macht hatte, eine solche Verbindung zu verhindern, falls sie dies gewollt hätte. Ihre Zustimmung mag für den Vollzug der Ehe nicht notwendig gewesen sein, doch wenn sie sich geweigert hätte, Padiu als geeigneten Ehemann anzuerkennen, hätte sie ihn oder gar seine Frau vielleicht nicht zu ihren Erben erklärt. Andererseits waren die Kinder erst frei, wenn sie sie aus der Sklaverei entließ, und so ist es sehr wohl möglich, daß sie die Macht besaß, für sie Ehen zu arrangieren; dann stünde diese Situation allerdings nicht für das übliche Vorgehen zwischen freien Partnern.

Der dritte Fall jedoch macht deutlich, daß ein Vater einem Mann seine Tochter zur Frau gibt. Es ist möglich, daß Horwedja ein Verwandter aus einem thebanischen Zweig von Padiasets Familie war; das würde die Bereitschaft des letzteren erklären, eine Stellung für ihn zu finden.[8] Padiaset mag sich gedacht haben, daß ein Verwandter, dem er als Arbeitgeber gegenüberstand, einen guten «Schwiegersohn» abgeben würde. Der Text berichtet uns jedoch, daß Horwedja Padiasets Tochter sah, als er in dessen Haus eingeladen wurde, und dann um ihre Hand bat. Die Tochter und Horwedja mögen sich zu diesem Zeitpunkt entschieden haben, heiraten zu wollen. Um die Erlaubnis ihres Vaters zu bitten, kann dann entweder wesentlicher Bestandteil des Verfahrens oder bloße Konvention gewesen sein. Im letzteren Fall ähnelte Padiaset einem Vater im heutigen Europa, der in der Kirche seine Tochter zum Altar führt; so wie dieser Brauch auf eine Zeit zurückgeht, in der der Vater tatsächlich die Macht besaß, seine Tochter zu verheiraten, mag auch der ägyptische Fall auf eine ehemals vorhandene Autorität des Vaters in dieser Angelegenheit verweisen. Wenn andererseits die Vereinbarung tatsächlich zwischen zwei Männern getroffen wurde, wissen wir nicht, ob Nitemhat gefragt wurde oder ablehnen konnte. Auch wenn hier der klare Fall vorzuliegen scheint, daß ein Vater die Ehe seiner Tochter stiftet, können wir dies nicht für bare Münze nehmen.

Im Neuen Reich finden wir zwei weitere Texte – beide aus Deir el-Medineh –, die den Einfluß des Vaters auf die Heirat seiner Tochter andeuten. In einem Papyrus sagt ein Mann: «Ich brachte ein Bündel zum Haus des Pajom, und ich heiratete seine Tochter»[9], und ein Ostrakon verzeichnet «eine Liste aller Dinge, die Usechnemte seinem (Schwieger?-)Vater gab, als er Aset zu [seiner] Ehefrau machte».[10] Wenn man im zweiten Fall Schwiegervater statt Vater liest – und das ägyptische Wort für «Vater» enthält auch die Bedeutung «Schwiegervater»[11] – ist es möglich, daß in beiden Fällen ein Vater in die Heiratsvereinbarungen seiner Tochter einbezogen war und daß ihm der zukünftige Ehemann ein Geschenk machen mußte. Doch auch wenn dies die korrekte Interpretation ist, wissen wir immer noch nicht, ob die Vereinbarung zunächst zwischen den Ehepartnern getroffen werden konnte und der Mann sich danach erst an den Vater wandte.

In den sogenannten Eheverträgen, die zuerst im 7. Jahrhundert v. Chr. auftauchen und dann durch die Spätzeit bis ins ptolemäische Ägypten in Gebrauch waren, finden wir ein Geschenk erwähnt, das ein Mann seiner Ehefrau machte, genannt das *schep en sehemet*; nach Meinung eines Forschers handelte es sich dabei ursprünglich um eine Zahlung an den Vater der Frau, so daß man den ägyptischen Ausdruck mit «Preis oder Wiedergutmachung für die (Heirat) eine(r) Frau»[12] übersetzen könnte. Diese vom Mann aufgesetzten Verträge haben trotz ihres mißverständlichen Namens im Deutschen nichts mit der juristischen Institution der Ehe zu tun. Sie müssen nicht einmal zu dem Zeitpunkt geschlossen werden, wenn ein Paar sich zusammentut, denn in einigen von ihnen haben die betroffenen Partner bereits Kinder. Die Dokumente sind dagegen wirtschaftliche Abmachungen, die sich mit der Aufteilung des Eigentums und den ökonomischen Rechten der Gatten befassen, besonders für den Fall, daß ein Mann seine Frau verstößt: «Ich habe dich zur Ehefrau genommen. Ich habe dir (hier wird eine Summe ‹Geldes› eingetragen) gegeben als dein *schep en sehemet*. Wenn ich dich als Ehefrau verstoße, sei es daß ich dich hasse, sei es daß ich eine andere Frau als Ehefrau statt deiner will, werde ich dir (‹Geld›-Summe eingetragen) geben, abgesehen von (‹Geld›-Summe eingetragen), die ich dir als dein *schep en sehemet* gegeben habe ... Und ich gebe dir den dritten (Teil) von allem und jedem, das zwischen dir und mir sein wird von diesem Tag an.»[13] Diese Dokumente fahren gewöhnlich damit fort, alle bereits geborenen und zukünftigen Kinder zu Erben des Mannes zu erklären, und die Erstattung des Wertes von alldem, was die Frau in sein Haus mitgebracht hat, zu versprechen, ob er nun die Frau verstößt oder sie aus eigenem Willen geht.

Die Versuchung liegt nahe, die Situation, die wir in den «Eheverträgen» finden, auf frühere Zeiten zu übertragen, indem wir die Dokumente als Aufzeichnung von vormals ungeschriebenen Bräuchen betrachten. Doch solange es keine konkreten Anhaltspunkte dafür gibt, ist das ein gefährliches Unterfangen. Als erstes stellt sich die Frage, wie weit man zurückgehen kann. Das Ende des Neuen Reiches liegt schon gut vierhundert Jahre vor der Abfassung des ersten «Ehevertrages», und sein Beginn nochmals fünfhundert Jahre früher. Es wäre unsinnig anzunehmen, es hätten in dieser Zeit keine Veränderungen stattgefunden. So müssen wir uns damit abfinden, daß wir für den Großteil der Pharaonengeschichte nur sehr wenig über die Formen der ägyptischen Ehe wissen. Erschwerend kommt hinzu, daß wir nur ein sehr lückenhaftes Verständnis der ägyptischen Terminologie für «Ehefrau» besitzen.

Das Wort *hi* («Ehemann») findet sich selten auf Denkmälern, weil diese gewöhnlich einem männlichen Besitzer gehören, der deshalb nie «Ehemann» genannt wird. Es kommt jedoch manchmal vor, daß z. B. ein Familienmitglied «der Ehemann seiner Tochter» genannt wird. Der entsprechende Ausdruck für «Ehefrau» ist *hemet*, bekannt seit dem Alten Reich. Er wurde bis in die Mitte der 18. Dynastie fast ausschließlich auf Denkmälern benutzt, dann aber weitgehend durch das Wort *senet* ersetzt, die gewöhnliche Bezeichnung für «Schwester» oder eine andere weibliche Seitenverwandte. *Hemet* wurde jedoch weiterhin in hieratischen Berichten mit der Bedeutung «Ehefrau» verwendet, wo *senet* niemals diese Bedeutung zu haben scheint. In diesen Dokumenten finden wir neben *hemet* – allerdings weitaus seltener – Frauen, die *hebsut* genannt werden, ein Ausdruck, der manchmal mit «Konkubine» übersetzt wurde. Es ist schwer auszumachen, inwieweit die beiden Wörter sich in ihrer Bedeutung unterscheiden.[14] Es gibt aus dem Neuen Reich ein paar Beispiele für Frauen, die sowohl die *hebsut* als auch die *hemet* eines Mannes genannt werden. In einem Papyrus will ein Priester seiner zweiten Frau Ineksunedjem Eigentum übertragen.[15] Das schließt eine Gerichtsanhörung der Kinder aus seiner ersten Ehe ein, um zu bestätigen, daß ihr Vater über das Eigentum, das er seiner zweiten Frau übertragen will, frei verfügen kann. Im Verlauf des Textes wird Ineksunedjem sowohl *hebsut* als auch *hemet* genannt. In einem anderen Papyrus sagt eine Frau: «Ich bin eine von vier Ehefrauen» (*hemet*), doch an anderer Stelle wird sie als die *hebsut* des Goldschmieds Ramose bezeichnet.[16] In einem weiteren Dokument stoßen wir auf eine Frau namens Nesmut, die als *hebsut* wie auch als *hemet* des Trompeters Perpetjau genannt wird.[17] Darüber hinaus wird in hieratischen Dokumenten sowohl Frauen, die *hemet* sind, als auch denjenigen, die *hebsut* sind, der allgegenwärtige Titel *anchet en nut* zuerkannt, der eine «verheiratete» Frau zu bezeichnen scheint.

Hebsut wird schon im Mittleren Reich verwendet. Das berühmteste Beispiel sind die Heqanacht-Briefe, die ein Familienoberhaupt namens Heqanacht während seiner Abwesenheit an seine Angehörigen geschrieben hat. Es geht darin u. a. um die Behandlung einer Frau namens Iutenheb, gegen die die übrigen Familienmitglieder eine Abneigung haben, während Heqanacht sie eindeutig schätzt. An einer Stelle schreibt Heqanacht: «Seht! Dies ist meine *hebsut* und es ist bekannt, was für die *hebsut* eines Mannes getan werden soll. Seht! Wer immer für sie das tun will, was ich getan habe – in der Tat, wäre einer von euch geduldig, wenn man sich bei ihm über seine *hemet* beklagt hätte?»[18] Mit anderen Worten, auch hier ist eine *hebsut* gleichzeitig eine *hemet*, doch warum dann noch eine Unterscheidung treffen? Da es sich in einigen Fällen bei der Frau, die *hebsut* genannt wird, nachweislich nicht um die erste Frau eines Mannes handelt, hat William Ward vermutet, daß *hebsut* als Bezeichnung für eine nachfolgende Ehefrau gebraucht wurde, welche nach dem Tod oder der Scheidung von früheren Frauen geheiratet worden war.[19] Das würde zu den Problemen in Heqanachts Familie passen, wenn die übrige Familie über die Einführung einer neuen Ehefrau in den Haushalt ihres Vaters verärgert war – eine Situation, die ähnlich in vielen anderen Kulturen, einschließlich der modernen westlichen Gesellschaft, auftritt.

Das Hauptproblem dieser Interpretation liegt darin, daß das Wort so selten auftaucht. Wenn man das Risiko eines Todes im Kindbett und die Häufigkeit von Scheidungen bedenkt, werden viele Frauen auf die erste Ehefrau gefolgt sein, doch nur wenige werden *hebsut* genannt. Tatsächlich erscheint dieser Ausdruck selten auf den Denkmälern, wo die Anwesenheit von mehr als einer Frau, die *hemet* genannt wird, auf aufeinanderfolgende oder gleichzeitige Mehrehen schließen läßt. Da das Wort *hebsut* in Denkmalinschriften selten gebraucht wurde, könnte eine Lösung dieses Problems darin liegen, daß Frauen, die in Papyri und Ostraka als *hebsut* bezeichnet wurden, in Gräbern, auf Stelen und Statuen als *hemet* erscheinen – oder ab der mittleren 18. Dynastie als *senet*. Diese Trennung der Ausdrücke für Denkmalinschriften und andere Texte findet man auch bei zwei der am häufigsten verwendeten Frauentitel aus dem Neuen Reich: *anchet en nut*, gewöhnlich übersetzt mit «Bürgerin», und *nebet per*, «Hausherrin». Der erste Titel erscheint in hieratischen Dokumenten, aber selten auf Denkmälern, während es sich für den letzteren genau umgekehrt verhält.

Wir können also versuchsweise Wards Annahme folgen, *hebsut* bezeichne eine Ehefrau, die auf die erste Frau eines Mannes folgt. Während Ward offensichtlich an serielle Monogamie denkt, gibt es keinen Beweis dafür, daß bei zwei konkurrierenden Ehefrauen die zweite nicht auch *hebsut* genannt werden konnte. Wenn also die *hebsut* Mutemheb sagt: «Ich bin eine von vier Ehefrauen (*hemet*), zwei davon sind tot und eine andere lebt (noch)»[20], dann wissen wir nicht, ob ihr Mann von der «anderen» geschieden oder ob er mit beiden gleichzeitig verheiratet ist. Wie dem auch sein mag, eine *hebsut* ist jedenfalls offensichtlich auch eine *hemet*, und der Ausdruck «Konkubine» sollte als Übersetzung vermieden werden, denn manche Konnotationen dieses Wortes treffen mit großer Sicherheit für die altägyptische Gesellschaft nicht zu.

Dokumente aus der Arbeitersiedlung in Deir el-Medineh im Neuen Reich stellen uns bezüglich der Ehe vor ein weiteres Problem. In diesen Dokumenten, in denen Frauen *hebsut* heißen, werden einige Frauen «Ehefrau von» genannt, während von anderen gesagt wird, daß sie «mit» einem bestimmten Mann sind. Wiederum ist der Unterschied, wenn er existiert, nicht deutlich. Es wäre jedoch gefährlich anzunehmen, das zweite bedeute «miteinander leben» ohne verheiratet zu sein, d. h. ohne daß die Frau eine *hemet* wäre – denn eine Ehe entsteht dann, wenn ein Mann und eine Frau einen gemeinsamen Haushalt gründen. Daher ist der Unterschied schwierig zu bestimmen, es sei denn, es gab unterschiedliche Erwartungen bezüglich der Länge einer Ehe, oder man unterschied, ob eine formelle ökonomische Vereinbarung dazu gehörte oder nicht. Jedenfalls hieß es im Adoptions-Papyrus, daß Padiu Taiemniut zu seiner *hemet* nahm und weiter, er sei «mit ihr». Frauen, die «Ehefrau von» und solche, die «mit» jemand sind, können zudem beide als «verheiratete Frauen» (*hemet tjai*) bezeichnet werden; und es wurde als entehrend für einen anderen Mann betrachtet, mit ihnen Geschlechtsverkehr zu haben, was darauf hindeutet, daß die beiden Formulierungen sich in Wirklichkeit kaum in ihrer Bedeutung unterschieden. Das wird durch einen Fall bestätigt, in dem es von einer Frau in einem hieratischen Dokument heißt, sie sei «mit» einem Mann, und andererseits wird sie auf einer Stele in Hieroglyphenschrift als «seine Ehefrau, Herrin des Hauses» bezeichnet.

Scheidung

Wenn wir die ägyptische Vorstellung von der Ehe auch nicht ganz verstehen mögen, so gibt es andererseits genügend Quellenmaterial, aus dem hervorgeht, daß es etwas der Scheidung Vergleichbares durchaus gab, d.h. die vorher zusammengelebt hatten, trennten sich. Es ist nicht eindeutig zu klären, welche Gründe ausschlaggebend für eine Trennung gewesen sein mögen, doch Untreue von seiten der Frau und Unfruchtbarkeit werden sicher zu den Hauptgründen gehört haben. Seit 500 v. Chr. gibt es Zeugnisse dafür, daß Frauen die Scheidung einleiten konnten[21], wobei die Untreue von seiten des Mannes auch eine Ursache gewesen sein mag. Wir wissen nicht, ob die alten Ägypter einen über die Impotenz hinausgehenden Begriff von männlicher Zeugungsunfähigkeit hatten, deshalb hat man möglicherweise im Fall der Kinderlosigkeit stets der Frau die Schuld gegeben. In den oben zitierten «Eheverträgen» werden Mißfallen an der Frau oder der Wunsch, eine andere Frau zu heiraten, als mögliche Scheidungsgründe angeführt. In viel früherer Zeit erklärt ein Mann in einem Brief an seine verstorbene Frau, daß er sie heiratete, «als ich ein junger Mann war. Ich war mit dir, als ich alle möglichen Arten von Ämtern innehatte. Ich war mit dir und ich verstieß dich nicht. Ich verursachte deinem Herzen keinen Kummer. Ich tat es, als ich ein Jüngling war und als ich alle möglichen Arten von wichtigen Ämtern für Pharaoh innehatte – er lebe, sei heil und gesund – ohne dich zu verstoßen, indem ich sagte: ‹Sie war (immer) mit *mir*› – so sagte ich!»[22] Mit anderen Worten, wenn Männer die bürokratische Karriereleiter emporstiegen, war es für sie vielleicht nichts Ungewöhnliches, ihre Jugendgefährtinnen zu verstoßen und eine Frau zu heiraten, die ihrem höheren Rang eher entsprach oder vorteilhafter dafür war.

Die Scheidung besaß ebensowenig wie die Ehe eine juristische oder staatsreligiöse Verbindlichkeit, obwohl ein Gericht das Ende einer Ehe bezeugen konnte. Für beide Parteien war es nach der Scheidung möglich, wieder zu heiraten, und dies kann wohl auch der Zweck einer Scheidung gewesen sein.

Mehrehen

Durch Wiederheirat war es möglich, im Leben mehr als einen Ehepartner zu haben. Dies wird um so üblicher gewesen sein, als die Lebenserwartung im Alten Ägypten ziemlich gering war und für Frauen das Risiko bestand, im Kindbett zu sterben. Viele Denkmäler aus allen Zeiten geben uns Nachweise für Mehrehen. Im Neuen Reich finden wir sogar gelegentlich ein Beispiel dafür, daß Frauen als «seine frühere Ehefrau»[23] bezeichnet werden. Diese Frauen waren vermutlich nicht geschieden, denn geschiedene Frauen wurden offenbar nicht auf den Denkmälern ihres Ehemanns dargestellt. Wahrscheinlich waren die «früheren Ehefrauen» gestorben, und ihr Mann hatte wieder geheiratet. Das ist möglicherweise auch dann der Fall, wenn der Besitzer einer Grabkapelle oder anderer Denkmäler mit verschiedenen Ehefrauen erscheint und dadurch das Gedächtnis der Lebenden wie auch der Toten erhalten möchte – obwohl es vom heutigen Standpunkt aus schwierig ist, zwischen aufeinanderfolgenden und gleichzeitig bestehenden Ehen zu unterscheiden. Für gewöhnlich heißt es, die meisten Ägypter seien monogam gewesen, es habe aber für Männer kein Verbot der Mehrehe gegeben. Sie sei eher durch die ökonomischen Verhältnisse eingeschränkt worden, weil ein Mann es sich normalerweise nicht leisten konnte, mehr als eine Frau zu unterhalten. Man hat nachgewiesen, daß die verschiedenen Fälle von Polygamie allesamt aus den höheren Rängen der Oberschicht stammten, und daraus gefolgert, daß ein Mann reich sein mußte, bevor er mit dem Gedanken spielen konnte, mehr als eine Frau zu nehmen[24]; doch wie wir gesehen haben, gibt es nur wenige erhaltene Dokumente über die unteren Klassen, so daß dieses Argument zirkelschlüssig wird.

Man müßte zunächst die Produktivkraft einer Frau gegen die Kosten ihres Unterhalts aufrechnen, bevor man kategorisch erklären dürfte, daß Männer sich nicht mehr als eine Frau leisten konnten. Im Alten und Mittleren Reich lag beispielsweise die gesamte Textilherstellung nur in den Händen von Frauen, und auch im Neuen Reich spielten sie in diesem Handwerk weiterhin eine große Rolle. Die Frauen waren offenbar für das Tuch verantwortlich, das in ihrer Familie gebraucht wurde, und sie konnten erzielte Überschüsse verkaufen. Theoretisch betrachtet, könnten Frauen also durch ihre Textilproduktion materiell zum Familieneinkommen beigetragen haben und es damit dem Mann wirtschaftlich ermöglicht haben, mehr als eine Frau zu nehmen. Wenn Frauen in Bauernfamilien außerdem landwirtschaftliche Arbeitskräfte stellten (darüber schweigen die Berichte), könnte es sich ebenfalls ausgezahlt haben, eine Familiengruppe mit mehreren Ehefrauen zu haben, die zusammen mit ihrer Nachkommenschaft kostenlose Feldarbeit leisteten. Nur wenn Ehefrauen vollkommen unproduktiv waren und allein vom Einkommen ihres Ehemanns unterhalten werden mußten, wären sie ein Luxus gewesen, den sich außer den ganz Reichen niemand leisten konnte. Eine Mehrzahl solcher Frauen könnte dann ein Statussymbol gewesen sein.

Auch wenn wir niemals etwas über die Masse der Bevölkerung erfahren werden, können wir einen Blick auf die Situation in der Arbeitersiedlung von Deir el-Medineh aus dem Neuen Reich werfen, der einzigen Gemeinde, über die wir ziemlich viel wissen. Obwohl Scheidung und Wiederheirat dort nichts Ungewöhnliches waren, gibt es leider keinen endgültigen Beweis für gleichzeitig bestehende Ehen. Die Raumaufteilung der Häuser scheint nicht geeignet, einen Mann mit mehr als einer Frau unterzubringen, und das Register, das die Bewohner Haus für Haus aufzählt, nennt – zumindest in den erhalten gebliebenen Teilen – nicht mehr als eine Ehefrau pro Haushalt. Im Gegensatz dazu enthält ein Papyrus aus der 22. Dynastie über eine offizielle Untersuchung der Grabräuberei in Theben eine Liste der beteiligten Frauen, darunter:

> Die Bürgerin Herer, die Ehefrau des Wächters Paaemtawemet (von) dem Schatz des Pharao.
> Die Bürgerin Taneferi, seine andere Frau, macht zwei.[25]

Es ist natürlich möglich, daß der Mann von seiner ersten Frau geschieden wurde, aber dann ist es seltsam, daß beide Frauen durch ihre

Beziehung zu Paaemtawemet identifiziert werden. In einem anderen Papyrus, der sich auch auf die Grabräubereien bezieht und oben bereits zitiert wurde, sagt eine Frau: «Ich bin eine von vier Ehefrauen, zwei davon sind tot und eine andere lebt noch.» Wiederum könnte man argumentieren, es handele sich um aufeinanderfolgende Ehen, von denen zwei durch den Tod der Frauen und die dritte durch Scheidung beendet wurden, doch so wie sie dasteht, ist die Aussage zweideutig und könnte auch heißen, daß vier Frauen zugleich mit einem Mann verheiratet waren. Einige Jahrhunderte später erwähnen die «Eheverträge» der Spätzeit nicht einmal mehr die Möglichkeit, daß der Ehemann eine zweite Frau ohne Scheidung von der ersten nehmen konnte, denn sie befassen sich ausführlich mit den Folgen für eine Frau, die von ihrem Mann verstoßen wurde.

Zumindest innerhalb der Oberschicht scheint es möglich gewesen zu sein, mehr als eine Ehefrau zur gleichen Zeit zu haben, doch diese Praxis war vermutlich nicht sehr verbreitet; wir wissen nichts über die anderen Klassen. Außerdem könnten verheiratete Männer häufig sexuelle Beziehungen zu Dienerinnen oder anderen Frauen des Haushalts, die sozial unter ihnen standen, unterhalten haben. In einigen Grabkapellen aus der 18. Dynastie gibt es beispielsweise Kinder, die offenbar von anderen Müttern als der Ehefrau des Grabherrn stammen, so daß der Haushaltsvorstand vermutlich Zugang zu anderen Frauen hatte.[26] In einem Text sagt ein Sohn ausdrücklich, er habe keinen Geschlechtsverkehr mit den Dienerinnen seines Vaters gehabt[27], was darauf hindeutet, daß das Personal vor solchen Übergriffen nicht geschützt war – eine ähnliche Situation, wie wir sie im legal monogamen christlichen Europa vorfinden, beispielsweise in Richardsons Roman *Pamela*. Wir wissen jedoch nicht, ob solche Beziehungen im Alten Ägypten überhaupt mißbilligt wurden. Der Mann bestritt vielleicht nicht deshalb, mit den Dienerinnen seines Vaters geschlafen zu haben, weil Verkehr mit Dienstboten unrecht war, sondern weil der Sohn im Haushalt des Vaters sich dessen Vorrecht nicht anmaßen durfte.

Weder auf Denkmälern noch in anderen Quellen gibt es einen Nachweis dafür, daß man einen Begriff der Unehelichkeit von Kindern hatte. Da dies wohl nicht auf Denkmälern gezeigt wurde, die meist das männliche Ideal der Gesellschaft widerspiegeln, kann man höchstens erwarten, in anderen Dokumenten Hinweise zu finden, insbesondere in denen der Gemeinde von Deir el-Medineh. Wir wissen von einer Frau, die ein Kind von einem Mann empfing, während sie die *hemet* eines anderen war.[28] Leider befaßt sich das Dokument mehr mit dem Verhalten des Mannes, das sogar von dessen eigenem Vater verurteilt wurde, und wir erfahren nicht, was mit der Frau und ihrem Kind geschah. Was die Denkmäler betrifft, so haben wir bereits gesehen, daß in einigen Grabkapellen der 18. Dynastie gelegentlich Kinder auftauchen, die von anderen Müttern als der Ehefrau des Grabherrn zu stammen scheinen. Die Tatsache, daß man diese Kinder in die Grabszenen aufgenommen hat, deutet darauf hin, daß man in ihrer Herkunft keine Schande sah und sie das Bild der idealen Familie nicht störten, das in der Grabkapelle bewahrt werden sollte. Wir wissen nichts über ihre ökonomische und soziale Position im späteren Leben. Ob der Besitz des Vaters automatisch unter allen Nachkommen, unabhängig von der Identität ihrer Mutter, aufgeteilt wurde oder ob ein Mann besondere Abmachungen zur Versorgung jedes Kindes, das nicht seine Ehefrau zur Welt gebracht hatte, treffen mußte, wird in dem Material, das wir besitzen, nicht berichtet. Es scheint einleuchtend, daß solche Kinder kein Anrecht auf den Besitz der Ehefrau ihres Vaters hatten, obwohl sie vermutlich Erbrechte gegenüber ihren eigenen Müttern hatten. Man nimmt an, ein Grund für die häufige Angabe der mütterlichen statt der väterlichen Abstammung sei gewesen, die mütterlichen Erbrechte in einer solchen Situation klarzustellen.[29]

Es gibt nur eine begrenzte Zahl von Fällen, in denen man mit Recht vermuten kann, daß ein Kind nicht von der Ehefrau des Mannes stammt. Auf einem Familiendenkmal, wo Kinder eines Mannes nur «sein Sohn/seine Tochter» genannt werden, könnte diese Bezeichnung dennoch Kinder verbergen, die von anderen Frauen als der Ehefrau stammten. Außerdem finden wir auf einigen Denkmälern zusammen mit Familienmitgliedern andere Gestalten, die weder durch eine Verwandtschaftsbezeichnung noch durch einen Titel, der die Funktion innerhalb der Familie angibt, identifiziert werden. Manchmal wird ihre Abstammung von Frauen angegeben, deren Identität auch nicht festgestellt ist; sie sind ansonsten unbekannt. Diese Menschen waren vielleicht einfach Mitglieder des Haushalts, die mit der Familie auf dem Denkmal erscheinen, doch es könnte sich auch um weitere Nachkommen des Denkmalbesitzers handeln.

Während es den Männern möglich war, mit mehr als einer Frau gleichzeitig verheiratet zu sein, gibt es dagegen keinerlei Belege dafür, daß eine Frau mehrere Ehemänner nebeneinander haben konnte. Die Wiederheirat geschiedener oder verwitweter Frauen wurde jedoch nicht als Schande angesehen, so daß Frauen ebenfalls mehr als einen Gatten im Leben haben konnten. In der 20. Dynastie heiratete zum Beispiel eine Frau namens Naunacht in Deir el-Medineh einen Mann namens Kenherchepeschef. Als er mit sechzig Jahren starb, blieb Naunacht als kinderlose Witwe zurück. Sie heiratete erneut und hatte acht Kinder, was darauf schließen läßt, daß sie wesentlich jünger als ihr erster Mann war. Die erste Ehe war für sie ökonomisch vorteilhaft gewesen, denn sie hatte ihren Ehemann nach dessen Tod beerbt.[30]

Ehebruch

Während verheiratete Männer sexuelle Beziehungen zu anderen Frauen als ihren eigenen Ehefrauen haben konnten, durften verheiratete Frauen kein Verhältnis mit anderen Männern haben.[31] Wenn wir richtig verstanden haben, enthält ein Text aus Deir el-Medineh, der sich mit einem Streitfall vor dem örtlichen Gericht befaßt, die Aussage: «... (eine) Ehefrau (*hemet*) ist (eine) Ehefrau. Sie soll keine Liebhaber haben. Sie soll keinen Geschlechtsverkehr haben.»[32] Wir müssen offensichtlich ergänzen: mit jemand anderem als ihrem Ehemann. Obwohl die Ehe keine gesetzliche oder staatsreligiöse Grundlage hatte, gab es trotzdem eine klare soziale Anerkennung der Paare, die einen gemeinsamen Haushalt gründeten, die mit der Erwartung verbunden war, die Frau werde dem Mann sexuell treu sein. Das ist insofern verständlich, als der Zweck der Ehe darin bestand, Kinder zu bekommen, und der Mann sichergehen wollte, daß er deren Vater war, besonders weil die Kinder aus dieser Verbindung gesetzlich verbürgte Erbrechte auf den Besitz ihres Vaters hatten. Sie hatten auch ein Anrecht auf den mütterlichen Besitz, doch Mutterschaft war im Gegensatz zu Vaterschaft niemals zweifelhaft. Es kann daher nicht überraschen, daß in vielen Texten die Untreue einer Ehefrau beklagt wird und Männer dafür kritisiert werden, daß sie Affären mit verheirateten Frauen haben. Im Gegensatz dazu wird in Klagen über junge Männer, die mit «Prostituierten» verkehren, häufiger über die verlorene Zeit für die Schrift-Studien lamentiert, als daß sie moralischen Tadel oder soziale Mißbilligung aussprechen.

Einige wenige Texte aus dem Neuen Reich befassen sich mit Beschwerden über Personen, die beschuldigt werden, ungesetzlich oder unmoralisch zu handeln, besonders in Ausübung ihrer offiziellen Pflichten. Darunter findet sich auch die Beschuldigung, Geschlechtsverkehr mit verheirateten Frauen zu haben. Ein juristischer Fall aus Deir el-Medineh wird mit der Anklage eröffnet: «Du hast mit einer verheirateten Frau auf dem Fackelträger-Platz kopuliert.»[33] Obgleich der Text schwer verständlich ist, betrifft der Rest des Falles offenbar «die Ehrlichkeit, oder anderes, im Transport einiger Fette».[34] Die Beschuldigung, der Mann habe mit einer verheirateten Frau geschlafen, soll ihm offensichtlich einen schlechten Charakter unterstellen und Zweifel an seiner Verläßlichkeit in anderen Dingen erwecken. Eine andere Klage aus Deir el-Medineh wurde gegen einen unbeliebten Vorarbeiter namens Paneb erhoben, der ein ziemlich unangenehmer Mensch gewesen zu sein scheint.[35] Neben verschiedenen Beschwerden über Unregelmäßigkeiten in der Ausführung seiner Dienstpflicht wird auch er beschuldigt, mit verheirateten Frauen zu schlafen: «Paneb hatte Verkehr mit der Bürgerin Tui, als sie die Frau des Arbeiters Qeni war. Er hatte Verkehr mit der Bürgerin Huner, als sie mit Pendua war. Er hatte Verkehr mit der Bürgerin Huner, als sie mit Hesisunebef war ... Und als er Verkehr mit Huner gehabt hatte, hatte er Verkehr mit Webchet, ihrer Tochter. Und Aapechet, sein Sohn, hatte ebenfalls Verkehr mit Webchet.»[36] Die Tatsache, daß Paneb und sein Sohn auch sexuelle Beziehungen zu Huners Tochter unterhielten, obgleich diese wohl noch nicht verheiratet war, wird offenbar als eine weitere sexuelle Unrechtmäßigkeit angesehen, doch es bleibt unklar, welcher Teilaspekt dieser ziemlich geschmacklosen Affäre verurteilt wurde. Vielleicht war es in gewissem Sinne «inzestuös», mit einer Mutter und anschließend mit ihrer Tochter Geschlechtsverkehr zu haben, wie auch, daß Vater und Sohn mit der gleichen Frau schliefen. Es ist jedoch auch möglich, daß die Anklage gar keine formellen Gründe hatte. Die Geschichte mit Webchet mag einfach nur eingebracht worden sein, um das Bild von der außerordentlichen Verderbtheit Panebs abzurunden.

Interessanter wäre es zu wissen, was mit diesen Frauen geschah. In den meisten Fällen können wir das nicht herausfinden, doch über Huner, die Frau Hesisunebefs, wissen wir mehr. Durch Zufall besitzen wir ein Ostrakon aus dem 2. Jahr der Regentschaft Setnachts, das davon berichtet, daß Hesisunebef sie verstößt; vielleicht war dies die Folge ihres Ehebruchs mit Paneb.[37] Außerdem gibt uns das Ostrakon die Information, jemand – der leider ungenannt bleibt – habe ihr nach der Scheidung drei Jahre lang jeden Monat eine kleine Menge Getreide gegeben. Wir wissen nicht, was danach mit ihr geschah. Ihre Tochter Webchet heiratete später trotz ihrer früheren sexuellen Abenteuer.[38] Man muß hinzufügen, daß aus dem Text nicht klar hervorgeht, ob die Frauen in diesen Affären freiwillige Partner waren oder ob es sich um Anklagen wegen Vergewaltigungen handelt.

Die Ablehnung von Männern, die mit verheirateten Frauen schliefen, ist tief in der ägyptischen Gesellschaft verwurzelt. Im «Negativen Sündenbekenntnis» aus dem 125. Kapitel des *Totenbuchs* lesen wir, daß der tote Mann erklären mußte: «Ich habe nicht mit einer verheirateten Frau kopuliert», oder «Ich habe nicht mit der Frau eines anderen kopuliert».[39] In der *Lehre des Ani* aus der 18. Dynastie warnt der Autor den männlichen Leser:

> Nimm dich in acht vor einer Frau, die eine Fremde ist,
> Die in ihrer Stadt nicht bekannt ist;
> Schau sie nicht an, wenn sie vorübergeht,
> Erkenne sie nicht fleischlich.
> Ein tiefes Wasser, dessen Lauf unbekannt ist,
> So ist eine Frau fern von ihrem Ehemann.

«Ich bin schön» sagt sie dir täglich,
Wenn sie keine Zeugen hat;
Sie ist bereit, dich zu verzaubern,
Ein großes tödliches Verbrechen, wenn es bekannt wird.[40]

Die Gefahr scheint hier auf der Annahme gegründet, daß eine Frau immer einen Ehemann hat, so daß jeder Mann, der dumm genug ist, ihr zu verfallen, ein Verhältnis mit einer verheirateten Frau eingeht, das Vergeltungsmaßnahmen nach sich ziehen wird. Ein älterer Text, die *Lehre des Ptahhotep*, vermutlich aus dem Mittleren Reich[41], enthält eine andere Warnung:

Wenn du Freundschaft erhalten willst
in einem Haus, das du betrittst,
ob als Herr, als Bruder, oder als Freund,
an jedem Ort, den du betrittst,
hüte dich davor, den Frauen nahezukommen!
Der Ort, wo dies geschieht, kann nicht gut sein;
es kann keine Klugheit darin liegen, dies zu enthüllen.
Tausend Männer sind von ihrem Besten abgewandt:
ein kleiner Augenblick, ähnlich einem Traum,
und wenn man sie erkennt, ergreift man den Tod.
Es ist ein gemeines Ding, erdacht von einem Feind;
wenn man es getan hat, kommt man heraus
mit einem Herzen, das es (schon) verwirft.
Was den angeht, der sich mit Begehren nach ihnen plagt,
keiner seiner Pläne kann (jemals) Erfolg haben.[42]

Die Todesstrafe für den beteiligten Mann findet sich auch in literarischen Geschichten. Im *Brüdermärchen* aus dem Neuen Reich will der ältere Bruder zunächst seinen jüngeren Bruder umbringen, weil er irrtümlich glaubt, dieser habe versucht, seine Frau zu verführen. Als er dann entdeckt, daß die ganze Geschichte andersherum passiert ist und in Wirklichkeit seine Frau versucht hat, seinen jüngeren Bruder zu verführen, «tötete er seine Frau (und) warf sie den Hunden vor».[43] In einer Geschichte aus dem Mittleren Reich tötet ein Zauberer, der seine Frau mit einem anderen Mann ertappt, beide Partner.[44] Im wirklichen Leben war das Endergebnis jedoch höchstwahrscheinlich – wie wir gesehen haben – die Scheidung. In einigen «Eheverträgen» aus der Spätzeit gibt es eine Klausel, die verlangt, eine Ehefrau solle bei der Scheidung ihre finanziellen Rechte verlieren wegen der «großen Sünde, die man in einer Ehefrau findet»[45], was nur Untreue bedeuten kann.

Als in Deir el-Medineh ein Mann namens Merisachmet mit der *hemet* eines anderen Arbeiters im Bett ertappt wurde, klagte dieser Arbeiter vor Gericht, und Merisachmet schwor schließlich, nie wieder mit ihr zu sprechen.[46] Er brach jedoch seinen Schwur und schwängerte die Frau. Diesmal brachte ihn sein eigener Vater vor Gericht, und man ließ ihn einen zweiten Eid schwören, sich ihr nie wieder zu nähern. Ob dieser eine größere Wirkung hatte und was mit der Frau, ihrem Kind und ihrem Mann geschah, bleibt unbekannt; jedenfalls kam es nicht in Frage, Merisachmet mit dem Tod zu bestrafen, der – wie man hinzufügen kann – aus einer höheren sozialen Schicht in Deir el-Medineh stammte als der Ehemann der Frau. Das erklärt vermutlich, warum der Ehemann, als er sich zum ersten Mal vor Gericht über Merisachmets Verhalten beschwerte, selbst derjenige war, der geschlagen wurde. Nur weil einer der Vorarbeiter sich in seiner Sache gegen eine solche Ungerechtigkeit aussprach, konnte das Gericht dazu bewegt werden, überhaupt gegen Merisachmet vorzugehen.[47]

Es gibt einen interessanten Brief aus Deir el-Medineh, der aus der 20. Dynastie stammt. Der Absender ist unbekannt und der Text schwer verständlich, doch es scheint um einen verheirateten Mann zu gehen, der acht Monate lang ein Verhältnis mit einer anderen Frau hatte. Am Ort des Geschehens schlagen die Wogen der Entrüstung hoch, und eine Menge rottet sich zusammen, um die Frau zusammenzuschlagen und ihr Heim zu zerstören. Sie beklagen sich: «Acht volle Monate bis heute schläft er mit dieser Frau, obwohl er nicht (der?) Ehemann ist ... Wäre er (der) Ehemann, hätte er (dann) nicht seinen Schwur wegen deiner Frau geschworen?»[48] Mit anderen Worten, es geht offenbar um das Problem, daß der Mann mit einer anderen Frau angebandelt hat, ohne sich von seiner Ehefrau scheiden zu lassen. Die rachsüchtige Menge wird jedoch von einem ungenannten Verwalter aufgehalten, der dann eine Botschaft an die Frau sendet: «Was Nesamunemipet betrifft, warum hast du ihn wiederholt empfangen ... Wenn dem Mann das Herz nach dir steht, laß (ihn) mit seiner Ehefrau zum Gericht gehen und laß (ihn) einen Eid schwören und zu deinem Haus zurückkehren ...».[49] Wenn er diesen Rat nicht befolgt, wird der Verwalter die Leute nicht noch einmal davon abhalten, sie zusammenzuschlagen. Der Rat des Verwalters lautete offenbar, daß Nesamunemipet, wenn er die Frau wirklich wolle, mit der er ein Verhältnis hat, sich erst von seiner Ehefrau scheiden lassen müsse, bevor er mit der anderen Frau zusammenziehe. Da Ehe und Scheidung nicht der gesetzlichen Zustimmung bedurften, erscheint die Rolle des Gerichts in dieser Sache zunächst rätselhaft. Doch es mag zwei Gründe gegeben haben, weshalb das Gericht beteiligt wurde. Der Eid, den der Ehemann leisten sollte, könnte lediglich des Inhalts gewesen sein, daß er sich von seiner Frau trenne und sie frei sei, wieder zu heiraten. Das Gericht war Zeuge in dieser Angelegenheit, um den Ehemann und jeden anderen daran zu hindern, sie noch für verheiratet zu erklären. Zum zweiten könnte es sich darum gehandelt haben, als Folge der Beendigung ihrer Ehe eine Übereinkunft wegen ihres Eigentums zu treffen, und wiederum wäre das Gericht Zeuge der Entscheidung gewesen. Die Frau, mit der der Ehemann ein Verhältnis hatte, mußte zu diesem Zeitpunkt wohl unverheiratet gewesen sein, sonst wäre sicherlich als zusätzliche Komplikation ihr Mann erwähnt worden. Was an dem Verhalten des Mannes solche Ablehnung hervorrief, war also nicht, daß er eine Affäre mit einer verheirateten Frau hatte, sondern daß er sich einer Ungesetzlichkeit schuldig machte, indem er mit einer Frau verheiratet war und mit einer anderen ein langfristiges Verhältnis hatte. So weit es die öffentliche Meinung betraf, konnte – wenn wir den Text richtig verstehen – die Angelegenheit einfach dadurch geregelt werden, daß der Mann sich von seiner Frau scheiden ließ und seine Geliebte heiratete. Vielleicht war ein Teil des Unmuts aus der schwierigen Situation der Ehefrau entstanden. In den Augen der Gesellschaft war sie genau genommen immer noch die Frau Nesamunemipets. Das bedeutete, daß ihre Angelegenheiten und ihr Eigentum wirtschaftlich immer noch mit den seinigen zusammenhingen und sie nicht wieder heiraten konnte. Wenn sie versucht hätte, mit einem anderen Mann einen Haushalt zu gründen, hätte sie möglicherweise in jeder Übereinkunft einen Teil ihrer finanziellen Rechte wegen Untreue verloren.

Frauen und Männer ohne Ehepartner

Die Ehe wurde ohne Zweifel als der natürliche Stand erwachsener Männer wie Frauen betrachtet. Trotzdem gibt es Belege dafür, daß Männer in einigen Fällen ohne zu heiraten und – soweit wir wissen – ohne Nachkommen durchs Leben gingen.[50] Eine fragmentarische Erzählung aus dem späten Mittleren Reich überliefert uns die Geschichte einer homosexuellen Affäre zwischen König Neferkara aus dem Alten Reich und seinem General Sisene, «in dessen [ganzem Haus] es keine Ehefrau gab.»[51] Die *Lehre des Ptahhotep* rät anscheinend von Homosexualität ab, und im *Totenbuch* des Neuen Reiches muß man eine der Aussagen aus dem «Negativen Sündenbekenntnis» wohl so verstehen: «Ich habe nicht gleichgeschlechtlich verkehrt». Homosexualität war insofern ein Problem, als sie nicht mit dem ägyptischen Familienideal übereinstimmte, das in der Idee der Fruchtbarkeit begründet war; im Hinblick auf das Totenreich konnte der unfruchtbare Charakter der Beziehung auch die Wiedergeburt in die nächste Welt verhindern.

Es gibt noch weniger Belege für unverheiratete Frauen als für unverheiratete Männer, obwohl es unwahrscheinlich ist, daß jede Frau einen Ehepartner fand. Witwen wurden – wie wir sehen werden – wie Waisen, Hungrige und Nackte als benachteiligte Gesellschaftsgruppe betrachtet. Wir wissen wenig darüber, was mit geschiedenen Frauen geschah. Manche haben wohl wieder geheiratet, andere sind in das Haus ihres Vaters zurückgekehrt oder in den Haushalt anderer Verwandter eingetreten. Die «Eheverträge» aus der Spätzeit waren eindeutig dazu da, sicherzustellen, daß eine geschiedene Frau nicht mittellos zurückblieb. Es ist nicht klar, ob dies ein Rückgriff auf eine bestehende Tradition oder eine neue Einrichtung war. Ein Ostrakon aus der 20. Dynastie aus Deir el-Medineh berichtet vermutlich vom Versuch eines Vaters, einen Mann schwören zu lassen, er werde seine (des Vaters) Tochter nicht verlassen, unter Androhung der Strafe von einhundert Schlägen und Einbuße allen Eigentums, das das Paar gemeinsam erworben hatte.[52] Leider kann man das Wort, das hier mit «verlassen» wiedergegeben wurde, auch mit «schlechte Behandlung» übersetzen, was den Sinn des Textes verändern würde. In jedem Fall fehlt uns der Hintergrund der Geschichte, so daß es schwer fällt, Schlußfolgerungen daraus zu ziehen. Es gibt kein Material darüber, wie die Ansichten der Gesellschaft über Homosexualität zwischen Frauen gewesen sein mögen, doch man kann sich vorstellen, daß, wenn eine Frau eine solche Beziehung einging, in der sie keine Kinder mehr zur Welt brachte, eine solche Beziehung, ebenso wie männliche Homosexualität, verurteilt wurde.

Wahl der Ehepartner

In den Quellen wird wenig darüber gesagt, wo man seine Ehepartner finden konnte. Obgleich sich die Bruder-Schwester-Ehe wohl auf die königliche Familie beschränkte, waren im Neuen Reich Ehen zwischen nahen Verwandten vermutlich nichts Ungewöhnliches.[53] Wenn ein Mann nach dem Tod seiner ersten Frau wieder heiratete, war seine zweite Frau manchmal die Schwester der ersten.[54] Ein Grund für solche Ehen zwischen nahen Verwandten mag in der Aufteilung des Erbrechts für die männlichen und weiblichen Nachkommen gelegen haben. Indem verschiedene Zweige der Familie durch Heirat wieder zusammengeführt wurden, verhinderte man die Auflösung des Familienbesitzes. Leider werden wir in unseren Nachforschungen dadurch behindert, daß es nicht genügend Informationsmaterial gibt, um die Eltern sowohl des Ehemanns wie der Ehefrau um mehr als eine – oder höchstens zwei – Generationen zurückzuverfolgen.

IV.
Fruchtbarkeit, Schwangerschaft und Geburt

Fruchtbarkeit, Kinderlosigkeit und Adoption

Der Zweck der Ehe war in erster Hinsicht, Nachkommen zu zeugen und den Fortbestand der Familie zu sichern. Der Verfasser der *Lehre des Ani* aus dem Neuen Reich rät seinen männlichen Lesern:

> Nimm dir eine Frau, solange du jung bist,
> Auf daß sie dir einen Sohn bringe;
> Sie soll für dich gebären, solange du noch jugendlich bist.
> Es ist richtig, Menschen hervorzubringen.
> Glücklich der Mann, der viele Menschen hat,
> Er wird wegen seiner Nachkommenschaft bewundert.[1]

Ähnlich lauten die Empfehlungen in zwei älteren *Lehren:* «Wenn dein Reichtum wächst, gründe deinen Haushalt,/ Nimm ein gesundes Weib, ein Sohn wird dir geboren werden»[2], und «Wenn dein Reichtum wächst und du deinen Haushalt gründest,/ Und du liebst dein Weib mit Leidenschaft, ... Erfreue ihr Herz, so lange du lebst,/ Sie ist ein fruchtbares Feld für ihren Herrn.»[3] So war Fruchtbarkeit von höchster Wichtigkeit, und man kann vermuten, daß Unfruchtbarkeit ein möglicher Scheidungsgrund war. In den magisch-medizinischen Papyri gibt es Tests, um festzustellen, ob eine Frau fruchtbar war oder nicht; sie tragen den Titel «Zur Unterscheidung einer Frau, die gebären wird, von einer, die nicht gebären wird».[4]

Obwohl wir weniger über Wohnhäuser als über Tempel und Gräber wissen, legt das Material von Ausgrabungsstätten wie Deir el-Medineh und Amarna nahe, daß die Häuser einen Hausaltar hatten. Hier wurden Hausgottheiten wie Bes und Thoeris sowie die Göttin Hathor verehrt; sie alle wurden mit Fruchtbarkeit und Geburt in Verbindung gebracht. Zu diesen Altären gehörten kleine weibliche Statuetten, die fast nackt, oft mit eingezeichnetem Schamdreieck, dargestellt wurden. Manchmal tragen sie ein Halsband, einen Gürtel um die Hüften und eine kunstvolle Frisur. Diese Figürchen treten in einer Vielfalt von Typen auf; sie sind seit dem frühen Mittleren Reich bekannt und durch das Neue Reich bis in spätere Zeiten bezeugt. Man fand sie in Siedlungen, Gräbern und Tempeln (Abb. 17). Ursprünglich wurden sie

17. Fruchtbarkeitsfigürchen: (links) Mittleres Reich; (Mitte) 18. Dynastie, als Votivgabe für die Göttin Hathor; (rechts) Neues Reich.

in der Forschung «Beischläferinnen» genannt; man spekulierte, sie seien in Gräber gelegt worden, um das sexuelle Begehren des männlichen Grabherrn zu erregen und zu befriedigen, doch diese Erklärung berücksichtigte nicht, daß sie auch in Frauengräbern, Tempeln und Wohnhäusern auftreten. Man hat inzwischen herausgefunden, daß diese Objekte sich auf Fruchtbarkeit und Geburt beziehen, und zwar im Leben wie im Tod.[5] Ihr Vorhandensein in Gräbern läßt sich damit erklären, daß die männlichen und weiblichen Verstorbenen auf ihre Wiedergeburt in ein Leben nach dem Tode hofften, so daß diese Statuetten für Erwachsenen- und Kinderbegräbnisse beider Geschlechter verwendet werden konnten. Was ihre Rolle im Leben betrifft, so sollten sie im häuslichen Kult den Fortbestand der Familie in dieser Welt sichern, während sie in Tempeln als Votivgaben dargeboten wurden. Da die Mehrheit der erhaltenen Figuren, die man in Tempeln gefunden hat, aus Hathor-Heiligtümern stammt, sind sie eindeutig mit Sexualität und Fruchtbarkeit verknüpft. Da keine Texte überliefert sind, die erklären, weshalb sie dargebracht wurden, sind wir auf Vermutungen angewiesen; es scheint jedoch, daß die Figürchen von Personen aufgestellt wurden, die sich ein Kind wünschten.

Die Ägypter baten nicht nur die Götter um ihr Wohlwollen, sondern sie glaubten auch, daß die Toten guten oder schlechten Einfluß auf die Lebenden ausüben konnten, und eine Reihe von Briefen sind an Tote gerichtet, die sich über Einflußnahme des Toten beklagen oder in einer bestimmten Situation um Hilfe bitten. Ein solcher Brief wurde in der Ersten Zwischenzeit in hieratischer Handschrift auf ein rotes Tongefäß geschrieben, offenbar vom Sohn an den toten Vater, für dessen Grab das Gefäß wohl gestiftet wurde. Der Vater wird in dem Brief gebeten, gegen zwei Dienerinnen – die möglicherweise auch tot sind – vorzugehen, welche der Schreiber für die Unfruchtbarkeit seiner Frau verantwortlich macht, damit diese ihm einen Sohn gebäre. Nachträglich fügte der Schreiber eine Bitte um einen weiteren Sohn für seine Schwester hinzu.[6]

In einem weiteren Fall aus dem Mittleren Reich ist es offenbar eine Tochter, die um Hilfe bittet. Eine Statuette, die deutlich einer Fruchtbarkeitsfigur ähnelt, trägt ein Kind auf ihrer linken Hüfte (Abb. 18). Sie hat auf der rechten Hüfte eine Inschrift, die lautet: «Möge deiner Tochter Seh eine Geburt gewährt werden.»[7] Die Form der Hieroglyphen stellt das Objekt in einen Begräbniszusammenhang, und man kann sich vorstellen, wie die unfruchtbare Frau Seh die kleine Figur in das Grab ihres Vaters gestellt hat, nicht etwa um seine eigene Wiedergeburt anzuregen, sondern in der Hoffnung, er könne ihr helfen, das Kind zu empfangen, das sie sich so sehnlichst wünschte.

Im Neuen Reich treffen wir auf ein kinderloses Paar in Deir el-Medineh: den Schreiber Ramose und seine Frau Mutemwia. Es ist vielleicht kein Zufall, daß von allen ihren Denkmälern, die uns erhalten geblieben sind, nur die beiden, die das Paar gemeinsam in Auftrag gab, Gottheiten der Fruchtbarkeit und der Geburt geweiht waren. Falls sie auf ein Kind hofften, so scheinen ihre Gebete vergeblich gewesen zu sein, denn Ramoses Nachfolger im Amt, Kenherchepeschef, war nicht sein Sohn.[8] Ramose scheint ihn jedoch adoptiert zu haben. Die beiden Männer stifteten gemeinsam einen Opfertisch für Osiris und Hathor, und außerdem nennt Kenherchepeschef in einer Inschrift auf einem Steinsitz den Namen «der Schreiber des Königs im Ort der Wahrheit Ramose» und bezeichnet sich selbst als «sein Sohn, der seinem Namen Leben verleiht, der Schreiber Kenherchepeschef». Ramose selbst war von dem Schreiber Hui adoptiert worden, welcher Ramose in seinem Grab «Sohn» nennt.[9] In einem anderen Fall geht es um den Vorarbeiter Neferhotep und seine Frau Webchet, die ebenfalls kinderlos waren. Zunächst schien Neferhotep den jungen Paneb, Sohn des Nefersenut, zu begünstigen, der dann zu dem unangenehmen Vorarbeiter aufstieg, den wir schon über seine Affären mit verheirateten Frauen kennengelernt haben. Ihre Beziehung endete jedoch im Streit, und Neferhotep wandte seine Gunst Hesisunebef zu, von dem es hieß, er sei als Sklave zur Welt gekommen. Hesisunebef widmete Neferhotep später eine Stele, und er nannte seinen Sohn nach seinem Wohltäter, seine Tochter nach dessen Ehefrau.[10]

Im *Adoptions-Papyrus* aus der 18. Dynastie geht es um Nebnefer und seine Frau, die ebenfalls keine Kinder haben; Nebnefer adoptiert seine Frau als Erbin, um alle anderen Verwandten vom Erbe auszuschließen. Später schenkt seine Frau Rennefer drei Kindern einer Sklavenfrau, die sie mit Nebnefer gekauft hatte, die Freiheit. Ein männlicher Verwandter Rennefers heiratet das älteste Mädchen, er und die drei Kinder werden von Rennefer als Erben adoptiert. Man muß wohl voraussetzen, daß Nebnefer der Vater der drei Kinder der Sklavin war.[11]

18. Fruchtbarkeitsfigürchen mit einem Kind auf der linken Hüfte und einer Inschrift, die die Bitte um ein Kind enthält.

Die Adoption bot also einen Ausweg aus der Kinderlosigkeit. Ein schockierender Brief aus Deir el-Medineh aus der Zeit der 20. Dynastie gibt uns weitere Informationen zu diesem Thema. Er ist an den Schreiber Nechemmut gerichtet und beginnt nach der üblichen Begrüßung:

«Was bedeutet es, daß du dich in solch schlechter Stimmung befindest wie jetzt, daß niemandes Rede deine Ohren erreicht, als Folge deines aufgeblasenen Ichs? Du bist kein Mann, weil du nicht in der Lage bist, deine Frau zu schwängern wie deine Mitmänner.

Eine weitere Sache: Du bist reich daran, außerordentlich geizig zu sein. Du gibst niemandem irgendetwas. Jemand, der keine Kinder hat, adoptiert statt dessen einen Waisenjungen, [um] ihn aufzuziehen. Es ist seine Pflicht, Wasser auf deine Hände zu gießen als dein eigener ältester Sohn.»[12]

Jedenfalls wissen wir über die rechtlichen Aspekte der Adoption, sofern sie bestanden, kaum etwas. Wie bei der Ehe war es bestimmt sehr wichtig, die Verteilung des Eigentums und das Erbe zu regeln. Angenommene Kinder werden sicherlich auch für das Begräbnis und den Totenkult ihrer Adoptiveltern zuständig gewesen sein. Die Aufnahme in eine Familie war vermutlich ebenfalls mit der Übernahme der Verantwortung für den Hausaltar und den Ahnenkult verbunden.

Menstruation und Schwangerschaft

Die Menstruation wird in den erhaltenen Dokumenten kaum erwähnt. Es gibt mögliche Hinweise auf Binden in Wäschelisten des Neuen Reiches.[13] Einer Interpretation einer Passage aus der Berufssatire zufolge «wäscht» der Wäscher «die Kleider einer menstruierenden Frau»[14], doch dies ist in letzter Zeit umstritten.[15] In der viel späteren demotischen Geschichte von Setne Chaemwaset sagt die frisch verheiratete Prinzessin Ahwere: «Als meine Zeit der Reinigung kam, vollzog ich keine Reinigung mehr.»[16] Da aus dem folgenden klar ersichtlich ist, daß sie sagen will, sie sei schwanger geworden, können wir zwei Schlußfolgerungen ziehen: Zumindest zu dieser Zeit war Menstruation notwendig mit Reinigung verbunden, und das Ausbleiben der Periode wurde als Anzeichen einer Schwangerschaft gedeutet. Diese Beobachtung ist mit Sicherheit weitaus älter als der Text.

Die Notwendigkeit des Beischlafs, um eine Schwangerschaft auszulösen, war allgemein bekannt. Ahweres Ankündigung folgt, nachdem sie berichtet hat: «Er schlief mit mir in jener Nacht und fand mich [angenehm. Er schlief] wieder und wieder mit mir und wir liebten uns.»[17] Ähnliche Anspielungen auf Empfängnis findet man in den

Geschichten vom *Verwunschenen Prinzen* und von *Wahrheit und Lüge* aus dem Neuen Reich. In der ersten lesen wir: «Es war einmal ein König, der keinen Sohn hatte. [Nach einiger Zeit] bat [seine Majestät] die Götter seines Reichs um einen Sohn für sich, und sie verfügten, daß ihm einer geboren werden sollte. In jener Nacht schlief er mit seiner Frau, und sie [wurde] schwanger. Nachdem sie die Monate des Austragens vollendet hatte, wurde ein Sohn geboren.»[18] In der zweiten Geschichte heißt es, die Wahrheit «schlief mit ihr in jener Nacht und erkannte sie mit dem Wissen eines Mannes. Und sie empfing einen Sohn in dieser Nacht.»[19] In den Pyramidentexten aus dem Alten Reich wird die Empfängnis des Gottes Horus, Sohn des göttlichen Paares Isis und Osiris, folgendermaßen beschrieben: «Deine Schwester Isis kommt zu dir [Osiris] und erfreut sich deiner Liebe. Du hast sie auf deinen Phallus gesetzt und dein Same strömt in sie hinaus ...»[20]. Worte, die sich auf Kopulation und Befruchtung beziehen, werden in der Hieroglyphenschrift häufig durch einen Phallus bezeichnet, welcher Flüssigkeit verströmt, worunter man hier vermutlich Sperma zu verstehen hat. Wenn in anderen Mythen oder mythischen Erzählungen biologisch unmögliche Darstellungen der Empfängnis auftauchen, sollte man daraus nicht schließen, daß die Ägypter den wirklichen Vorgang der Empfängnis nicht verstanden hatten. Solche Darstellungen finden sich weltweit in Mythen und Volkserzählungen von Gesellschaften, die sich wie die Ägypter ansonsten der Tatsachen des Lebens eindeutig bewußt sind. Wenn jedoch Seth in der Geschichte von Horus und Seth den Samen des Horus ißt und schwanger wird[21], zeigt dies, daß die Verbindung von Sperma und Schwangerschaft eindeutig erkannt war.

Obwohl das Ausbleiben der Periode als mögliches Zeichen einer Schwangerschaft galt, hatten die Ägypter auch eine Reihe von Tests entwickelt, die man anwenden konnte, um festzustellen, ob eine Frau schwanger war oder nicht. Sie werden in verschiedenen magisch-medizinischen Papyri beschrieben, von denen sich einige fast ausschließlich mit Gynäkologie, Geburtshilfe und Kindespflege befassen, woraus wir schließen können, wie wichtig die erfolgreiche Geburt und das Aufziehen der Kinder für die ägyptische Gesellschaft waren. Diese Texte bleiben uns, wie alle medizinischen Papyri, aufgrund der Lücken in unseren lexikographischen Kenntnissen an vielen Stellen dunkel, so daß die Ingredienzen vieler Rezepte nicht identifiziert werden können. Häufig fällt es uns schwer, die beschriebenen Beschwerden und Krankheiten in moderne Begriffe zu fassen, besonders da die ägyptische Auffassung von Krankheit ganz anders als unsere war; man glaubte, Krankheiten würden durch die Böswilligkeit von Dämonen oder Toten verursacht. Lücken in vielen Papyri erschweren noch die ohnehin komplizierte Aufgabe, die Texte zu entziffern.

Schwangerschaftstests bestanden darin, den Puls zu nehmen, den Zustand der Brüste und die Farbe der Haut zu begutachten und die Wirkung des Urins auf das Keimverhalten von Gersten- und Emmerkörnern zu beobachten. Der letzte Test sollte bei positivem Ergebnis auch das Geschlecht des Kindes anzeigen. Die Frau mußte jeden Tag auf die Körner urinieren. Wenn sie keimten, war sie schwanger. Keimte die Gerste zuerst, war es ein Junge, keimte zuerst der Emmer, war es ein Mädchen. Wenn keines von beiden keimte, war sie nicht schwanger.[22]

19. Die Göttin Thoeris, Beschützerin von schwangeren Frauen und Frauen im Kindbett. Sie trägt ein Messer und stützt ihre Pfote auf ein sa-Zeichen.

Obwohl Fruchtbarkeit in Ägypten von höchster Bedeutung war, muß es Situationen gegeben haben, in denen eine Schwangerschaft unerwünscht war, denn einige medizinische Texte enthalten auch Rezepte für Empfängnisverhütungsmittel für Frauen.[23] Von diesen werden nicht alle in der Praxis gewirkt haben, doch die Einführung verschiedener Substanzen in die Vagina mag in einigen Fällen wirksam gewesen sein. Krokodilsdung oder Honig könnte beispielsweise dienlich gewesen sein, um dem Sperma den Weg zu versperren. Ein Rezept verzeichnet unter anderem gemahlene Akazienspitzen. Diese enthalten Gummiarabikum, das eine chemische Wirkung auf Sperma hat und die Empfängnis aktiv verzögert.[24] Wir werden später sehen, daß die Kinder bis zu drei Jahre lang gestillt wurden, und dies könnte die Aussichten, erneut schwanger zu werden, ebenfalls verringert haben. Es gibt keine Belege dafür, daß es Verhütungsmethoden gab, die von Männern angewandt werden konnten.

Schwangerschaft wird in der sakralen Kunst selten dargestellt. Eine Ausnahme bilden die Zyklen, in denen die göttliche Geburt des Königs gezeigt wird. Hier sieht man die Königsmutter, wie sie von verschiedenen Gottheiten in das Geburtszimmer geführt wird. Obwohl es sich um eine diskrete Form der Darstellung handelt, unterscheidet sich die Bauchform der Königin weitgehend von der normalen weiblichen Figur und signalisiert deutlich, daß sie schwanger ist (Abb. 1). Die einzige weibliche Gottheit, die regelmäßig als Schwangere dargestellt wird, ist Thoeris, die Schutzgöttin der schwangeren Frauen (Abb. 19). Sie nimmt die Gestalt eines Nilpferdes mit Löwenbeinen, Krokodilsschwanz und flachen, herabhängenden menschlichen Brüsten an. Sie steht aufrecht auf ihren Hinterbeinen und streckt ihren sichtbar geschwollenen Bauch nach vorn. Außerdem zeigt die Hieroglyphe, die Worte für Empfängnis und Schwangerschaft bezeichnet, eine kniende Frau, die eindeutig schwanger ist. In der sakralen Kunst dominiert sonst das Bild der schlanken Frau, obwohl sich die meisten ägyptischen Frauen zwischen Pubertät und Menopause wohl häufig in irgendeinem Stadium einer Schwangerschaft befanden.

In der säkularen Kunst gibt es einen Gefäßtyp, meist aus Kalzit (ägyptischem Alabaster), der die Form einer schwangeren Frau hat (Abb. 20).[25] Die sitzende oder hockende Figur ist nackt und hält die Hände auf den Unterleib, als ob sie ihn massieren würde. In einem Fall hält sie ein Ölhorn, und man glaubt, daß die Gefäße selbst Öl enthielten, das dazu benutzt wurde, die Haut einer Schwangeren zu massieren, um die Bildung von Schwangerschaftsstreifen zu verhindern und die über dem Bauch gespannte Haut geschmeidig zu halten. Man hat ähnliche Ölhörner, wie die auf den Gefäßen dargestellten, gefunden, zumeist in Frauengräbern.

20. (links) Alabastergefäß in Form einer schwangeren Frau.
21. (rechts) Goldamulett in Form des Gottes Bes.

Wenn die Schwangerschaft einmal erreicht war, mußte man vermutlich Vorsichtsmaßnahmen gegen Fehlgeburten treffen. Interessanterweise werden bei fast allen Schwangeren-Gefäßen die Genitalien nicht dargestellt, obwohl die Figuren nackt sind. Vielleicht handelt es sich dabei um einen magischen Schutz vor Fehlgeburt: Wenn der Körper einer Frau verschlossen ist, ohne eine Öffnung zu zeigen, kann es zu keiner Fehlgeburt kommen. Ein Beispiel zeigt jedoch einen Tampon, der in die Scheide eingeführt ist und vermutlich den Zweck hatte, einen Blutausfluß aufzuhalten, der möglicherweise Vorbote einer Fehlgeburt war. Man nimmt an, daß der sogenannte Isis-Knoten, den man häufig als Schutzamulett findet, ursprünglich die Funktion eines solchen Tampons für die Göttin Isis hatte, als sie mit Horus schwanger war und Seth versuchte, das Kind im Mutterleib zu zerstören.[26] Einige der Mittel gegen Fehlgeburten aus den magisch-medizinischen Texten benutzen das göttliche Vorbild von Isis und Horus, um die Schwangere vor Blutungen und Fehlgeburten zu schützen. Ein Zauberspruch, der sich auf das göttliche Geschehen beruft, wurde über bestimmten Objekten ausgesprochen, die dann auf den Rücken der Frau gelegt oder in ihre Vulva eingeführt wurden.[27]

Die Dauer der Schwangerschaft wird in den magisch-medizinischen Texten nicht gesondert erwähnt, doch sie muß aus der Erfahrung bekannt gewesen sein. In einem Zauberspruch, der die Geburt des Kindes beschleunigen sollte, heißt es von Isis, daß «ihre Monate erfüllt wurden gemäß der (richtigen) Zahl».[28] In der *Lehre des Ani* aus dem Neuen Reich sagt der Schreiber «als du nach deinen Monaten geboren wurdest»[29], und im *Verwunschenen Prinzen* – ebenfalls aus dem Neuen Reich – heißt es, daß die Mutter des Helden «die Monate des Austragens vollendet hatte».[30] In einer früheren Geschichte aus dem Mittleren Reich kann der Zauberer Djedi die Frage «Wann wird Rudjedet gebären?» mit der Nennung eines Datums beantworten[31], was auf eine Berechnung nach der üblichen Dauer der Schwangerschaft hindeuten könnte, wenn es sich nicht um einen Aspekt des magischen Wissens von Djedi und seiner Fähigkeit, die Zukunft vorherzusagen, handelt.

Die Geburt

Über den eigentlichen Geburtsvorgang im Alten Ägypten wissen wir ebenfalls nur wenig. Die Hieroglyphe zur Bezeichnung der Worte für Geburt zeigt eine kniende Frau, neben der der Kopf und die Arme eines Kindes wie bei der Geburt erscheinen. Die wirkliche Entbindung wird in der Kunst selten dargestellt, obgleich einige ptolemäische Tempelszenen die Geburt eines göttlichen Kindes zeigen. Gewöhnlich steht eine Göttin hinter der Mutter, um sie zu halten, und eine andere kniet vor ihr, um das Kind aufzufangen. Eine Geschichte aus dem Mittleren Reich erzählt die wunderbare Drillingsgeburt der ersten drei Könige der 5. Dynastie. Die Mutter, Rudjedet, wird bei der Geburt von vier Göttinnen begleitet: Isis, Nephthys, Meschenet und Hekat. Jede Geburt wird in gleicher Weise beschrieben, bis auf die Wortspiele, die Isis mit dem Namen jedes Kindes macht: «Isis stellte sich vor sie [Rudjedet], Nephthys hinter sie, Hekat trieb die Geburt voran. Isis sagte: ‹Sei nicht so mächtig in ihrem Leib, du dessen Name ‚Mächtiger' ist.› Das Kind glitt in ihre Arme … Sie wuschen es, nachdem sie seine Nabelschnur durchgeschnitten hatten, und legten es auf ein Kissen aus Stoff. Dann näherte sich ihm Meschenet und sagte: ‹Ein König, der das Königtum in diesem ganzen Land übernehmen wird.›»[32]

Wie wir bereits gesehen haben, enthält eine Reihe der magisch-medizinischen Texte Abschnitte über gebärende Frauen. Es gibt Rezepte oder Zaubersprüche «zur Trennung des Kindes vom Leib der Mutter»[33], während andere speziell dazu dienen, den Geburtsvorgang zu beschleunigen, vermutlich im Fall langandauernder Wehen.[34] Die

Wirksamkeit dieser Zaubersprüche entsteht häufig aus der Gleichsetzung der gebärenden Frau mit der Göttin Hathor oder Isis: «Hathor, die Herrin von Dendera ist (die) eine, die gebiert!»[35] Ein Zauberspruch ist eigens überschrieben: «Zur Beschleunigung der Geburt der Isis»[36] und beschreibt den Göttern das Unglück, das entstehen wird, wenn Isis nicht jetzt das Kind zur Welt bringt, da ihre Stunde gekommen ist. Man glaubt, daß die so erschreckten Götter sie veranlassen werden, zu gebären, und dann werden sie ermahnt, in gleicher Weise für die Geburt der menschlichen Mutter zu sorgen.

Während Isis für die Mutter *par excellence* steht, ist Hathor die Göttin der Fruchtbarkeit, Sexualität und Geburt. In einem leider beschädigten Zauberspruch wird die Sprecherin als gebärende Frau dargestellt, die Hathor anruft, bei der freudigen Gelegenheit dabeizusein: «Jubel, Jubel, im Himmel, im Himmel! Die Geburt ist beschleunigt! Komm zu mir, Hathor, meine Herrin, in meine schöne Laube, in dieser glücklichen Stunde.»[37] Der Zweck des Zauberspruchs ist wiederum, den Geburtsvorgang zu beschleunigen und einen erfolgreichen Ausgang zu erreichen. Viele Frauen müssen sich vor der Geburt gefürchtet haben, da sie lange Schmerzen und möglicherweise den Tod erwarteten.

Eng mit Hathor verbunden war besonders in der Spätzeit der Hausgott Bes (Abb. 21). Wie sie war er zuständig für Sexualität und ihre Folgen, Schwangerschaft und Geburt. Er wird mit dem gedrungenen Körper und den kurzen Beinen eines Zwerges dargestellt, obwohl sein Gesicht normalerweise die Mähne und die Ohren eines Löwen hat. Bilder von Bes wurden Frauen während der Geburt gegeben, und auf diese beziehen sich Zaubersprüche, die die Schmerzen der Wehen erleichtern sollten.[38]

Frauen wurden häufig auf zwei großen Ziegelsteinen hockend entbunden, und in einem Text sagt ein Mann, als er erzählt, wie er von der Göttin Meresger gezüchtigt wurde: «Ich saß auf den Ziegelsteinen wie die Frau in den Wehen.»[39] Die Göttin Meschenet, auf die wir schon in der Geschichte von der Entbindung Rudjedets gestoßen sind, war die Personifikation eines dieser Ziegelsteine. Ein Zauberspruch zur Geburt aus einem Papyrus ist eine Anrufung Meschenets und ist «auszusprechen über den zwei Ziegelsteinen …»[40]. Rudjedet wurde in einem Zimmer ihres Hauses entbunden, doch es gibt Belege dafür, daß zumindest im Neuen Reich die Geburt – wenn möglich – in einer speziell dafür errichteten Wochenlaube erfolgte, die vielleicht im Garten oder auf dem Dach des Hauses aufgestellt wurde.[41] Ihr Zweck bestand vermutlich darin, Mutter und Kind von der Gemeinschaft abzuschirmen, eine Sitte, die sich weltweit in anderen Kulturen wiederfindet. Diese Wochenlauben sind nicht erhalten, aber aus Darstellungen bekannt, und in solch eine Laube wurde Hathor von der werdenden Mutter in einem der oben zitierten Sprüche eingeladen. Eine Reihe von Ostraka aus der Arbeitersiedlung in Deir el-Medineh bilden die Laube ab, und Bruchstücke von bemaltem Wandputz aus demselben Ort zeigen, daß die Wochenlauben auch in Szenen dargestellt wurden, die einige Häuser der Siedlung schmückten. Entsprechend den Darstellungen besteht die Laube aus einem Mattendach auf leichten papyrusförmigen Säulen, die mit rankendem Wein verziert sind (Abb. 22). Die Mutter sitzt auf einem Hocker oder auf einem Bett. In Szenen, in denen die Frau auf einem Hocker sitzt, ist sie fast immer nackt, bis auf einen Halskragen und einen Gürtel um ihre Hüften. Ihre Frisur ist auffällig: Das Haar ist oben auf dem Scheitel zusammengefaßt, so daß es in Strähnen nach allen Seiten herunterfällt. Sie säugt gewöhnlich ein Neugeborenes. Ein oder mehrere junge Mädchen, die gleichfalls bis auf Halskragen und Gürtel nackt sind, warten ihr auf. Sitzt die Mutter hingegen auf einem Bett, ist sie gewöhnlich mit einem feinen Leinengewand bekleidet und trägt eine kunstvolle, alles umhüllende Perücke und einen Salbkegel auf dem Kopf. Häufig halten Dienerinnen einen Spiegel und waschen die Füße der Frau. Auch kosmetische Gefäße werden gezeigt. Man hat dies als Darstellung des Reinigungsrituals interpretiert, das eine Frau möglicherweise nach der Geburt vollziehen mußte, bevor sie wieder in die Gemeinschaft eintreten konnte.[42] In der Geschichte von Rudjedet wird uns erzählt, daß sie nach der Geburt ihrer drei Kinder «sich reinigte in einer Reinigung von vierzehn Tagen».[43]

Diese Szenen von erfolgreichen Geburten, die das Haus schmückten, waren möglicherweise zum Schutz der Mütter und Kinder gedacht und sollten darüber hinaus der Geburt einen glücklichen Ausgang verleihen. Andere Bruchstücke aus bemaltem Wandputz, die in der Arbeitersiedlung in Deir el-Medineh und in einer ähnlich angelegten Siedlung in Amarna gefunden wurden, lassen vermuten, daß die Zimmer auch mit Statuen der Gottheiten Bes und Thoeris geschmückt waren, die wir schon kennengelernt haben.[44] Bes war eine Schutzgottheit, dessen Bilder oft die Hieroglyphe *sa* trugen, die «Schutz» bedeutete, und seine groteske Erscheinung war vielleicht apotropäisch, um die bösen Geister abzuschrecken, die sich dem Haus hätten nähern können (Abb. 21). Manchmal wurde er auch mit einem Messer in der Hand dargestellt, vermutlich, um alle Bedrohung von denen abzuwenden, die er bewachte. Sein Bild wurde anscheinend besonders häufig als Dekoration für Schlafzimmermöbel verwendet, für Betten, Kopfstützen, Stühle, Spiegelgriffe und andere Kosmetikgegenstände, sowohl in privater als auch in königlicher Umgebung. Wir haben bereits erfahren, daß ein Teil seiner Beschützerrolle darin bestand, über gebärende Frauen zu wachen, doch er beschützte auch Mütter und Neugeborene nach der Geburt. Thoeris, die in ihrer Darstellung eine Verbindung von

22. Ostrakon, das eine Mutter beim Stillen ihres neugeborenen Kindes in der Wochenlaube zeigt.

Nilpferd, Löwe und Krokodil bietet, ist ebenfalls eine grimmige Erscheinung, die böse Mächte abschrecken soll. Wie bei Bes trägt auch ihr Bild häufig die Hieroglyphe für «Schutz» oder ein Messer, um Dämonen zu vertreiben (Abb. 19).

Amulette, die diese beiden Götter darstellen, sind weithin bezeugt und wurden bestimmt von schwangeren Frauen und jungen Müttern getragen, um Gefahren abzuwehren (Abb. 21). Mit Sicherheit waren Schwangerschaft und Geburt sehr gefährlich für die Frauen. Neben dem bereits erwähnten Risiko einer Blutung oder einer Fehlgeburt war der Tod bei der Geburt, wie in allen vormodernen Gesellschaften, als ständige Drohung präsent, wie das Material aus den Gräbern zeigt. Es ist daher nicht überraschend, daß man versuchte, die Mutter mit Zaubersprüchen zu beschützen. In einem von ihnen wird der Tod so vorgestellt, als schädige er die Frau durch sexuellen Verkehr mit ihr: «Du sollst keinen Verkehr haben [mit dieser Frau] ... Du sollst dich nicht mit ihr verbinden, du sollst ihr nichts Böses oder Übles antun.»[45] Ein anderer Zauberspruch im selben Papyrus überliefert einen Test, mit dem man feststellen kann, ob die Geburt gut oder schlecht ausgehen wird.[46]

Die Gefahren in der frühen Kindheit

Die Kindersterblichkeit war hoch, wie das Quellenmaterial sowohl aus Gräbern als auch aus Texten belegt. In der *Lehre des Ani* aus dem Neuen Reich sagt der Verfasser: «Sage nicht, ‹Ich bin zu jung um hinweggenommen zu werden›,/ Denn du kennst deinen Tod nicht./ Wenn der Tod kommt, raubt er das Kind,/ Das in den Armen der Mutter liegt,/ Genauso wie den, der alt geworden ist.»[47] Eine Stele aus der Spätzeit gehört einem Kind, das man in der Inschrift sagen läßt: «Schaden ist, was über mich kam,/ Als ich noch ein Kind war! ... Ich wurde zu früh aus der Kindheit gerissen!/ Weggeschickt von meinem Haus, als ich noch klein war,/ Bevor ich genug von ihm hatte!/ Das Dunkel, ein Kinderschreck, verschlang mich,/ Während ich die Brust in meinem Mund hielt!»[48] In einem magisch-medizinischen Papyrus werden Tests aufgelistet, mit deren Hilfe zu erkennen war, ob ein neugeborenes Kind überleben würde. Ein Brief aus der 19. Dynastie ist an eine Frau gerichtet, in deren Obhut zwei Kinder gestorben waren.[49] Es konnte also geschehen, daß eine Frau den unbarmherzigen Prozeß von Schwangerschaft und Geburt überstand, um schließlich erleben zu müssen, daß ihr Kind ihr entrissen wurde.

Um Risiken zu vermeiden und zum Schutz des Kindes wurde eine ganze Reihe von Zaubersprüchen und anderen magischen Vorkehrungen entwickelt. Auf einem Papyrus heißt es: «Um einen Schutz für das Kind am Tage seiner Geburt zu machen».[50] Ein anderer Papyrus aus der Zweiten Zwischenzeit oder aus dem frühen Neuen Reich, der jedoch Vorlagen aus dem Mittleren Reich benutzt, enthält zwei Bücher, die jeweils in einer anderen Handschrift verfaßt sind, aber von ähnlichen Gegenständen handeln.[51] Das erste befaßt sich mit der Behandlung zweier nicht identifizierbarer kindlicher Leiden. Das zweite beginnt mit Zaubersprüchen und Rezepten zur Geburt, fährt fort mit Sprüchen gegen weitere unbekannte Kinderkrankheiten, dann folgt ein Zauberspruch für die Muttermilch, und es endet mit Sprüchen für das Kind, die es vor verschiedenen Dämonen und den Toten schützen sollen.

Viele der Zaubersprüche wirken durch Gleichsetzung des Kindes mit dem Horuskind, Isis' Sohn: «Die Stimme Res ruft Wepet, weil der Magen dieses [Kindes], das Isis geboren hat, krank ist»[52]; «Meine Arme sind über diesem Kind – die Arme von Isis sind über diesem Kind, wie sie ihre Arme über ihren Sohn Horus legt»[53]; «Du bist Horus, du bist als Horus erwacht. Du bist der lebende Horus. Ich treibe die Krankheit aus, die in deinem Körper ist, und den Schmerz, der in deinen Gliedern ist ...»[54]. Viele Sprüche finden Verwendung als Schutzamulett, das dem Kind um den Hals gehängt wurde. Das folgende Beispiel sollte das Kind vor Fieber schützen:

> Spruch für einen Knoten
> für ein Kind, einen Jungvogel:
> Bist du heiß im Nest?
> Brennst du im Busch?
> Deine Mutter ist nicht bei dir?
> Da ist keine Schwester, [um] (dir) zu fächeln?
> Da ist keine Amme, die Schutz bietet?
> Laßt mir ein Kügelchen aus Gold bringen,
> Vierzig Perlen, einen Siegelstein aus Karneol,
> (mit) einem Krokodil und einer Hand (darauf),
> niederzustrecken, auszutreiben diesen Dämon des Verlangens,
> um die Glieder zu wärmen,
> niederzustrecken diese männlichen und weiblichen Feinde aus
> dem Westen [die Toten].
> Du sollst ausbrechen! Dies ist ein Schutz.
>
> Man soll diesen Spruch sprechen über dem
> Goldkügelchen,
> den vierzig Perlen und dem Siegelstein aus Karneol,
> (mit) dem Krokodil und der Hand.

An einem Band aus feinem Leinen aufzuhängen;
zu einem Amulett gemacht;
gelegt auf den Hals eines Kindes.
Gut.[55]

Man hat tatsächlich Siegelsteine gefunden, wie sie in diesem Spruch beschrieben werden. Das Krokodil ist hier ein Schutzgeist, während die Hand vielleicht für «die Machtgesten des Magiers»[56] steht. Der Zauberspruch ist überschrieben: «für einen Knoten», und in vielen Fällen enthalten die Anweisungen zur Herstellung eines Amuletts auch die Aufforderung, eine bestimmte Anzahl von Knoten zu knüpfen: «Man läßt das Kind ... eine gekochte Maus essen. Ihre Knochen werden in einem feinen Leinenband auf seinen Hals gelegt, und man macht sieben Knoten»[57]; «Es ist aus einer Haarlocke mit vier Knoten gemacht und wird auf den Hals des Kindes gelegt»[58]; «Man spricht diesen Spruch über einem Siegel (mit) einer Hand, das zu einem Amulett gemacht wird, mit sieben Knoten geknotet wird, ein Knoten am Morgen, ein anderer am Abend, bis zur Vollendung der sieben Knoten.»[59]

Im Mittleren Reich und in der Zweiten Zwischenzeit wurde häufig ein Zaubermesser, das mit apotropäischen Figuren geschmückt war, mit Müttern und Kindern in Verbindung gebracht. Diese gebogenen Zaubermesser wurden gewöhnlich aus dem Stoßzahn eines Nilpferds gemacht, obwohl man gelegentlich auch andere Materialien benutzte. Der Stoßzahn wurde in der Mitte geteilt, so daß eine Seite flach, die andere gewölbt war; eine oder beide Seiten wurden mit Abbildungen von Phantasietieren und guten Geistern sowie apotropäischen Symbolen verziert (Abb. 23). Ein Frosch steht für Hekat, eine Geburtsgöttin, die wir bereits in der Geschichte von Rudjedet kennengelernt haben,

23. Apotropäisches Zaubermesser zum Schutz von Müttern und kleinen Kindern.

und eine sitzende Katze stellt vermutlich den Sonnengott Re dar. Die häufigste Figur ist eine schwangere Nilpferdgöttin, der wir schon als Thoeris begegnet sind, obwohl sie im Mittleren Reich möglicherweise noch nicht diesen Namen trug, wo sie gewöhnlich Ipet genannt wurde. Man findet auch oft eine Gestalt, die Bes ähnelt. In zwei Fällen trägt sie Inschriften, die den Namen Aha angeben, der als Vorläufer von Bes im Mittleren Reich bekannt ist. Diese Figuren werden häufig mit apotropäischen Symbolen wie dem *Udjat-Auge* verbunden, oder mit Hieroglyphen wie *sa*, was «Schutz» bedeutet, oder *anch* für «Leben». In vielen Fällen tragen die Figuren außerdem Messer, um jedes Übel abzuwehren, das sich Mutter und Kind nähern könnte.

Die Schutzfunktion der Zaubermesser wird weiterhin durch Inschriften betont, die einige von ihnen tragen. Manche heißen einfach «Schutz bei Nacht, Schutz bei Tag». Andere sind länger; eine lautet: «Schneide den Kopf des Feindes ab, wenn er das Zimmer der Kinder betritt, die die Dame ... geboren hat.»[60] Diese Inschriften nennen gewöhnlich Frauen, die vermutlich ihre Besitzerinnen sind, und geben auch häufig den Namen eines Kindes an. Einige der Frauen werden «Hausherrin» genannt, andere heißen «Königstochter», was uns zeigt, daß diese Zaubermesser sowohl in Privathäusern als auch in königlichen Haushalten verwendet wurden.

Eine Untersuchung dieser Objekte hat gezeigt, daß ihre vermeintliche Wirksamkeit sich aus der Identifikation des betroffenen Kindes mit dem jungen Sonnengott herleitete.[61] Die Zaubermesser wurden vermutlich im Schlafzimmer der Schwangeren oder im Kinderzimmer nach der Geburt angebracht, und vielleicht wurden sie für Zaubersprüche benutzt, die als Schutzformeln rezitiert wurden. In zwei Gräbern sieht man ähnliche Zaubermesser, die von Ammen getragen werden, und eine zweite Verwendungsmöglichkeit dieser Objekte gab es im Totenkult. Die Zaubermesser konnten in Gräber gelegt werden, um die Verstorbenen während ihrer Wiedergeburt in das nächste Leben zu beschützen, indem sie die Gefahren, die ihnen zu dieser Zeit drohten, abwehrten.

Ebenfalls auf das Mittlere Reich gehen Beispiele für eine andere Form des Schutzes für Kinder zurück: zylindrische Zauberbehälter. Sie sind entweder massiv oder hohl; in letzteren fand man Granate oder Bällchen aus Kupferdraht. Sie waren dazu bestimmt, als Anhänger um den Hals des Kindes getragen zu werden, und sind daher ohne Zweifel mit den Amuletten verwandt, über denen die Sprüche aus den magisch-medizinischen Papyri rezitiert werden sollten. Später, im Neuen Reich, wurde es üblich, Schutzsprüche auf Papyrusstücke zu schreiben, die anschließend zusammengefaltet wurden, damit man sie in kleine zylindrische Behälter stecken konnte. Diese wurden wiederum um den Hals eines Kindes gehängt. Von den heutigen Forschern werden sie Götterdekret-Amulette genannt, da die Sprüche in der Form einer Verfügung, die von einem Gott erlassen wurde, abgefaßt sind und jede Form des Unglücks abdecken sollen, die das im Text genannte Kind befallen könnte. Sie wirken auch in die Zukunft und garantieren die erfolgreiche Produktion der nächsten Generation – für ein männliches Kind: «Ich werde den Leib seiner Frauen öffnen, damit sie männliche und weibliche Kinder gebären, als der Samen, der aus diesem Körper entsprang. Ich werde sie veranlassen zu leben. Ich

24. Szene aus dem Grab Kenamuns: Die Mutter des Grabherrn, die Amme Amenophis' II., auf ihrem Schoß der König.

werde [sie] veranlassen, gesund zu sein, ich werde sie veranlassen heranzuwachsen, ich werde [sie] veranlassen, klug zu werden» …[62], und für ein weibliches Kind: «Wir werden sie veranlassen, [männliche] und weibliche Kinder zu empfangen. Wir werden sie veranlassen, gesund zu sein. Wir werden die, die sie gebiert, veranlassen zu leben, wir werden veranlassen, daß sie eine freudige Entbindung hat»[63]. Außerdem wurden Frauen und Kindern möglicherweise auch andere Amulette wie das *Udjat-Auge* gegeben, das sie zum Schutz tragen sollten.

Stillen

Während die Texte sowohl den Wunsch, Kinder zu haben, als auch die Gefahren der Geburt deutlich machen, wird wenig darüber gesagt, ob es anläßlich einer erfolgreichen Geburt – abgesehen vom Reinigungsritual der Frau – irgendwelche Feiern oder Zeremonien gab. In vielen Kulturen gratuliert man den Eltern mit Geschenken. In der Geschichte von Setne Chaemwaset sendet Pharaoh Geschenke an Ahwere, als er erfährt, daß sie schwanger ist, nicht aber zur Geburt des Kindes.[64] Auch

25. Stele: Anchreni erhält Opfer von seinem Bruder, dem «seine Amme Sithei» folgt.

26. Dienerin beim Stillen.

aus Deir el-Medineh gibt es keine verläßlichen Belege für Feiern, trotz eines möglichen Hinweises auf Geschenke, die einem Vater «zur Niederkunft seiner Tochter»[65] überreicht wurden, denn auch wenn dies die korrekte Übersetzung ist, könnte es sich eher um ein vereinzeltes Vorkommnis als um einen Brauch handeln.

Aus der *Lehre des Ani* erfahren wir, daß eine Mutter ihr Kind drei Jahre lang stillen konnte. Diese lange Stillzeit ist auch in anderen Gesellschaften nicht unüblich; ein Vorteil mag sein, daß die Frau, solange sie stillt, die Wahrscheinlichkeit vermindert, erneut schwanger zu werden, und damit die Anzahl der Geburten verringern kann. Während die Mehrzahl der Frauen ihre Kinder vermutlich selbst stillte, sind für königliche Kinder und auch in höheren Schreiberfamilien Ammen bezeugt. Königliche Ammen stammten selbst aus Familien der Oberklasse, häufig handelte es sich um Frauen oder Mütter hoher Beamter. Ihre Verbindung zu den Königskindern brachte ihren eigenen Familien großes Ansehen und könnte ihren Ehemännern oder später ihren Söhnen den Aufstieg in höhere Ämter erleichtert haben. Meistens sind diese Frauen nur an ihrem Titel zu erkennen; gelegentlich erscheinen sie zusammen mit ihren königlichen Schützlingen (Abb. 24), aber es ist sehr unüblich, sie tatsächlich beim Stillen eines Kindes zu zeigen.[66]

Das gleiche gilt für die von höheren Schreiberfamilien beschäftigten Ammen, die selten stillend dargestellt werden. Manchmal werden sie in privaten Grabkapellen und auf Grabstelen abgebildet, gemeinsam mit Familienmitgliedern, vielleicht zusammen mit dem Kind, das sie versorgten (Abb. 25). Auch in der Arbeitersiedlung von Deir el-Medineh wurden Ammen beschäftigt. Ein Brief erwähnt eine Frau, ihr Kind und ihre Amme[67], und ein Bericht verzeichnet die Bezahlung eines Arztes und einer Amme, nachdem die Frau eines Mannes ein Kind zur Welt gebracht hatte.[68] Es ist nicht klar, ob man Ammen nur dann einsetzte, wenn die eigene Milch der Mutter nicht ausreichte, oder wenn die Mutter gestorben war. Es mag als prestigeträchtiger gegolten haben, eine Amme anzustellen, anstatt das Kind selbst zu ernähren, wie in neueren Zeiten die Flaschenernährung in einigen Kreisen als Gütezeichen galt. Wenn die königlichen Kinder gewöhnlich eine Amme hatten, wird man diesen Brauch in hochgestellten Familien sicherlich als Statussymbol nachgeahmt haben. Doch der Verfasser der *Lehre des Ani*, selbst ein Mitglied der Oberklasse der Schreiber, nimmt an, daß ein Sohn von seiner Mutter gestillt wird, und ein anderer Text aus dem Neuen Reich vergleicht die Freude, ein Schreiber zu sein, mit der Freude, die eine Mutter empfindet, beim «Gebären, wenn ihr Herz keinen Widerwillen kennt. Sie ist beständig im Stillen ihres Sohns; ihre Brust ist in seinem Mund an jedem Tag.»[69] Wenn Stillen die Wahrscheinlichkeit erneuter Empfängnis herabsetzt, könnten Frauen, die rasch wieder schwanger werden wollten, absichtlich eine Amme angestellt haben. Zweifellos änderte sich der Einsatz von Ammen wie in anderen Gesellschaften von Epoche zu Epoche, und kam und ging mit der Mode.

Eine Amme mußte eine Frau sein, die selbst ein Kind zur Welt gebracht hatte. Vielleicht war es gestorben, oder sie nährte zwei Kinder zur gleichen Zeit. Ob ein Kind nun von einer Amme oder seiner eigenen Mutter gestillt wurde, in jedem Fall war es wichtig, daß die Milch nicht versiegte. Die magisch-medizinischen Papyri enthalten auch Mittel, um die Milchproduktion anzuregen, sowie Tests, um festzustellen, ob die Muttermilch gut oder schlecht ist.

In der ägyptischen Kunst werden gewöhnlich keine menschlichen Mütter beim Stillen gezeigt, obgleich Beispiele aus allen Zeiten gefunden wurden, einschließlich Ostraka aus Deir el-Medineh (Abb. 22) und einiger Fruchtbarkeitsfiguren. Die dargestellten Frauen gehören jedoch selten der Oberschicht an, sondern es handelt sich meistens um Bäuerinnen und Dienerinnen.[70] Manchmal wird eine stillende Frau in untergeordnete «Alltags»-Szenen aus privaten Grabkapellen einbezogen, in denen die Mutter weiterhin ihrer gewohnten Tätigkeit nachgeht, während sie ihr Kind stillt (Abb. 26). Gelegentlich gibt es Plastiken, die stil-

27. *Gefäß in Form einer Milch gebenden Frau.*

lende Mütter darstellen, sie sind jedoch selten. Gewöhnlich wird der Name der Frau nicht genannt, ein Hinweis darauf, daß hier ein Typus und nicht ein Individuum gezeigt wird. Die stillende Frau kniet oder hockt häufig am Boden und stützt das Kind gegen ihre Hüfte oder ihr erhobenes Knie, oder sie sitzt auf einem Hocker und hält das Kind auf dem Schoß, wobei seine Beine zu einer Seite herunterhängen. In anderen Beispielen steht sie aufrecht und trägt das Kind in ihrem linken Arm, während sie ihm mit der rechten Hand die Brust bietet.

Muttermilch wurde als wertvolles Ingredienz für einige Rezepte betrachtet. Zum Beispiel empfiehlt ein Papyrus: «Spitzen von Papyrus, *sepet*-Körner, fein gemahlen und vermischt mit der Milch einer Frau, die einen Jungen geboren hat. Ein *hin* (etwa ein halber Liter) davon wird dem Kind gegeben, und er wird einen Tag und eine Nacht in gesundem Schlummer verbringen.»[71] Man hat eine Anzahl Tongefäße in Form einer hockenden Frau gefunden, welche ein Kind hält (Abb. 27).[72] Das Kind wird jedoch nicht gestillt, sondern die Frau hält manchmal ihre Brust in der Hand, vielleicht drückt sie sie, um Milch herauszupressen. Sie trägt einen Rock und einen Umhang um ihre Schultern, der leichten Zugang zu ihren Brüsten ermöglicht. Außerdem hat sie eine ganz bestimmte Frisur, die sich sowohl von der der Schwangeren-Gefäße (Abb. 20) als auch von der der Mutter in der Wochenlaube (Abb. 22) unterscheidet, sowie auch von den Frisuren, die verheiratete Oberschicht-Frauen in der sakralen Kunst tragen (Abb. 57, 77). Der Hauptteil des Haars fällt den Rücken hinab, während sich zwei dünne Locken zu beiden Seiten des Gesichts herabringeln. Ein Amulett, das den aufgehenden Mond darstellt, hängt um ihren Hals; es bezieht sich auf die Milchproduktion. Diese Gefäße sind 11–17 cm hoch und haben ein Volumen, das «ungefähr der Menge entspricht, die eine Brust bei einmaligem Stillen hervorbringt».[73] Die Forschung vermutet allgemein, daß diese Gefäße verwendet wurden, um Muttermilch für medizinische Zwecke aufzubewahren.

Wenn menschliche Mütter nur selten beim Stillen gezeigt werden, ist für die göttliche Sphäre das Gegenteil der Fall: dort werden häufig Göttinnen dargestellt, die den König oder einen Verstorbenen stillen, als Mittel der Erneuerung und als Hilfe zum Übergang von einem Seinszustand zu einem anderen. Außerdem stellen Texte den König in eine Sohnesbeziehung zu einer ganzen Reihe von Gottheiten. Durch den Akt des Stillens bestätigt eine Göttin den König als ihren Sohn und bezeugt so seine Göttlichkeit.

V.
Familie und Haushalt

Haus und Heim

Der am häufigsten gebrauchte Titel für Frauen aus der Oberschicht auf den Denkmälern, der spätestens ab Beginn der 12. Dynastie auftritt, lautet «Hausherrin» (*nebet per*). Er bezeichnete offenbar eine verheiratete Frau, obwohl dies nicht mit letzter Sicherheit zu beweisen ist. Wenn wir diesen Titel wörtlich nehmen, besteht die Pflicht seiner Trägerin darin, den Haushalt zu führen, und dies wird von einer Passage der *Lehre des Ani* aus dem Neuen Reich bestätigt: «Beaufsichtige nicht deine Frau in ihrem Haus,/ Wenn du weißt, daß sie tüchtig ist;/ Sag nicht zu ihr: ‹Wo ist es? Bring es her!›,/ Wenn sie es an den richtigen Platz gestellt hat./ Laß dein Auge schweigend beobachten,/ Dann erkennst Du ihr Geschick.»[1]

Im *Brüdermärchen* aus der 19. Dynastie arbeiten die beiden Männer auf dem Feld, während die Frau des älteren Bruders (der jüngere ist unverheiratet) im Haus bleibt. Ihr Mann setzt offensichtlich voraus, daß sie ihn zu Hause erwartet, wenn er abends heimkommt.[2] Diese Aufteilung der Geschlechtsrollen paßt in die idealisierte Welt, die in den Grabkapellen dargestellt wurde, wo Frauen nur selten bei dem Grabherrn sind, wenn er draußen auf seinen Gütern zu tun hat. Auch bei der Jagd wird er gewöhnlich nicht von einer Frau begleitet, und dies findet sich im *Brüdermärchen* wieder, in dem es heißt, daß Batas Frau «in seinem Haus saß, während er den Tag mit der Jagd auf Wüstentiere verbrachte»[3]. Obgleich das Quellenmaterial dürftig ist, können wir daraus schließen, daß zwar die Männer der Oberschicht erwarten konnten, Beamtenposten zu bekommen, Güter zu verwalten und in der Wüste auf Jagd zu gehen, die Frauen hingegen von diesen Aktivitäten ausgeschlossen wurden und statt dessen mit Haushaltsangelegenheiten befaßt waren, die zumindest einen Teil ihrer Zeit beanspruchten.

Obwohl die Häuser und Siedlungen im allgemeinen archäologisch nicht gut erschlossen sind, hat man einige solcher Stätten aus dem Mittleren und Neuen Reich ausgegraben. Die Stadt Kahun aus dem Mittleren Reich, die nahe am Eingang des Fajum-Tales am Rande der Wüste lag, wurde erbaut, um das Personal für den Grabkult Sesostris' II. unterzubringen, dessen Pyramidenkomplex in der Nähe angelegt wurde. Die Stadt Tell el-Amarna aus der 18. Dynastie war eine Neugründung Echnatons zu Ehren seines Gottes Aton, die auf einem Landstück erbaut wurde, das noch kein Gott oder keine Göttin vorher für sich beansprucht hatte. Da alles fruchtbare Land entlang des Nils schon seit langer Zeit besiedelt war, wurde die Stadt in einer unbebauten Gegend am Ostufer des Nils in Mittelägypten errichtet, wo die Wüste fast bis an den Fluß heranreicht. Amarna wurde innerhalb eines Zeitraums von etwa zwei Jahrzehnten gegründet und wieder verlassen, danach fiel die Stadt wieder an die Wüste zurück. Echnaton hatte auch die Begräbnisstätte der Könige von Theben nach Amarna verlegt, und er errichtete eine eigene Siedlung im Osten der Stadt, noch weiter in der Wüste, um die Arbeiter unterzubringen, die für das königliche Grab verantwortlich sein sollten. Diese Siedlung wurde ebenfalls entdeckt und ausgegraben. Schließlich gibt es noch die Arbeitersiedlung in Deir el-Medineh, der wir schon begegnet sind. Es handelt sich dabei gleichfalls um eine Regierungsgründung, die kurz vor Beginn der 18. Dynastie in der Wüste am Westufer Thebens errichtet wurde, um die Arbeiter zu beherbergen, die die Gräber im Tal der Könige bauten. Die etwas künstliche Anlage dieser Siedlung und ihres Gegenparts in Amarna wird zum Beispiel durch ihre Entfernung vom Fluß und das Fehlen einer örtlichen Wasserversorgung dokumentiert; der Staat mußte einen Wasserdienst bereitstellen, der jeden Tag das Wasser vom Fluß herbeischaffte. Von diesen verschiedenen Ausgrabungsstätten können wir uns ein Bild machen, wie die Wohnungen der Armen und der Reichen im Alten Ägypten aussahen.

Die erhalten gebliebenen Pläne für die großen Häuser in Kahun zeigen, daß der Wohnraum aus einem zentralen Komplex von Zimmern und Höfen bestand, darunter auch ein Gartenhof, der durch einen Säulengang zu betreten war.[4] Im Haus gab es ein mittleres Empfangszimmer, dessen Decke von vier Säulen getragen wurde, und ein Hauptschlafzimmer, das durch den Alkoven, der das Bett aufnehmen sollte, erkennbar ist – eine Einrichtung, die aus anderen ägyptischen Häusern bekannt ist. Dieser innere Komplex war von Gruppen anderer Zimmer und Höfe umgeben, unter denen ein Kornspeicher identifiziert werden konnte. Während der Ersten Zwischenzeit und der ersten Hälfte der 12. Dynastie gab es unter Beamten den Brauch, in ihren Gräbern Modelle verschiedener Tätigkeiten, die auf ihren Gütern ausgeübt wurden, aufzustellen. Nicht selten finden sich Kornspeicher zur Aufbewahrung von Getreide. Eine der größten Modellserien stammt aus dem Grab Meketres in Theben.[5] Wenn wir uns die verschiedenen «Werkstätten» anschauen, die in den Modellen dargestellt wurden, können wir erschließen, welche Tätigkeiten in den äußeren Teilen der Kahun-Häuser ausgeübt wurden. Neben dem Kornspeicher finden wir einen Vieh-

28. Modell einer Weberei aus dem Grab Meketres.

stall, ein Gebäude, in dem die Tiere geschlachtet wurden, eine Bäckerei und Brauerei, einen Raum mit Webstühlen (Abb. 28) und eine Tischlerwerkstatt.

Die Art der Aufteilung, die wir in Kahun finden, wurde noch für die großen Häuser hoher Beamter in Amarna verwendet, doch hier waren die einzelnen Gebäude über das geräumige Gelände der Besitztümer verteilt, während es sich in Kahun um kompakte Stadthäuser handelte.[6] Auf einem großen, von einer Mauer umschlossenen Grundstück befand sich das Haupthaus, umgeben von anderen Gebäuden, die als Kornspeicher, Ställe, Küche und Werkstätten für Handwerksarbeiten dienten. Man hat Material gefunden, das zeigt, daß auf dem Gelände gewebt und gesponnen wurde. Dort gab es auch einen Brunnen, einen Garten mit Bäumen, wo man vermutlich Blumen und Gemüse zog, und einen Altar, der dem Kult des Königs und seiner Familie geweiht war.[7] Am Eingang des Hofs befand sich eine Portiersloge sowie ein kleines freistehendes Häuschen innerhalb der Ummauerung, dessen Funktion unbekannt ist.

Das Haupthaus hatte einen ungefähr quadratischen Grundriß und war um einen zentralen quadratischen Wohnraum herumgebaut, an dessen einem Ende sich eine erhöhte Empfangshalle befand.[8] Die Decke ruhte auf hölzernen Säulen, und direkt unter der Decke waren Fenster eingesetzt. Weitere Zimmer waren um das mittlere herum angeordnet, darunter ein äußerer Empfangsraum, Vorratsräume und die Zimmer der Familie, in denen wir das Hauptschlafzimmer durch den erhöhten Alkoven, in den ein hölzernes Einzelbett gestellt wurde, erkennen können. Neben dem Schlafzimmer befanden sich ein kleines Badezimmer und eine Toilette, jedoch ohne Kanalisation. Es gab auch eine Treppe im Inneren des Hauses, die auf das Dach führte, wo sich die Menschen vermutlich aufhielten, arbeiteten, ihre Mahlzeiten einnahmen und in den dafür geeigneten Tages- und Jahreszeiten auch schliefen. Möglicherweise gab es in einigen Häusern auch ein Obergeschoß, das über der Stirnseite des Hauses errichtet wurde und damit den Wohnraum um einiges vergrößerte.

Die Unterkünfte, die der Staat für die Arbeiter in Amarna und Deir el-Medineh bereitstellte, wurden nach einem etwas anderen Plan erbaut. Die ummauerten Siedlungen waren entlang von Straßen angelegt, die die Einfriedung längs durchliefen. Die Häuser standen in Reihen mit der Vorderfront zu Straße, und die einzelnen Häuser waren eher rechteckig als quadratisch (Abb. 29). In Amarna hatte jedes Haus einen Grundriß von etwas weniger als fünf mal zehn Metern und war von vorne nach hinten in drei ungleich große Bereiche aufgeteilt.[9] Ein Eingang an der einen Seite der Vorderfront führte von der Straße aus direkt in das vordere Zimmer, das ungefähr fünf mal zwei bis zweieinhalb Meter groß war und häufig durch eine Mauer in zwei Teilräume getrennt wurde. Das Vorhandensein von Futtertrögen in einigen Häusern zeigt, daß hier Tiere gehalten werden konnten.[10] Häufig fand man einen im Boden versenkten Kalksteinmörser, in dem mit einem Stößel Korn zerstoßen werden konnte, und eine Mahlvorrichtung, um das geschrotete Getreide zu mahlen.[11] Material aus einigen Häusern zeigt, daß dort verschiedene Handwerke ausgeübt wurden, darunter möglicherweise auch Spinnen und Weben – Tätigkeiten, denen man sicherlich irgendwo im Hause nachging.[12] Obwohl es einige Belege dafür gibt, daß der Putz der Häuser mit Wandgemälden verziert war, ist nur

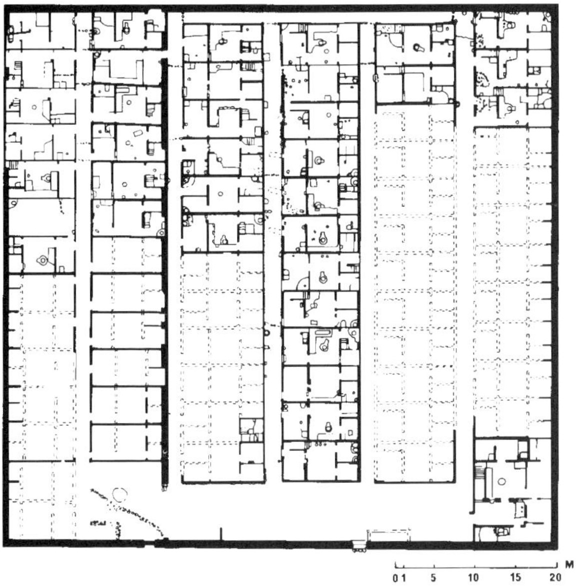

29. Grundriß der Arbeitersiedlung in Amarna.

noch wenig davon übrig. Einige Fragmente haben sich jedoch in den vorderen Räumen zweier Häuser bis zur Ausgrabung erhalten. Die eine Szene zeigt eine Gruppe tanzender Bes-Figuren, die einer Figur der Göttin Thoeris zugewandt sind. In der anderen ist eine Prozession vermutlich tanzender Frauen dargestellt.[13]

Ein Durchgang führte vom vorderen Raum direkt in den quadratischen Wohnraum, der ungefähr fünf mal fünf Meter maß. Das Dach wurde von einer hölzernen Säule in der Mitte getragen, und an ein oder zwei Seiten des Raums befand sich ein sieben oder mehr Zentimeter hohes Ziegelpodest. Dieses Podest war wohl mit Matten bedeckt, auf welche Hocker und Stühle gestellt werden konnten. In einem Haus hat man auf dem Podest einen umgedrehten Kalksteintisch gefunden.[14] Aus Grabdarstellungen können wir schließen, daß Personen von hohem Stand auf Hockern oder Stühlen saßen, während die anderen direkt auf den Matten hockten. Die übliche Art von Hockern, die man in der Siedlung gefunden hat, war halbkreisförmig, hatte drei Beine und einen leicht ausgehöhlten Sitz aus Stein.[15] Nachts schlief wohl der größte Teil der Familie auf dem Podest. Einer der häufigsten Einrichtungsgegenstände dieses Raums war ein Herd in Form einer großen Tonschüssel, da in diesem Teil Ägyptens die Temperaturen im Winter fast den Gefrierpunkt erreichen können.[16] Es gibt auch Belege dafür, daß in diesem Raum Tongefäße standen[17], die vielleicht den häuslichen Wasservorrat enthielten, der eigens zu der wasserlosen Siedlung hochgeschafft werden mußte. Nachts konnte das Zimmer mit Lampen erleuchtet werden, d. h. Untertassen voll Öl oder Fett mit einem Docht, die in Wandnischen, die sich etwa einen Meter über dem Boden befanden, oder auf eine Konsole, die aus zwei in die Wand geschlagenen Haken bestand, gestellt wurden.[18]

Der hintere Teil des Hauses war in zwei Zimmer unterteilt. Ein Raum, der manchmal Stützen für Regale sowie ein niedriges Podest an der Längsseite enthielt, könnte ein Schlafzimmer gewesen sein. In einem Haus «zeigten Teile des Lehmputzes [auf dem Podest] Benutzungsspuren ... Die Versuchung liegt nahe, dies als Abdruck von Kalkstein-Bettpfosten zu betrachten, die hier ursprünglich gestanden haben mögen.»[19] Der andere Teilraum enthielt meist eine Treppe, unter der sich ein Schrank befand; die Treppe führte auf das Dach. Das Treppenhaus konnte sich auch im vorderen Zimmer befinden, wobei der Grundriß dieser Häuser dann etwas anders aussah.[20]

Öfen, die man zum Brotbacken benötigte, wurden manchmal in einem der hinteren Zimmer gefunden, doch in vielen Fällen war im Erdgeschoß kein Ofen eingebaut. Es gibt jedoch Belege dafür, daß sich in einem Haus der Brotofen auf dem Dach befand, da er keine hohen Temperaturen erreichen konnte.[21] Wie in der Stadt benutzte man die Dächer, um den Lebensraum, der zur Verfügung stand, zu erweitern, und die Archäologen fanden z. B. oft Spindeln oben auf den Dachtrümmern, was darauf hindeutet, daß man dort gelegentlich spann. Anderes Material legt nahe, daß einige der Häuser über einem Teil des Hauses

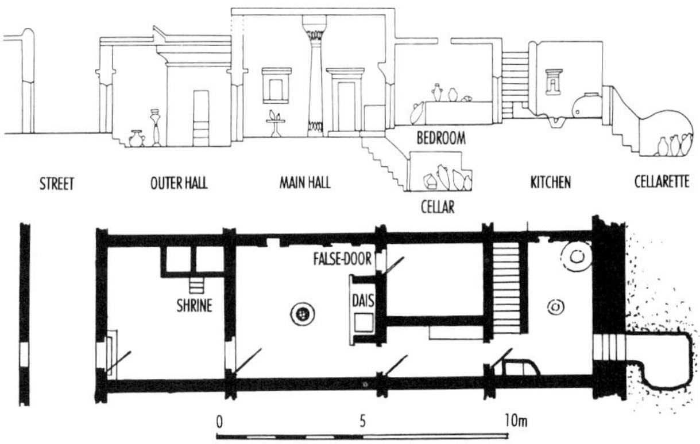

30. Grundriß und Querschnitt eines Hauses aus der Arbeitersiedlung in Deir el-Medineh.

ein Obergeschoß besaßen.[22] Solch ein zusätzlicher Raum hätte den recht spärlichen überdachten Wohnraum vergrößert und vielleicht eine Rückzugsmöglichkeit geschaffen, die im Hauptraum im Erdgeschoß nicht gegeben war.

Die Häuser in Deir el-Medineh besaßen viele Ähnlichkeiten mit denen aus Amarna, doch es gab auch Unterschiede (Abb. 30). Zunächst waren sie etwas größer, sie maßen ungefähr fünf mal fünfzehn (statt zehn) Meter.[23] Ein Eingang an der einen Seite der Vorderfront führte von der Straße in den Vorraum. Dort befand sich an einer Wand ein rechteckiges, erhöhtes Podium, von einer niedrigen Brüstung oder einer Trennwand, die bis zur Decke reichte, umgeben, zu dem drei bis fünf Stufen hinaufführten. Die Außenseite war manchmal mit der Abbildung einer Gottheit, meist mit Bes, aber auch mit Horus oder Isis, geschmückt. Das Zimmer konnte auch Nischen für Opfergaben, Stelen und Ahnenbüsten enthalten.

Ein Durchgang führte vom vorderen Zimmer direkt in den Hauptraum, dessen Decke auf einer hölzernen Säule in der Mitte ruhte. Wie in Amarna befand sich an der einen Wand ein niedriges Podest, und in die Wand war eine Stele oder eine Scheintür eingesetzt. Manchmal führte eine Treppe unter einer Falltür in der Nähe des Podestes in einen Keller. Neugeborene, die nicht überlebt hatten, wurden manchmal unter dem Fußboden begraben.

Der hintere Teil des Hauses war in drei Räume aufgeteilt, von denen zwei quer nebeneinander lagen, während der dritte sich dahinter befand. Der eine davon stellte das Schlafzimmer dar, das man direkt aus dem Hauptraum betreten konnte, und der Nebenraum war eigentlich nur ein Durchgang vom Hauptraum zur Küche, die hinten lag. Letztere war mit einer Mahlvorrichtung, einem Ofen, einem weiteren Keller an der Rückwand und einer Treppe, die aufs Dach führte, ausgestattet.

Ein Brief eines Hausbesitzers in Deir el-Medineh gewährt uns einen kleinen Einblick, welche Möbel sich in diesen Häusern befanden. Es gab zwei Betten, einen Kleiderkorb, zwei Einpersonenliegen, fünf Hocker, zwei Fußschemel, eine Truhe und einen Kasten.[24]

Die Familie im Haus

Die Archäologie hat uns die Grundrisse der Häuser und einiges Material über die Raumnutzung geliefert. Das Problem bleibt jedoch bestehen, wie man aus diesen Funden auf die Menschen schließen soll, die dort wirklich gelebt haben. Wir fragen uns natürlich: Wie groß waren die Familien, die diese Häuser bewohnten? Wo schliefen all diese Menschen? Gab es Räume, die nur einem Geschlecht vorbehalten waren, und wenn ja, waren sie in großen wie in kleinen Häusern vorhanden oder nur ein Luxus der Reichen? Leider sind diese Fragen sehr schwer zu beantworten, obwohl dies natürlich sehr wichtig wäre, um die Stellung der Frauen im Haushalt zu verstehen.

Aus der *Lehre des Ani* aus dem Neuen Reich erfahren wir, daß es das Ideal eines Mannes war, viele Kinder zu haben. Auf Stelen aus dem Mittleren und Neuen Reich finden wir Darstellungen großer Familiengruppen, und eine Stele aus der 11. Thebanischen Dynastie sagt uns, daß die Frau ihres Besitzers zwölf Kinder hatte.[25] Dokumente aus dem frühen Mittleren Reich gestatten es uns, die Zusammensetzung des Haushalts eines kleinen Grundbesitzers namens Heqanacht zu erschließen, welcher aus mehr als sechzehn Menschen bestand.[26] Außer Heqanacht selbst gab es noch fünf Männer, mit großer Sicherheit seine Söhne, von denen einer bereits seine eigene Familie hatte. Dann lebten dort Ipi, Heqanachts Mutter, ihr Hausmädchen, eine Frau namens Hetepet, die vielleicht eine Verwandte oder Dienerin war, Iutenheb, die Frau Heqanachts, und Senen, eine Zofe, die aufgrund ihrer Haltung Iutenheb gegenüber entlassen wurde. Die nicht näher identifizierten Frauen mit Namen Nefret und Satweret könnten auch Verwandte gewesen sein, vielleicht sogar Töchter. Außerdem lebte dort eine weitere Frau namens Hetepet, die Tochter eines gewissen Maj, und Hetis Sohn Nacht, der Heqanachts Untergebener war, mit seiner Familie. Das waren die Menschen, für die Heqanacht verantwortlich war und denen er Getreiderationen gab. Ob sie alle in einem Haus lebten, ist nicht klar.

Ein Dokument aus Kahun aus dem Mittleren Reich verzeichnet über eine Reihe von Jahren die Mitglieder des Haushalts eines Soldaten namens Hori, der später an dessen Sohn Snofru überging.[27] Zuerst lebten dort nur Hori, seine Frau Schepset und ihr neugeborener Sohn Snofru. Dann kamen Horis Mutter und ihre fünf Töchter hinzu. Wir können vermuten, daß Horis Vater gestorben war, seine Witwe aus irgendeinem Grund ihr Obdach verloren hatte und deshalb zu ihrem Sohn zog, zusammen mit fünf Töchtern, die zu diesem Zeitpunkt wahrscheinlich unverheiratet waren. Der letzte Eintrag, den wir besitzen, wurde nach dem Tod Horis vorgenommen. Snofru hatte das Haus geerbt und war nun der Haushaltsvorstand. Er war noch nicht verheiratet, aber bei ihm lebten seine Mutter, die Mutter seines Vaters und drei von den Schwestern seines Vaters; die anderen beiden waren vermutlich entweder gestorben, oder sie hatten geheiratet. Der Haushalt zählte also im Lauf der Zeit zunächst drei, dann neun, und schließlich sechs Mitglieder. Hori und Schepset hatten offensichtlich nur ein überlebendes Kind, während Horis Eltern mindestens sechs Kinder hatten. Dies zeigt, daß nicht jeder zu einer großen Familie gelangte.

In diesem Haushalt war die Größenschwankung – bis auf den Tod Horis – nicht durch eine Zu- oder Abnahme in der Kernfamilie zustandegekommen. Die nächste Veränderung wäre vermutlich eingetreten, wenn Snofru geheiratet und Kinder bekommen hätte. Ein anderer Papyrus aus Kahun im späteren Mittleren Reich verzeichnet einen Haushalt von ganz anderer Zusammensetzung.[28] Sein Oberhaupt war Chakaura-Snofru, ein Priester im Totentempel von Sesostris II., der offenbar geschieden oder verwitwet war, da keine Ehefrau erwähnt ist. Er erscheint zusammen mit einem Sohn und einer Tochter sowie mindestens einundzwanzig Dienern.

Ein Forscher erklärte aufgrund von Stelen und anderem Material aus Deir el-Medineh, daß «die Familien der Nekropolen-Arbeiter sehr zahlreich waren» (s. beispielsweise Abb. 50).[29] Das mag verwirrend klingen, wenn man die kleinen Häuser in der Siedlung sowie die Daten eines bruchstückhaften Registers betrachtet, welches die Bewohner Haus für Haus aufzählt. Von dreißig Haushalten, die noch einigermaßen gut erhalten sind, wird nur ein Paar mit vier Kindern genannt, fünf Paare haben je drei Kinder, dann gibt es noch zwei Väter, die jeder drei Kinder von verschiedenen Müttern haben, sowie sechs Paare mit je zwei Kindern und sieben mit einem Kind, vier kinderlose Paare und sechs Junggesellen.[30] Wenn wir erwarten dürfen, in der Siedlung jederzeit unverheiratete oder verwitwete Männer, frisch verheiratete Paare und junge Familien zu finden, könnten wir auch annehmen, daß es Material über große alteingesessene Familien gibt; es ist jedoch kein Haushalt mit mehr als vier Kindern verzeichnet. Eine mögliche Erklärung dafür ist, daß Kinder im Teenager-Alter die Familie verließen. Da nur ein Sohn die Stelle seines Vaters übernehmen konnte, könnten die übrigen weggezogen sein, um anderswo Arbeit zu finden. Die Töchter haben vielleicht das Haus verlassen, um zu heiraten oder um sich als Dienerinnen in größeren Haushalten außerhalb der Siedlung zu verdingen. Auf diese Weise hätte niemals die gesamte Familie zur selben Zeit im Haus gelebt. Es gibt auch Belege dafür, daß viele Arbeiter über Grundbesitz außerhalb der Siedlung verfügten, ja sogar Land bebauen konnten.[31] Überflüssige Familienmitglieder könnten zur Feldarbeit entsandt worden sein, doch man hat vielleicht auch kleine Kinder mit ihren Ammen aufs Land geschickt, um dort zu leben. Da natürlich nicht alle übers Kindesalter hinausgelangten, gab es größere Altersabstände zwischen den verbliebenen Familienmitgliedern, was wiederum dazu führte, daß weniger Kinder zur selben Zeit im Haus lebten. Von den Nachkommen, die als Erwachsene auf den Denkmälern gezeigt wurden, müssen wir jedoch annehmen, daß sie die Kindheit überstanden haben. Es kann auch sein, daß einige Familien größer scheinen, als sie eigentlich waren, wenn nämlich einige Mitglieder, die mit den Verwandtschaftsbezeichungen *sa* und *sat* – traditionell übersetzt mit «Sohn» und «Tochter» – versehen wurden, in Wirklichkeit «Enkel» oder Ehepartner von Kindern waren, da die beiden Begriffe auch diese Verwandtschaftsgrade umfassen können. Ähnliches gilt, wenn zahlreiche Gestalten dem Denkmalsinhaber durch die Verwandtschaftsbezeichnungen *sen* und *senet* verbunden sind, was traditionell mit «Bruder» und «Schwester» wiedergegeben wird. Diese müssen nicht alle Geschwister des Inhabers sein, sondern es kann sich auch um andere Seitenverwandte wie «Cousins», «Cousinen», «Onkel», «Tanten», «Neffen», «Nichten» und angeheiratete Verwandte handeln.[32]

So könnten die Familien, die tatsächlich in einem Haus wohnten, kleiner gewesen sein, als sie auf den Denkmälern erscheinen. Es ist schwer vorstellbar, wie eine Großfamilie in eines der Häuser von Amarna oder Deir el-Medineh passen sollte, obwohl dies auch an modernen westlichen Vorstellungen vom Privatleben liegen kann. Man lebte wohl meistens draußen auf der Straße oder auf dem Dach, und nachts schlief man auf dem Boden. Vielleicht gab es einfach gar nicht die Erwartung, sich zurückziehen zu können.

Die «Hausherrin»

Die verschiedenen Dokumente, die Haushalte auflisten, zeigen, daß dieser ägyptische Begriff einen männlichen Hausherrn mit Frau und Kindern sowie eventuell weibliche Verwandte wie Mütter und Großmütter, Schwestern und Tanten umfaßte. Außer Söhnen werden keine männlichen Verwandten aufgeführt, weil diese höchstwahrscheinlich ihren eigenen Haushalt gründeten. Interessanterweise deuten andere Dokumente an, daß Frauen Häuser besitzen konnten, aber in den Listen gehören praktisch alle Häuser und Haushalte den Männern. In welchem Sinne ist dann eine verheiratete Frau die «Hausherrin»? Können wir eine Verbindung zwischen den Frauen des Haushalts, bestimmten Bereichen im Haus und den Aufgaben der Frauen im Haushalt ziehen?

Beginnen wir mit dem Versuch, einige Vermutungen über das Leben einer «Hausherrin» anzustellen, der Ehefrau eines hochrangigen Beamten mit einem großen Haushalt. Wenn wir für den Anfang die größten Häuser in Amarna, zum Beispiel das Haus des Wesirs Nacht, zum Vorbild nehmen, dann gab es dort in den zentralen Wohnräumen genügend Platz für getrennte männliche und weibliche Bereiche, falls eine solche Unterteilung nach Geschlechtern üblich war. Unter den Zimmern um das zentrale Empfangszimmer könnte sich ein Empfangsraum für Damen befunden haben, so daß sich Männer und Frauen getrennt versammeln konnten. Das einzige Quellenmaterial zu solchen Gesellschaftsereignissen, über das wir verfügen, sind die Bankettszenen in den Grabkapellen, in denen ab der mittleren 18. Dynastie Männer und Frauen häufig in getrennten Gruppen gezeigt werden. Ehepaare werden jedoch gemeinsam dargestellt und nicht nach Geschlechtern getrennt. Leider können wir uns nach diesen Szenen keine Vorstellung davon machen, wo sich die Männer- und Frauengruppen befanden, so daß sie sowohl in verschiedenen Räumen als auch einfach getrennt im selben Raum gesessen haben mögen.

Im Gegensatz zu diesen nicht sehr informativen Szenen gewähren uns andere einen Einblick in das Geschehen in großen Haushaltungen: Sie zeigen die Arbeit in der Küche, in der Bäckerei und Brauerei, im Kornspeicher, in der Metzgerei und sehr selten auch in den Privaträumen des Hauses selbst, so etwa beim Bettenmachen. Diese Szenen gehören in das Repertoire der sogenannten Alltagsszenen, in denen der Grabherr bei der Aufsicht über die Tätigkeiten in seinem privaten und beruflichen Bereich dargestellt wird. Wir erfahren jedoch nichts von der Rolle der «Hausherrin». Nur selten begleitet sie den Grabherrn bei seinen Tätigkeiten, aber sie wird auch nicht bei ihrer eigenen Arbeit gezeigt. Das liegt daran, daß der größte Teil der Grabkapellen Männern gehört, und obwohl weibliche Familienmitglieder in den Grabszenen erscheinen und im Grab bestattet werden können, geht es in der Ausschmückung der Kapelle nur um den Grabherrn selbst. Für die wenigen Grabkapellen, deren Eigentümer Frauen waren, wurde nie ein ähnliches Szenenrepertoire entwickelt. Das wichtigste Beispiel dafür ist Senets Grab in Theben aus der 12. Dynastie.[33] Sie war die Mutter des Wesirs Intefiker, der sein Grab in der Umgegend der Hauptstadt im Norden Ägyptens erbaut hat. In Senets Grab dominiert die Gestalt ihres Sohns. Er wird ohne seine Mutter bei der Jagd in der Wüste gezeigt, und er erscheint mit seiner Frau, um Opfergaben zu empfangen. Es ist nicht verwunderlich, daß man das Grab ursprünglich Intefiker als Eigentümer zugeschrieben hat.

Bedeutet dies, daß all die Tätigkeiten, die der Grabherr überwachte, außerhalb des Verantwortungsbereiches der Hausherrin lagen? Das ist möglich, doch wir können nicht einfach die idealisierte Männerwelt der Grabkapellen mit der Realität gleichsetzen. Wenn Frauen auch in letzterer eine Rolle spielten, so war diese für die erstere vielleicht ohne Bedeutung. Wir wissen beispielsweise, daß Dienerinnen das Backen besorgten und daß in kleineren Haushalten die Hausherrin für das Essen verantwortlich war. Wenn die Grabszenen den Eigentümer bei der Aufsicht über das Backen und Brauen im Haushalt zeigen, können wir also nicht sicher sein, daß dies das wirkliche Leben widerspiegelt. Andere Überlegungen könnten hier hineinspielen. Brot und Bier waren die Grundlagen des ägyptischen Lebens und damit auch des Lebens nach dem Tode. Es war daher wünschenswert, ihre Herstellung in der Grabkapelle abzubilden. Dort beanspruchte jedoch der Grabherr den ersten Platz und wurde daher auch bei der Aufsicht über das Backen und Brauen gezeigt, da es gegen die kanonischen Regeln verstoßen hätte, wenn er die Vorrangstellung in der Grabdekoration seiner Frau überlassen hätte.

Anderes Material legt nahe, daß Frauen eher im Haus und Männer eher im Freien arbeiteten, so daß wir die Hausherrin aus der Oberklasse wohl nicht auf dem offenen Feld antreffen dürften. Es ist jedoch möglich, daß sie mit einigen oder gar allen Tätigkeiten innerhalb des Gutes befaßt war, die – wie wir gesehen haben – nicht nur Backen, Brauen und Kochen, sondern auch Weben, Getreidespeicherung, Tierhaltung und vielleicht Handwerksproduktionen umfaßten.

Haushaltspflichten

In den Grabszenen wird die Arbeit von Dienern ausgeführt; das läßt darauf schließen, daß sich die Hausherrin nicht die Hände schmutzig zu machen brauchte. Ihre Rolle bestand eher in der Organisation und Überwachung der Tätigkeiten der Diener, um zu gewährleisten, daß der Haushalt reibungslos funktionierte. In den höchsten Rängen der Gesellschaft mögen Diener die Hausherrin völlig von körperlichen Haushaltsarbeiten entlastet haben. Obwohl eine fruchtbare Hausherrin vermutlich viele ihrer gebärfähigen Jahre in schwangerem Zustand verbrachte, wird die Anstellung von Ammen und Kindermädchen sie auch von der Last der Kindererziehung befreit haben. Es könnte daher eine Gruppe von Frauen mit freier Zeit gegeben haben, die zwar nicht an der offiziellen bürokratischen Verwaltung des Landes teilnehmen konnten, da diese den Männern vorbehalten war, die sich aber doch auf die eine oder andere Weise beschäftigen mußten. Das mag der Grund dafür gewesen sein, daß viele Frauen aus hochrangigen Familien Hathor-Priesterinnen waren und im Neuen Reich auch für die Musik in den Tempelkulten sorgten.

Wenn wir uns Familien etwas tiefer auf der sozialen Leiter – wenn auch noch innerhalb der Oberklasse – anschauen, so können wir vermuten, daß die Frauen ein etwas anderes Leben führten. Hier stammt unser Material hauptsächlich aus den Arbeitersiedlungen von Amarna und Deir el-Medineh, obwohl daran erinnert werden muß, daß diese Siedlungen keine typischen Gemeinden waren, weil es sich um Staatsgründungen handelte, die auch weiterhin vom Staat erhalten und unterstützt wurden. Die Häuser waren viel kleiner als die Villen der hohen Beamten, ebenso die Anzahl der Diener. Ohne eine zahlreiche Dienerschaft war die Hausherrin vermutlich direkter mit der Herstellung des Essens befaßt. Die grundlegende Nahrungsquelle war Getreide, Emmerweizen und Gerste, die zu Brot und Bier verarbeitet werden mußten. Wir haben bereits gesehen, daß die Häuser in Amarna und Deir el-Medineh für die Brotherstellung vollständig ausgerüstet waren. Das Korn wurde in einem Mörser zerstoßen und dann zu Mehl gemahlen. Dies wurde mit Wasser und – falls erwünscht – anderen Zutaten vermischt und im Brotofen gebacken, der an der Rückseite des Hauses oder auf dem Dach stand. In Modellen und Grabgemälden sind Mahlen und Backen einige der wenigen Tätigkeiten, die gewöhnlich von Frauen ausgeübt werden, so daß wir sie als Aufgabe der Frauen in kleinen Haushalten betrachten können. Da die Arbeiter in Deir el-Medineh Regierungsangestellte mit einem Sonderstatus waren, gab man ihnen weibliche Sklaven, die eigentlich dem Staat gehörten. Ihre einzige Aufgabe scheint darin bestanden zu haben, das Korn zu mahlen. Jedem Haushalt wurde eine bestimmte Anzahl von Arbeitstagen einer dieser Sklavinnen zugeteilt, doch die Zuteilung konnte an andere verkauft werden. Obwohl dies finanzielle Vorteile brachte, mußte der Haushalt danach sein Getreide selbst mahlen, wobei diese Aufgabe vermutlich den Frauen zufiel, da es sich um eine traditionelle Frauenarbeit handelte.

In den Modellen und Grabszenen, die das Bierbrauen in großen Haushalten darstellen, sind meistens männliche Diener beschäftigt. Obwohl es in den Arbeitersiedlungen weniger offensichtliche Belege für das Brauen als für das Backen gibt, kann kaum ein Zweifel daran sein, daß dort auch Bier hergestellt wurde, da es das Hauptgetränk im Alten Ägypten war. Es gibt nur wenig, was uns zeigen könnte, ob die Männer generell für seine Herstellung verantwortlich waren, oder ob dies auch in den Arbeitsbereich der Frauen fiel. In der Geschichte des *Beredten Bauern* aus dem Mittleren Reich weist der Bauer seine Frau an, Korn zu messen und Bier daraus zu brauen.[34] In Deir el-Medineh waren die Männer manchmal tagelang von der Siedlung fort, und das Bier hielt sich nicht lange, also mußten entweder einige der Diener, die die Arbeiter beschäftigten, das Bier brauen, oder dies wurde von der Hausherrin oder einer Dienerin erledigt.

Wir finden in Grabmodellen und Szenen aus dem Alten, Mittleren und Neuen Reich auch Darstellungen der Fleischzubereitung in großen Haushalten, wobei hier alle Arbeiten von männlichen Dienern ausgeführt werden. Leider wird uns nirgendwo gezeigt, wer in kleineren Haushalten kochte.

Aus einer Reihe von Siedlungsausgrabungen stammt das Material, das uns über das Spinnen und Weben Kenntnisse vermittelt. Die

Textilherstellung wird in Grabszenen weniger häufig abgebildet als andere Tätigkeiten. Eine Anzahl von Szenen und Modellen aus dem Mittleren Reich zeigen, daß das Personal aus Frauen bestand (Abb. 28). Da es sich um die Darstellung der Textilproduktion auf einem großen Gut handelt, sind diese Frauen vermutlich eher Dienerinnen als Verwandte des Hausherrn. Ein Papyrus aus dem Mittleren Reich verzeichnet eine Liste der Hausangestellten, in der die Aufgaben von 29 Frauen erhalten geblieben sind; zwanzig davon haben in der Weberei zu tun.[35] Man kann jedoch nicht die Möglichkeit ausschließen, daß die Frauen der Familie ebenfalls an der Stoffherstellung beteiligt waren. Heqanacht war in der Lage, die Pacht für seine Felder mit dem Verkaufserlös des Stoffs zu bezahlen, welcher vermutlich in seinem Haushalt gewebt worden war[36], und dort lebten mindestens zehn Frauen. Einige von diesen waren Dienerinnen, andere gehörten dagegen zur Familie. Vielleicht mußten alle mitarbeiten, um die Kleidung herzustellen, die man in diesem großen Haushalt benötigte, und noch einen Überschuß zu produzieren, mit dem man die Feldpacht bezahlen konnte.

Den Darstellungen zufolge wurde im Mittleren Reich auf einem horizontalen Webstuhl gewebt (Abb. 28). In der mittleren 18. Dynastie wurde der vertikale Webstuhl eingeführt; eine Grabszene zeigt zwei dieser Webstühle, die in einem großen Privathaus aufgestellt sind und an denen Männer, höchstwahrscheinlich Diener, arbeiten.[37] Es bleibt unklar, bis zu welchem Grad Männer an der Textilproduktion beteiligt waren. In den Arbeitersiedlungen gibt es Belege für das Spinnen und Weben an vertikalen Webstühlen im Innern der Häuser selbst. Wenn dies auch nichts über das Geschlecht des Bedienungspersonals aussagt, ist praktisch sicher, daß die Hausherrin und andere Frauen des Haushalts daran beteiligt waren, wenn man die traditionelle Rolle der Frauen bei dieser Tätigkeit in Betracht zieht. Das wird durch verschiedene Textquellen bestätigt. In einer der Anklagen, die in Deir el-Medineh gegen den unbeliebten Paneb vorgebracht wurden, hieß es, er habe «den Arbeitern» befohlen, «am geflochtenen Bett des Abgesandten vom Tempel Amuns zu arbeiten, während ihre Frauen Kleider für ihn webten».[38] Im *Brüdermärchen* aus dem Neuen Reich bietet Anubis' Frau dem Bata an, Kleider für ihn zu machen, wenn er mit ihr schlafe.[39] In einem Verwaltungsdokument aus dem Neuen Reich geht es um die Beschuldigung, daß Irinefret, die Frau des Bezirksaufsehers, ein Sklavenmädchen gegen Dinge gekauft hat, die ihr gar nicht gehörten.[40] Sie widerlegt die Anklage, indem sie alles aufzählt, was sie für das Mädchen bezahlt hat. Bei vielen Sachen stellt sie fest, woher sie sie bekommen hat, doch der Kaufpreis enthält auch «1 Umhangtuch aus dünnem Stoff, 1 Laken (?) aus dünnem Stoff, 1 Mantel aus dünnem

31. Marktszene am Ufer des Nils aus dem Grab von Ipi.

Stoff, 3 Lendenschurze aus feinem dünnem Stoff, 1 Rock aus feinem dünnem Stoff», und hier nennt sie keine Herkunft. Die Annahme scheint nicht zu weit hergeholt, daß sie diese Kleidung selbst gewoben hat. Wir können daher sagen, daß die Hausherrin für die Kleidung im Haushalt verantwortlich war und sie durch den Verkauf des Überschusses auch ein zusätzliches Einkommen erzielen konnte.

Geschäftsabschlüsse

Den Quellen zufolge waren Frauen, von denen man in einigen Fällen zeigen kann, daß sie Hausherrinnen waren, am Verkauf ihrer Produkte beteiligt. Als die Frau eines der Grabräuber der 20. Dynastie gefragt wurde, woher sie das nötige Kleingeld hatte, um Diener zu kaufen, erklärte sie: «Ich kaufte sie im Tausch gegen Erzeugnisse meines Gartens.»[41] Es muß glaubhaft gewesen sein, daß sie tatsächlich die verkauften Erzeugnisse besitzen konnte. Vielleicht hatte sie irgendwo ein kleines Stück Land, auf dem sie Gemüse zog, wohl in erster Linie, um ihre Familie damit zu versorgen. Eine andere Frau, die in ähnlicher Weise befragt wurde, sagte aus, sie habe Silber «im Tausch gegen Gerste im Jahr der Hyänen, als es eine Hungersnot gab»[42], erhalten. Da Frauen Land besitzen und bestellen konnten, konnte sie die Gerste entweder selbst geerntet oder als Teil der Zahlung ihres Ehemannes erhalten haben. Andererseits hatte sie das Getreide vielleicht auch im Tausch gegen andere Produkte oder Gegenstände, die sich in ihrem Besitz befanden, als Rücklage für solch ein schlechtes Jahr gekauft. Marktszenen sind in den Grabkapellen nicht üblich, doch im Grab Ipis in Deir el-Medineh gibt es eine Szene am Flußufer, in der ein mit Korn beladenes Boot gezeigt wird, bei dem Frauen gegen Brot, Fisch und Gemüse Korn kaufen (Abb. 31). Sie decken damit vermutlich die Bedürfnisse ihres Haushalts, aber vielleicht verkaufen sie auch überschüssige, leicht verderbliche Güter gegen dauerhaftere Werte, die sie dann später in Notzeiten gegen Silber eintauschen konnten.

Wir können die Haushalte nicht als von der Außenwelt abgeschlossene Selbstversorger betrachten. Eine der Pflichten der Hausherrin mag darin bestanden haben, den Haushalt mit allen notwendigen Dingen zu versorgen, indem sie Überschüsse gegen das Benötigte eintauschte. Um diesen Warentausch auf größerer Ebene, von einzelnen Haushalten bis hin zu Staatsinstitutionen, zu ermöglichen, wurde ein System entwickelt, nach dem männliche Händler (*schuti*) den Nil hinauf- und hinabsegelten und den Warentausch besorgten.[43] Sie konnten von einem Tempel oder einer Privatperson angestellt werden, um überschüssige Güter zu verkaufen und alles zu besorgen, was ihr Auftraggeber benötigte. Diese Händler waren Diener und nicht selbständige Unternehmer, daher hat sich in Ägypten niemals eine reiche Händlerklasse entwickelt. Da sie kein hohes Ansehen genossen und keine Grabkapellen oder andere Denkmäler besaßen, wissen wir nur wenig über sie. In einem der Grabräuber-Papyri werden vierzehn Händler aufgezählt, drei davon waren Tempeln angegliedert, die restlichen elf gehörten zu vier Privatpersonen.[44] Im Haushalt eines hochrangigen Soldaten waren sieben Händler angestellt, während zwei andere Offiziere jeweils einen besaßen. Die anderen beiden standen im Dienst der Tochter eines Armeeoffiziers namens Aset, die Tempelmusikerin war. Durch dieses Tauschsystem konnten die Haushalte nicht nur alle ihre Bedürfnisse decken, sondern gegebenenfalls auch zu Wohlstand gelangen. Damit konnten sie Diener mieten oder kaufen, Land pachten oder erwerben, die Haushaltsgründungen ihrer Kinder bei der Heirat unterstützen, an ihren örtlichen Altären und ihren eigenen Hauskapellen Opfer darbringen sowie für ihre eigenen Begräbnisse sorgen. Diese Angelegenheiten gingen ebenso die Frauen wie die Männer des Haushalts an, und da Frauen über eigenen Besitz verfügen und auf eigene Hand Geschäfte abschließen konnten (s. Kap. VII), arbeiteten sie möglicherweise im Haushalt für diese Ziele.

Mutterschaft

Wie ihre Geschlechtsgenossinnen aus den obersten Rängen der Gesellschaft werden die meisten Frauen aus den niedrigeren Schichten über viele Jahre lang schwanger gewesen sein. Man kann sich vorstellen, daß sie der Pflege und Erziehung ihrer Kinder mehr Zeit widmen mußten, weil sie sich vermutlich keine Ammen und kein Kindermädchen leisten konnten. Wir müssen jedoch mit solchen Annahmen vorsichtig sein, da auch in den Quellen aus Deir el-Medineh Ammen erwähnt sind. Natürlich können wir nicht wissen, ob es sich dabei nur um eine Entlastung für die Mutter handelte, oder ob die Ammen gebraucht wurden, wenn eine Mutter ihr Kind nicht ernähren konnte. Wir wissen nur, daß der Schreiber Ani in seiner *Lehre* aus dem Neuen Reich den Müttern rät, sich intensiv um ihre Kinder zu kümmern:

> Verdopple die Nahrung, die deine Mutter dir gab,
> Trage sie, wie sie dich getragen hat;
> Sie hatte eine schwere Last an dir,
> Aber sie ließ dich nicht im Stich.
> Als du nach deinen Monaten geboren wurdest,
> War sie schon [mit dir] vereint,
> Ihre Brust in deinem Mund für drei Jahre.
> Als du größer wurdest und deine Exkremente Ekel erregten,
> Ekelte sie sich nicht, indem sie sagte «Was soll ich tun?»
> Als sie dich zur Schule schickte
> Und du schreiben lerntest
> Behütete sie dich täglich,
> Mit Brot und Bier in ihrem Haus.[45]

Eine gute Mutter der Schreiberkaste stillte offensichtlich ihr Kind, war verantwortlich, daß das Kind trocken lag und kümmerte sich später ganz allgemein um seine Bedürfnisse. In dem Text geht es um ein männliches Kind, das später zur Schule geschickt wird. Die Mädchen blieben vermutlich bis zu ihrer Heirat bei ihren Müttern, oder sie gingen als Dienerinnen in andere Haushalte. Ein Text aus dem Mittleren Reich legt nahe, daß zumindest zu dieser Zeit einige Jungen weggeschickt werden konnten, um zur Schule zu gehen, und dann ihre Mütter früher verließen, als wenn sie die örtliche Schule besucht hätten.[46]

Dem Ideal nach wurden die Mütter in großen Ehren gehalten. Seit dem Alten Reich erscheinen sie häufig auf Denkmälern männlicher Eigentümer, wo sie mit ihren Söhnen zusammensitzen. In einem Brief an seine tote Mutter, der zwischen der 6. und 11. Dynastie geschrieben wurde, erinnert der Sohn sie daran, wie er versucht hat, ihr zu ihren Lebzeiten zu gehorchen: «Du sagtest dies zu deinem Sohn, ‹bring mir Wachteln, daß ich sie essen kann›, und dieser dein Sohn brachte dir sieben Wachteln, und du aßest sie.»[47] In der *Lehre des Cheti* aus dem Mittleren Reich verspricht der Autor zunächst: «Ich werde dich dazu bringen, die Schrift mehr zu lieben als deine Mutter», und später warnt er: «Sprich keine Unwahrheit gegen deine Mutter; das ist den Beamten ein Greuel». Schließlich sagt er seinem Sohn: «Danke Gott für deinen Vater und für deine Mutter, die dich auf den Weg des Lebens gebracht haben.»[48] So wird deutlich, daß ein Sohn seine Mutter lieben und ehren und ihren Anteil an seiner Erziehung wie den seines Vaters anerkennen sollte. Das stimmt überein mit den üblichen Beiworten, die man in Autobiographien von Männern aus dem Alten Reich und der Ersten Zwischenzeit findet: «Ich war einer, der von seinem Vater geliebt wurde, von seiner Mutter gelobt wurde», welche die Bedeutung beider Elternteile anerkennen.

Die unteren Klassen

Bis jetzt haben wir uns in diesem Kapitel nur mit Haushalten von höherem oder niedrigerem Rang innerhalb der Oberschicht befaßt. Das Quellenmaterial entspricht in vieler Hinsicht nicht unseren Anforderungen, und von daher gibt es große Lücken in unserem Verständnis der Rolle der Frauen in diesen Haushalten. Wenn wir uns nun den unteren Klassen zuwenden, den kleineren, nicht schreibkundigen Berufstätigen und Dienern verschiedenster Art sowie den Bauern, die den Hauptteil der Bevölkerung ausmachten, sehen wir uns vor noch größere Probleme gestellt. Da diese Leute nicht lesen und schreiben konnten, waren sie nicht in der Lage, Aufzeichnungen zu hinterlassen, und die meisten ihrer Gräber sind uns unbekannt. So können wir nichts aus ihrer eigenen Hand über sie erfahren. Wir sehen uns daher gezwungen, auf das zurückzugreifen, was uns die Oberschicht über sie in ihren schriftlichen und bildlichen Quellen berichtet.

In den sogenannten Alltagsszenen aus Grabkapellen werden alle Tätigkeiten, die der Grabherr überwacht, von Angehörigen der unteren Schichten ausgeführt, so daß es so scheint, als besäßen wir damit einen guten Überblick über deren Leben. Leider sind diese Szenen weit davon entfernt, objektiv ihre Realität wiederzugeben. Zum einen zeigen sie Werkstätten und Güter, die dem König oder den Tempeln gehörten, oder die großen Privatgüter hoher Beamter, und nicht die kleinen Besitztümer unterer Beamter, Soldaten oder Bauern. Zum anderen sind diese Szenen sorgfältig so ausgewählt, daß sie dem Grabherrn im Leben nach dem Tode von Nutzen sind. Sie stellen entweder den Status des Besitzers fest, oder sie zeigen die Herstellung von Gütern wie Essen, Trinken und Kleidung, die er in der nächsten Welt gebrauchen kann. Der Grabherr steht im Zentrum dieser Szenen, und alles, was nichts mit ihm zu tun hat, wird ausgespart. So erkennen wir nicht, wo die unteren Klassen leben, und wir erfahren nichts über ihre gesellschaftliche und familiäre Organisation. Außerdem erscheinen Frauen weitaus seltener als Männer, ja, sie sind nahezu unsichtbar. Die Figuren sind eher allgemein gehalten, sie stellen Typen dar, nicht Individuen. Schließlich ist die Welt der Grabszenen eine idealisierte Welt. Obwohl die strengen Regeln der sakralen Kunst etwas gelockert wurden, wenn es um die Darstellung von Nebenfiguren wie Dienern und Bauern ging, wurden immer noch viele Unannehmlichkeiten der Realität weggelassen. So konnten Untergeordnete zwar – vor allem im Alten und Mittleren Reich – alt oder verunstaltet dargestellt werden, doch handelt es sich dabei nur um wenige Beispiele, während besonders in der 18. Dynastie solche Gestalten jugendlich und gesund erscheinen (z. B. Abb. 33, 36). Dies ist sicherlich keine Abbildung der Wirklichkeit. Wir werden gleich noch mehr Grund haben, uns zu fragen, ob das männlich-idealisierte Bild des Lebens auf einem großen Gut tatsächlich die Arbeitsteilung zwischen Männern und Frauen der unteren Schichten wiedergibt.

Im Mittleren und Neuen Reich gibt es eine ganze Literaturgattung, die von der Oberschicht über die nichtschreibenden Berufe verfaßt wurde. An diesen Berichten sind zwei Dinge bemerkenswert: Zum einen sind diese Berufe ausschließlich Männern vorbehalten, und zum anderen werden sie allesamt als unangenehm dargestellt. Letzteres steht in scharfem Kontrast zu den Grabszenen, die das Leben der unteren Klassen in neutraler, wenn nicht manchmal gar in idyllischer Weise zeigen. Die Texte sind jedoch zu einem bestimmten Zweck geschrieben und daher nicht objektiv. Sie sind an Schreiberstudenten gerichtet, die vielleicht ihres Schreibunterrichts überdrüssig werden und versucht sein könnten, alles aufzugeben und einen anderen Berufsweg einzuschlagen. Die Texte sollen sie weiterhin zu harter Arbeit anhalten, indem sie zeigen, wie schrecklich das Leben für alle anderen ist, wohingegen ein Schreiber großen Lohn erwarten kann. Da Frauen nicht Schreiber werden durften, sind die Texte an ein rein männliches Publikum gerichtet. Es hätte hier keinen Sinn, über arbeitende Frauen zu schreiben, und auch wenn nur Männer genannt werden, können wir nicht daraus folgern, daß die aufgezählten Berufe nur von Männern ausgeübt werden konnten. Wir erkennen also, daß das, was sich als eindeutige Quelle zum Verständnis des täglichen Lebens im Alten Ägypten präsentiert, in Wahrheit nur mit großer Vorsicht zu behandeln ist. Die Texte enthalten nicht nur ein ganz bestimmtes Programm, das eindeutig einem Zweck dient, sondern sie sind auch so stark auf Männer ausgerichtet, daß sie die tatsächliche Rolle der Frauen verschleiern.

Es ist daher nicht verwunderlich, daß wir keine Informationen über die Familien und Haushalte des größten Teils der Bevölkerung finden. Die Ausgrabungen haben nur wenig erbracht, und die Denkmäler der Oberschicht zeigen nichts. Wir können annehmen, daß die meisten Menschen in Lehmziegel-Dörfern am Fluß oder einer anderen Wasserquelle lebten, ganz ähnlich wie heute. Die Männer arbeiteten vermutlich auf dem Feld oder in einem der niedrigeren Berufe, die in der *Lehre des Cheti* aus dem Mittleren Reich aufgezählt werden, wie z. B. Töpfer, Gärtner, Bäcker oder Fischer.[49] Ihre Frauen waren wohl mit der Zubereitung des Essens, mit Weben und anderen Haushaltsarbeiten beschäftigt, außerdem oblag ihnen die Geburt und Erziehung der Kinder. Wie heute noch mußten die Frauen zum Fluß gehen, um Wasser zu holen, das Geschirr zu spülen und die Wäsche zu waschen. In dieser Gesellschaftsklasse werden Diener eine Seltenheit gewesen sein, und die Hausherrinnen mußten die Arbeit selbst erledigen. Es gibt kein Material darüber, ob die Männer der Familie dabei halfen oder nicht. Vielleicht mußten die Frauen auch auf den Feldern arbeiten, entweder auf geregelter Basis oder nur dann, wenn zusätzliche Arbeitskräfte benötigt wurden.

Was die Größe der Familien angeht, so ist es wahrscheinlich, daß man sich eine große Zahl von Kindern wünschte, genau wie in den oberen Rängen der Gesellschaft und wie heute noch unter den Bauern Ägyptens. Sie stellten unbezahlte Kräfte für die Feldarbeit, und von einer großen Kinderschar würden sicherlich einige überleben, um später für ihre Eltern zu sorgen. Die Kindersterblichkeit war sicherlich hoch, und je größer die Familie war, desto wahrscheinlicher war es, daß einige das Erwachsenenalter erreichten. Von diesen übernahmen vermutlich die Söhne die Arbeit ihrer Väter, während die meisten Töchter wohl heirateten und eigene Familien gründeten. Dennoch hatten Frauen auch Arbeit außerhalb ihres eigenen Heims, besonders als Dienerinnen mit verschiedenen Aufgaben. Wir werden im nächsten Kapitel sehen, daß es eine Aufteilung bestimmter Arbeiten nach den Geschlechtern gab, und daß Frauen vermutlich begrenzteren Zugang zu Beschäftigungen hatten.

Am unteren Ende der Gesellschaft standen weibliche und männliche Sklaven, die einer Institution oder einer Person gehörten.[50] Wir treffen sie hauptsächlich in Dokumenten an, wo es um ihren Kauf oder Verkauf, ihre Vermietung, Vererbung oder Freilassung geht. Sie bekamen vermutlich von ihren Inhabern Essen und Wohnung. Sie konnten Kinder haben, und in einem der berichteten Fälle wurden diese wahrscheinlich vom Eigentümer der Sklavin gezeugt.

VI.
Frauen ausserhalb des Hauses

Lesen und Schreiben

Wenn Frauen auch für die Haushaltsführung verantwortlich waren, so waren sie doch keineswegs nur auf den häuslichen Bereich beschränkt. In Kapitel 8 werden wir sehen, daß viele Frauen der Oberschicht Tempeldienst verrichteten, und Kapitel 9 wird zeigen, daß Frauen auch eine Rolle im Totenkult der Familienmitglieder spielen konnten. Im großen und ganzen gab es jedoch eine klare Trennung zwischen den Beschäftigungen von Männern und Frauen, die – gleich welchen Ursprungs sie auch sein mag – schon seit dem Alten Reich in der ägyptischen Gesellschaft verankert war und das ganze pharaonische Ägypten hindurch erhalten blieb. Das zeigte sich im Aufbau des Staates, der von einer Bürokratie von schreibkundigen männlichen Beamten verwaltet wurde, die die Oberklasse bildeten.

Die Oberschicht war vor allem bestrebt, ihren Söhnen eine ordentliche Schreiberausbildung zu ermöglichen und ihnen zu einer Karriere in der Bürokratie zu verhelfen, wobei der Sohn im Idealfall das Amt des Vaters erbte. Frauen waren dagegen von der offiziellen bürokratischen Struktur ausgeschlossen.[1] Man schickte nur die Jungen zur Schule und ermutigte sie, den Beruf des Schreibers zu ergreifen. Da Frauen keinen Platz in der Bürokratie hatten, bestand offiziell für sie keine Notwendigkeit, lesen und schreiben zu lernen, und daher erhielten sie auch keine Schreiberausbildung. Das heißt nicht unbedingt, daß Frauen nie lesen oder schreiben lernten, aber leider gibt es keinen klaren Hinweis darauf, ob das eine oder das andere der Fall war. Es gibt kein Dokument, von dem wir zweifelsfrei wüßten, daß es von einer Frau verfaßt wurde oder daß es dazu bestimmt war, direkt von einer Frau gelesen zu werden. Bei Briefen von und an Frauen müssen wir immer die Möglichkeit in Betracht ziehen, daß sie von einem männlichen Schreiber geschrieben bzw. der Empfängerin vorgelesen wurden.

Einen klaren Hinweis auf die Schreibkundigkeit von Frauen scheint uns das Wort *seschet* zu geben, die weibliche Form des männlichen Titels *sesch*, «Schreiber», die gelegentlich im Mittleren Reich auftaucht.[2] Diese Form halten einige Forscher allerdings lediglich für die Abkürzung eines weiblichen Titels, der so viel wie «Malerin ihres Mundes» oder «Kosmetikerin» heißt. Diese Interpretation wird scheinbar dadurch erhärtet, daß eine der aufgeführten Bedeutungen des Titels «Friseuse» ist. Andererseits hat man im Besitz einer *seschet* namens Idni aus dem Mittleren Reich ein Skarabäussiegel gefunden, mit dem sich ein gewisses Ansehen verband.[3] Ein solcher Gegenstand wird kaum einer Kosmetikerin, die von geringem Status war, gehört haben. Den Titel *seschet* gibt es weder im Alten noch im Neuen Reich. In der Spätzeit trägt eine Frau, die im Dienst der Gottesanbeterin und Gottesgemahlin von Theben steht, den Namen *sesch-sehemet*, «Schreiberin».[4]

Was auch immer die wirkliche Bedeutung von *seschet* gewesen sein mag, der Kontrast zwischen dem Gebrauch dieser und der männlichen Form ist auffällig. Durch alle Epochen hindurch ist *sesch* einer der wichtigsten männlichen Titel, der wiederholt auf den Denkmälern erscheint. Selbst wenn wir in allen Fällen, in denen *seschet* auftritt, annehmen, daß es sich dabei um die weibliche Entsprechung des männlichen Schreibers handelt, wäre ihre Zahl verschwindend gering. Außerdem zeigen zahllose Szenen männliche Schreiber bei der Arbeit, während es zu keiner Zeit Abbildungen von arbeitenden Schreiberinnen gibt. Wir können auch nicht nachweisen, daß diese wenigen *seschet* in der Staatsbürokratie beschäftigt waren, da sie wohl eher eine Stellung in einem großen privaten oder königlichen Haushalt innegehabt haben dürften. Wir können auf einer privaten Stele zwei *seschet* zwischen Hausangestellten sehen, und eine weitere ist zweimal in der Grabkammer der königlichen Frau Aschit in Deir el-Bahari abgebildet.[5] Auch wenn es zu bestimmten Zeiten einige Frauen mit dem Titel *seschet* gegeben hat, hebt dies nicht die grundlegende Geschlechtertrennung in der Oberklasse auf, in der die Männer Schreiber waren und der Regierungsbürokratie angehören konnten, während die Frauen normalerweise weder Schreiberinnen waren noch an den Regierungsgeschäften beteiligt wurden.

Diese Trennung spiegelt die Struktur der Herrschaft wider. Es ist durchaus möglich, daß man außerhalb der bürokratischen Welt in gebildeten Familien Töchter im Lesen und Schreiben unterwies und daß diese Fähigkeiten in der weiblichen Linie fortdauerten, wenn die Mütter ihr Wissen an ihre Töchter weitergaben. Auch wenn Frauen aus Familien der Oberschicht niemals ein Amt innehaben konnten, mögen sie durchaus in der Lage gewesen sein, einander Briefe zu schreiben, über Haushalt und Geschäfte Buch zu führen und literarische Texte zu lesen oder abzuschreiben. In einem Brief aus der 20. Dynastie heißt es: «Und du wirst diese Tochter des Chonsmose sehen und sie einen Brief schreiben lassen und ihn an mich senden.» Vielleicht sollte sie diesen Brief wirklich selbst schreiben.[6]

In einigen Szenen aus dem Neuen Reich werden Frauen mit Schreibzeug unter ihren Stühlen dargestellt, und man hat daraus geschlossen, daß diese Frauen auf ihre Schreibkundigkeit hinwiesen.[7] Leider ist in all diesen Fällen, bis auf einen, der verfügbare Platz unter dem Stuhl des neben ihr sitzenden Gatten oder Sohnes so klein, daß möglicherweise dessen Schreibzeug unter den Stuhl der Frau geschoben wurde. In einer ähnlichen Szene befindet sich der Hund des Mannes unter dem Stuhl der Frau.[8] So ist nicht mit Bestimmtheit zu sagen, ob das Schreibzeug einer Frau gehörte.

Wenn es auch einige schreibkundige Frauen im Alten Ägypten gab, so scheinen sie keinerlei eigene literarische Gattungen entwickelt zu haben, die uns erhalten geblieben wären, wie etwa ein weibliches Äquivalent zu den männlichen Weisheitslehren, die jungen Frauen Ratschläge gegeben hätten. Da Lesen und Schreiben in der modernen Gesellschaft eine so wichtige Rolle spielen, sind wir natürlich leicht geneigt, diese Fähigkeit überzubewerten. Der chinesische Roman *Die Geschichte des Steins* handelt von einer gebildeten Familie der frühen Ch'in-Dynastie, in der die Töchter des Hauses lesen können und Gedichte schreiben; aber die Frau, die dem großen Haushalt vorsteht und die komplexen Beziehungen von Einnahmen und Ausgaben überwacht, hat in die Familie eingeheiratet und kann weder lesen noch schreiben, so daß sie alle Einzelheiten der Verwaltung des Haushalts im Kopf behält.

Obwohl die Grundvoraussetzung für eine Anstellung in der Staatsbürokratie darin bestand, lesen und schreiben zu können, konnten nur Männer bürokratische Ämter innehaben, und Frauen waren ungeachtet ihrer Schreibfertigkeit ausgeschlossen. Außerhalb des offiziellen Regierungsapparates steht immer noch nicht eindeutig fest, ob Frauen in Familien der Oberschicht je lesen und schreiben lernten. Sicher sollte die Möglichkeit nicht ausgeschlossen werden. Es könnte sehr wohl sein, daß wir Dokumente besitzen, die von Frauen geschrieben wurden, uns jedoch einfach die Möglichkeit fehlt, sie als solche zu identifizieren.

Frauen in der Gesellschaft und ihre Titel

Es ist schwierig, über Frauen in der ägyptischen Gesellschaft zu schreiben, wenn über die Struktur dieser Gesellschaft selbst nicht völlige Klarheit herrscht. Ohne Zweifel war sie extrem hierarchisch aufgebaut, und die Oberklasse muß mehrfach unterteilt gewesen sein, je nach der Stellung des einzelnen Schreibers. An der Spitze standen wohl die hohen Beamten und ihre Familien: der Wesir, der Schatzmeister, der erste Amun-Priester – Beamte, die der Zentralregierung angehörten. Nach ihnen kamen die Beamten, die den Stab der jeweiligen Abteilungen bildeten. Einige Beamte waren in wichtigen Provinzstädten angesiedelt, ihre Bedeutung bemaß sich nach dem Ort, an dem sie amtierten; sie standen jedoch vermutlich unter den Beamten der Zentralregierung. Darunter folgten wahrscheinlich Beamte und Schreiber, die zu kleineren und weniger wichtigen Orten und Institutionen gehörten. Auch auf Privatgütern waren Schreiber angestellt, und diese gehörten möglicherweise gar nicht zur Regierungsbürokratie.

Da die altägyptische Gesellschaft als Ganze so wenig erforscht ist, von Frauen in der Gesellschaft ganz zu schweigen, kann ich die sicher sehr komplexe Struktur nur bruchstückhaft und vereinfacht umreißen. Zunächst möchte ich einige der Titel vorstellen, die Frauen in den obersten Familien im Alten, Mittleren und Neuen Reich innehatten, um mich dann den Beschäftigungen der Frauen aus der Mittel- und Unterschicht zuzuwenden, einschließlich der Landarbeit. Zum Schluß möchte ich mich mit Frauen beschäftigen, die Pächterinnen oder Eigentümerinnen von Ackerland waren, sowie den Frauen, die ihren Männern, die eine offizielle Regierungsstelle innehatten, bei ihren Amtspflichten geholfen haben könnten.

Für das Mittlere Reich unterscheidet William Ward drei Gruppen titeltragender Frauen nach ihrem sozialen Status, und zwar aufgrund des Rangs ihrer Ehemänner.[9] Die erste Gruppe bestand aus Frauen von hohen Beamten wie beispielsweise dem Wesir, den Provinzstatthaltern oder Gaufürsten, bis hin zu Männern mit dem Titel «einziger Gefährte», dem niedrigsten Rangtitel der höheren Beamtenhierarchie. Die zweite Gruppe bildeten die Frauen von niedrigeren Beamten unterhalb des Grades des einzigen Gefährten, und die dritte Gruppe stand wieder unterhalb dieser. In jeder Gruppe besaßen die Frauen verschiedene Titel. In der ersten Gruppe findet man Frauen, die die weibliche Formen der angesehenen männlichen Rangtitel *iri-pat* und *hati-a* innehatten, wie auch den Titel «Tochter eines *hati-a*»; keiner dieser Titel war besonders verbreitet. Sehr viel häufiger trifft man auf die Titel «Priesterin der Hathor» *(hemet netjer ent Huthor)* und «einzige Hofdame» *(chekeret nesu watet)*, die offenbar den höchsten gesellschaftlichen Rang bezeichnen. Es ist unklar, ob eine Frau einen solchen Titel selbst erwarb oder ob er nur den Rang ihres Mannes widerspiegelte; das eine schließt das andere allerdings nicht aus.

In der zweiten Gruppe finden wir einige der üblichsten Frauentitel des Mittleren Reiches. Einer davon lautete «Bürgerin» *(anchet en nut)*. Er wurde auch im Neuen Reich noch gebraucht und war in den hieratischen Dokumenten von Deir el-Medineh (aber nicht in hieroglyphischen Texten) der häufigste Frauentitel; dort schien er eine verheiratete Frau zu bezeichnen. Seine grundlegende Bedeutung, besonders für das Mittlere Reich, ist unklar. Ein anderer häufig anzutreffender Titel ist

«Hofdame» *(chekeret nesu)*, ein Titel, der mit «einzige Hofdame» verwandt ist, aber einen niedrigeren Rang bezeichnet. «*Web*-Priesterin» ist die weibliche Entsprechung des *web*-Priesters. «Dienerin eines Herrschers» schließlich bezeichnet für gewöhnlich Frauen, die mit niedrigen Beamten verheiratet sind. Der «Herrscher» bezieht sich wahrscheinlich eher auf einen Provinzstatthalter als auf einen König, so daß dies keine Stellung in der Hauptstadt wäre. Die dritte Gruppe bilden Frauen aus geringeren Berufsständen, Hausangestellte und Dienerinnen.

Im Alten Reich trugen Frauen von hohem Rang Titel, die sich auf den König bezogen.[10] «Die, die dem König bekannt ist» ist die weibliche Entsprechung eines Titels, der von hohen Beamten gebraucht wurde. «Adlige des Königs» ist eine andere weibliche Entsprechung eines männlichen Titels. Sowohl die weibliche als auch die männliche Form wurden zum ersten Mal in der 6. Dynastie verwendet, aber die weibliche Version war bis in die 11. Dynastie hinein gebräuchlich, während die männliche Form am Ende des Alten Reichs ausstarb. Die Titel «Hofdame» und «einzige Hofdame» schließlich wurden von der 5. Dynastie an benutzt.

Zusätzlich zu diesen Rangtiteln gab es im Alten Reich weibliche Titel, die von Frauen in Verwaltungspositionen getragen wurden.[11] Frauen überwachten als Verwalterinnen Lagerhäuser sowie die Versorgung mit Nahrungsmitteln und Stoffen, vielleicht als Ausweitung ihrer Verantwortung für diese Dinge innerhalb der Familie. Sie hatten auch Stellungen inne, die mit der Weberei, mit Perücken, Gesang und Tanz zu tun hatten, oder mit Ärzten, der Landpacht und dem Totenkult. Viele dieser Frauen standen offenbar im Dienst anderer Frauen und gehörten daher vermutlich nicht der Staatsbürokratie an. Zwei Königinnen beschäftigten Verwalterinnen, während eine Prinzessin, die Frau eines hohen Beamten namens Mereruka, nicht nur eine Verwalterin, sondern auch eine «Schatzmeisterin», eine «Aufseherin des Schmucks» und eine «Aufseherin der Stoffe» hatte. Die einzige uns bekannte Aufseherin für Ärzte überwachte vermutlich Ärztinnen, die eine Königinmutter behandelten. Ansonsten waren Ärzte normalerweise männlich. Sängerinnen und Tänzerinnen hatten oft Aufseherinnen, aber neben diesen gab es auch männliche Inspektoren. Es gibt Anhaltspunkte dafür, daß Männer zwar Frauen vorstehen konnten, Frauen aber wahrscheinlich nicht Männern. Verglichen mit den männlichen Verwaltungstiteln tauchen die unter Frauen gebräuchlichen weitaus seltener und in weniger Variationen auf. Der einzige hohe Titel, der einmal einer Frau in der Verwaltung verliehen wurde, ist der des Wesirs in der 6. Dynastie. Es ist unklar, ob dieser Titel eine tatsächliche Funktion bezeichnete oder ein Ehrentitel war, aber die Tatsache, daß es sich um ein einzelnes, überraschendes Beispiel handelt, unterstreicht, daß Frauen in der Verwaltung so gut wie keine Rolle spielten.

Im Mittleren Reich besaßen Frauen immer noch ein paar Verwaltungstitel, aber diese waren offensichtlich weitaus weniger zahlreich und gebräuchlich als im Alten Reich. Den Titel «Schreiberin» haben wir schon erläutert. Außerdem gibt es: «Zimmerwärterin», «Hausdienerin», «Küchenaufseherin», «Majordomus» und «Sieglerin». All diese Titel finden wir viel häufiger in der männlichen Form. Es sind Haushaltstitel für Frauen, die privat beschäftigt wurden und nicht im Staatsdienst standen; sie waren vielleicht andern Frauen Rechenschaft schuldig.[12] In einer Untersuchung über die Frauentitel im Alten und Neuen Reich kommt Henry Fischer zu dem Schluß, daß «es kaum zu leugnen ist, daß Frauen im Mittleren Reich seltener und in weniger wichtigen Positionen mit der Verwaltung von Menschen und Besitz betraut waren, als das vorher der Fall gewesen war – nicht, daß ihre Rolle jemals von großer Bedeutung gewesen wäre, außer natürlich als Mutter, Ehefrau oder Tochter von Königen»[13].

Der Titel «Hofdame» findet sich ebenfalls im Neuen Reich, wo er von Ehefrauen und gelegentlich auch von Töchtern höherer Beamten getragen wird. Lange Zeit wurde dieser Titel in der Forschung für die Bezeichnung einer königlichen Konkubine gehalten. Zwei Forscher haben gezeigt, daß dies sehr unwahrscheinlich ist, da so viele der Frauen mit hohen Beamten verheiratet waren.[14] Es ist kaum anzunehmen, daß der König auf seine sexuellen Rechte an diesen Frauen verzichtet und sie seinen Beamten als «königliche Verstoßene» überantwortet hätte. Statt dessen vermutet man inzwischen, daß der Titel eine nicht näher bestimmbare Stellung am Hof bezeichnete. Eine solche Position würde Ansehen mit sich bringen und wäre der Frau eines hohen Beamten angemessen. In der 18. Dynastie wurde die Form «einzige Hofdame» nicht mehr gebraucht; die Hauptform «Hofdame» bezeichnete nun einen hohen Status. Man hat außerdem die Form «große Hofdame» *(chekeret nesu weret)* gefunden.

Ein wichtiger Titel im Neuen Reich, der die Trägerin in Beziehung zum König setzte, ist «Amme des Königs» (*menat nesu* und Varianten). Diese Frauen kennen wir hauptsächlich von den Denkmälern ihrer Ehemänner und Söhne, die meist Beamte von hohem Rang sind. Diese enge Verbindung mit der königlichen Familie, vor allem mit dem zukünftigen König, konnte der ganzen Familie die Gunst des Königs einbringen und den Männern der Familie den Aufstieg in die Bürokratie sichern, da sie als Kinder der königlichen Amme Milchbrüder des Königs gewesen waren und vermutlich in dessen Kindheit zum engsten Kreise des Königs gehört hatten.[15] Die Stellung der «Amme des Königs» war kein Amt innerhalb der Staatsbürokratie, dennoch ermöglichte sie eine Einflußnahme auf den König selbst und konnte daher durchaus den Weg zur Macht ebnen. Eine Ausbildung war für diese Position nicht notwendig, da die einzige Qualifikation darin bestand, Milch zu produzieren – eine biologische Funktion, die nur eine Frau erfüllen konnte. Wir wissen nicht, wie lange eine königliche Amme ihre Stellung behielt, nachdem das Kind entwöhnt war.

Die Aufgaben der Dienerinnen

Neben dem Stillen scheint es außerhalb des privaten Haushaltes einige Aufgabengebiete gegeben zu haben, mit denen Frauen durch die ganze ägyptische Geschichte hindurch vielfach betraut wurden: Mahlen und Backen, Spinnen und Weben, Musik und Tanz. Von anderen Gebieten wissen wir, daß Frauen weniger damit zu tun hatten: das Brauereiwesen, die Vor- und Zubereitung von Fleisch, die Handwerksproduktion sowie landwirtschaftliche Tätigkeiten auf großen Gütern. Ich werde im folgenden Bild- und Textmaterial daraufhin untersuchen, inwieweit das Geschlecht die Arbeitszuteilung bestimmt.

Wir haben bereits gesehen, daß im Alten und Mittleren Reich ein paar Frauen Ämter in der Verwaltung bekleideten und daß sie wahr-

32. *Grabmodell einer Korn mahlenden Frau. Die helle Hautfarbe bestimmt das Geschlecht der Figur.*

scheinlich eher im Dienst königlicher Frauen oder privater Haushalte standen als in dem der Staatsbürokratie. Ihr Rang hing von dem ihres Arbeitgebers ab. Unterhalb dieser Titel gibt es eine Reihe von Titeln, von denen wir annehmen können, daß sie weibliche Hausangestellte und Dienerinnen, einschließlich Friseusen, bezeichneten. Im Mittleren Reich gab es wohl etwa zwanzig solcher Titel, obwohl wir leider wenig über die Funktionen wissen, die mit ihnen verbunden waren.[16] Im Alten Reich und in der Ersten Zwischenzeit sind mindestens acht Frauen mit dem Titel «Sieglerin» bezeugt. Sie dienten Frauen in privaten Haushalten. Zwei weitere Frauen mit diesem Titel sind aus der 12. Dynastie bekannt.[17] Das Siegeln war eine der verbreitetsten Pflichten von Männern in der gesamten Bürokratie, da es keine Schlösser und Schlüssel gab und daher Siegel zum Schutz des Besitzes verwendet wurden. Ein Siegler trug das autorisierte Siegel, mit dem er Gefäße und Lagerräume vor Unbefugten verschloß.

Andere Titel bezeichnen eine «Amme» oder ein «Kindermädchen»; Frauen mit diesen Titeln treten gelegentlich als Teil von Familiengruppen auf Denkmälern auf. Auf einer Stele des Mittleren Reiches sitzt dem Eigentümer eine Amme gegenüber[18], während auf einer anderen eine Amme hinter dem Stifter der Stele steht und seinen Arm hält (Abb. 25).[19] In einem Brief aus dem Mittleren Reich heißt es: «Und schreib mir über alles, was die Gesundheit und das Leben der Amme Tima betrifft.»[20] Ein anderer Brief, in dem es um Haushaltsangelegenheiten geht, erwähnt «die Amme Jeje».[21]

Im Mittleren Reich gibt es für den Bereich der Zubereitung von Speisen mehr männliche als weibliche Titel.[22] Je einmal sind die Titel «Brauerin» und «Müllerin» überliefert, die beide Aufgaben bezeichnen, die mit der Verarbeitung von Getreide zu Bier und Brot zusammenhängen, was, wie wir bereits gesehen haben, häufig von Frauen ausgeführt wird. In den Darstellungen des Backens und Brauens vom Alten bis zum Neuen Reich sind sowohl Männer als auch Frauen beteiligt; in einigen davon führen die Frauen den gesamten Prozeß des Brotbackens allein durch. Frauen werden viel häufiger als Männer beim Kornmahlen gezeigt (Abb. 32), und in Deir el-Medineh wurden Sklavinnen zu diesem Zweck von der Regierung zur Verfügung gestellt. Darüber hinaus führen Verwaltungsdokumente aus der Zeit Sethos' I. aus der 19. Dynastie, die sich mit der Brotherstellung für den königlichen Palast in Memphis befassen, die Menge Korn auf, die man sechsundzwanzig Frauen zum Mahlen gab, zusammen mit der Menge Mehl, die auf diese Weise hergestellt wurde.[23] Das Mahlen des Korns scheint also eine traditionelle Frauenarbeit gewesen zu sein. Frauen werden auch häufig bei anderen Beschäftigungen im Backprozeß dargestellt, wenn sie das Feuer schüren und den Teig in die Formen füllen.

33. Traubenernte, Vogelfang und Zubereitung der Vögel für die Mahlzeit.

Während verschiedene Männer im Alten und Mittleren Reich als «Bäcker» bezeichnet werden, ist jedoch keine Frau mit diesem Titel bezeugt. Wie wir gesehen haben, ist das Brauen eng mit dem Backprozeß verbunden. Im Mittleren Reich werden eine Reihe von Männern «Brauer» genannt, aber nur eine Frau. In Darstellungen aus allen Epochen werden mehr Männer als Frauen in Begräbnisszenen und Modellen beim Brauen gezeigt, obwohl Frauen keineswegs davon ausgeschlossen sind.

In anderen Gebieten der Nahrungszubereitung dokumentieren die Quellen aus dem Mittleren Reich ebenfalls das Nichtvorhandensein weiblicher Titel. Es gibt männliche «Fleischer», «Köche» und «Konditoren».[24] Keiner dieser Titel taucht besonders häufig im Textmaterial auf, was darauf hindeutet, daß es nicht üblich war, solche Personen zu erwähnen. Es ist also durchaus möglich, daß es weibliche Entsprechungen gab, die einfach nicht bezeugt sind. Wenn wir allerdings das Bildmaterial aus dem Alten, Mittleren und Neuen Reich betrachten, finden wir keine Darstellungen von Frauen, die diese Tätigkeiten ausführen. Schlachtungsszenen sind sehr häufig und zeigen nur Männer. Viele davon stellen zwar rituelle Opfer dar, aber selbst Haushaltsszenen zeigen keine Frauen. Auch mit der anschließenden Zerlegung des geschlachteten Tieres und der Zubereitung des Fleisches sind nur Männer befaßt. Dasselbe gilt für ähnliche Szenen, die die Zubereitung von Fisch und Geflügel zeigen (Abb. 33). Das Schlachten kleiner Tiere wie Ziegen, Schafe und Schweine wird gewöhnlich nicht gezeigt, vielleicht weil ihr Fleisch gegenüber dem der Rinder weniger geschätzt wurde, deshalb wissen wir nicht, ob auch dies den Männern vorbehalten war. Die Kochszenen zeigen, daß das Fleisch entweder auf einem in der Hand gehaltenen Spieß über einem Feuer gegrillt oder in einem Topf gekocht wurde; die Köche sind Männer. Im Mittleren Reich finden wir den männlichen Titel «Koch» einige Male, aber eine weibliche Form ist nicht überliefert.

Die Grabkapellen enthalten oft Darstellungen von Werkstätten, in denen so verschiedene Handwerke wie Schreinerei, Schmuckherstellung, Metallarbeiten, Bildhauerei, Lederarbeiten und Weberei ausgeführt werden. In all diesen Szenen, mit Ausnahme der Textilherstellung, werden nur Männerfiguren gezeigt. Während Spinnen und Weben im Alten Reich nicht dargestellt wurden, gibt es Szenen, in denen Frauen Tuch liefern und dafür Zahlungen in Empfang nehmen. Darüber hinaus sind verschiedene Frauen «Aufseherinnen der Weber» oder «Aufseherinnen des Hauses der Weber».[25] Da Frauen nie Männer beaufsichtigen, muß es sich um Weberinnen gehandelt haben, was dadurch erhärtet wird, daß im Alten Reich die Hieroglyphe für Weber eine Frauengestalt enthält. In Szenen und Modellen des Mittleren Reiches sind es Frauen, die spinnen und weben (Abb. 28). In einem Papyrus aus dem späten Mittleren Reich, der fünfundneunzig Sklaven auflistet, ist das Verhältnis von Frauen und Männern zwei zu eins.[26] Die meisten Frauen, deren Beruf auf dem Dokument erhalten ist, aber keiner der Männer, sind in der Textilherstellung beschäftigt. Wir können daraus schließen, daß dies im Alten und Mittleren Reich eines der Handwerke war, in denen Frauen vorherrschend waren. Über diesen ganzen Zeitraum war der horizontale Webstuhl in Gebrauch. Seit Beginn des Neuen Reichs finden wir Darstellungen von vertikalen Webstühlen, an denen Männer arbeiten.[27] Spinnen und Weben werden in dieser Zeit selten dargestellt, aber eine Szene in einem ramessidischen Grab zeigt sowohl Frauen als auch Männer in einer Weberei mit einem vertikalen Webstuhl, an dem offenbar eine Frau arbeitet.[28]

Obwohl Frauen maßgeblich an der Textilherstellung beteiligt waren, hatten sie nichts mit der Wäscherei zu tun. Die wenigen Darstellungen aus dem Alten, Mittleren und Neuen Reich zeigen Männer bei dieser Arbeit.[29] Der Wäscher wird in der Liste der Berufe, die in der *Lehre des Cheti* aufgeführt ist, gerade deshalb erwähnt, weil er ein Mann ist. Der Wäschereidienst, den der Staat den Dorfbewohnern von Deir el-Medineh bot, wurde von Männern betrieben. Das *Brüdermärchen* erwähnt die «Wäscher des Pharao». Als Beruf wurde das Waschen also offenbar von Männern ausgeführt.

Musik spielte eine große Rolle bei Tempel- und Begräbnisritualen, und vielleicht auch in der Alltagsunterhaltung. Seit dem Alten Reich sind Musikerinnen und Tänzerinnen vielfach nachgewiesen.[30] In Grabszenen des Alten Reiches unterhalten Frauen der Oberschicht ihre Männer und Väter mit Musik (Abb. 34).[31] Es gibt auch Szenen, in denen Gruppen tanzender, singender und klatschender Frauen gezeigt werden (Abb. 40). Solche Ensembles konnten religiösen Einrichtungen oder königlichen und privaten Haushalten angehören. Im Alten Reich war es möglich, daß eine Frau Aufseherin einer dieser Truppen war, aber im Mittleren Reich ging diese Position auf Männer über. Zuerst scheinen die Ensembles ausschließlich aus Frauen bestanden zu haben, aber gegen Ende des Alten Reiches konnten auch männliche Tänzer und Sänger daran teilnehmen. Das spiegelt sich in Musikertiteln aus dem Mittleren Reich wider, die sowohl in männlicher als auch in weiblicher Form vorkommen. Musizierende Gruppen sind aus Grabkammern der

34. Zwei der Töchter des Grabherrn spielen Harfe.

35. Musikerinnen und Tänzerinnen bei einem Bankett.

18. Dynastie gut bekannt, wo sie in Bankettszenen die Gäste unterhalten (Abb. 35). Hier sind die Musiker zwar durchweg Frauen, aber es gibt genug gemischte Gruppen, die zeigen, daß Männer und Frauen gemeinsam Musikaufführungen gestalten konnten. In Kapitel 8 werden wir sehen, daß Musiktruppen auch eine Rolle im religiösen Ritual spielten und zum Tempelpersonal gehörten.

Eines der wichtigsten Fortbewegungsmittel im Alten Ägypten war das Schiff auf dem Nil, und es gibt zahlreiche Darstellungen von Schiffen und ihrer Besatzung. Die Matrosen scheinen immer Männer zu sein, und unter den Titeln für die Schiffsbesatzung im Mittleren Reich ist keiner weiblich. Frauen konnten natürlich per Schiff reisen, aber sie gehörten normalerweise nicht zur Besatzung, es sei denn, sie waren Haremsdamen, die an Bord geholt wurden, um in Fischnetze gekleidet einen gelangweilten König zu unterhalten.[32]

Ackerbau

Ägypten war vor allem eine Agrargesellschaft, und die Mehrheit der Bevölkerung muß in der einen oder anderen Funktion auf dem Feld gearbeitet haben. Das spiegelt sich in den Grabkapellen des Alten, Mittleren und Neuen Reiches wider, in denen private Ländereien des Grabherrn oder königliche und zum Tempel gehörige Güter dargestellt werden, die der Grabherr verwaltete. Eines der Merkmale, die sofort ins Auge springen, ist, daß die Zahl der männlichen Figuren die der weiblichen bei weitem übertrifft.

In Szenen, in denen die Landwirtschaft im Jahreszyklus gezeigt wird, vom Pflügen und Säen bis hin zur Ernte, spielen Frauen zu allen Zeiten eine sehr geringe Rolle. Im Alten Reich erscheinen Frauen, die Getreide worfeln, und vom Mittleren Reich an folgen sie den männlichen Erntearbeitern und sammeln die heruntergefallenen Ähren in kleinen geflochtenen Körben auf (Abb. 36). Es gibt dagegen keine Darstellungen von Frauen beim Schneiden des Korns; hingegen bringen sie manchmal offenbar den männlichen Schnittern Erfrischungen. Andererseits werden Frauen bei der Flachsernte gezeigt. Es ist nicht klar, ob die Tatsache dabei eine Rolle spielt, daß die Flachspflanze entwurzelt und nicht geschnitten wird. Möglicherweise gab es Gründe, weshalb Frauen in Gräbern nicht mit scharfen Klingen dargestellt wurden, oder vielleicht durften Frauen aus rituellen Gründen kein Getreide schneiden. Nachdem Frauen eine so maßgebliche Rolle beim Weben spielten, könnte dies dazu geführt haben, daß sie auch an der Flachsernte teilnahmen, aber Frauen konnten ja auch mahlen und backen.

Obwohl in einem Grab aus der 18. Dynastie eine Frau abgebildet ist, die Trauben pflückt, wird der Weinbau im allgemeinen als männliche Domäne dargestellt. Dasselbe gilt für Viehzucht und Tätigkeiten in den Sümpfen wie Vogelfang und Papyrussammeln. Die Tendenz, Frauen von dieser Art der Arbeit auszuschließen, wird dadurch deutlich, daß es im Mittleren Reich nur wenige bekannte Titel gibt, die sich auf diese Gebiete beziehen: Unter den fünfundneunzig bereits erwähnten Sklaven sind bis auf eine «Worflerin» und zwei «Gärtnerinnen» nur Männer. Die Gärtnerinnen haben möglicherweise in dem zum Haus gehörigen Garten gearbeitet. Ein Brief aus dem 24. Regierungsjahr Ramses' II. enthält eine Auflistung der Arbeiter auf einem Gut Amuns im Delta. Ihre Tätigkeiten sind denen der Arbeiter auf Landgütern in den Grabszenen sehr ähnlich: Es gibt Rinderhirten, Ziegenhirten, Schweinehirten, Eselhirten, Maultier(?)hirten, Vogelwärter, Fischer, Vogelfänger, Winzer, Salzarbeiter, Natronarbeiter, Papyruspflücker, Seilmacher, Mattenmacher und Landarbeiter.[33] Sie sind alle ziemlich deutlich als Männer ausgewiesen, obwohl es einfach anzugeben gewesen wäre, wenn sich Frauen darunter befunden hätten. Aus einigen Texten wissen wir allerdings, daß es Frauen gab, die auf Tempelgütern arbeiteten. In einem Dekret Sethos' I. über ein Landgut in Nubien, das zu dem Königstempel in Abydos gehörte, werden beispielsweise alle zum Tempel gehörigen Personen auf diesem Gut, «ob Mann oder Frau», genannt. Leider gibt es keine Information darüber, wofür die Frauen angestellt waren, ob sie Feldarbeit verrichteten oder mit der Herstellung von Brot und Kleidung sowie anderer Gebrauchsgegenstände für die männlichen Arbeiter befaßt waren.

Wahrscheinlich mußte jeder Ägypter zeitweise Arbeit für den Staat verrichten oder Frondienste leisten.[34] Der Glaube, daß eine solche Verpflichtung auch in der Nachwelt fortbestehen würde, führte zur Entwicklung der *Uschebti*-Figur, die im Grab aufgestellt wurde, um den Verstorbenen zu vertreten, falls man ihn oder sie zur Arbeit heranziehen würde. Wahrscheinlich konnten die Wohlhabenden statt dessen auch Zahlungen leisten; andere mußten selbst zur Arbeit antreten. Ein Papyrus aus dem späten Mittleren Reich berichtet von Personen, die flohen, um ihrem fälligen Dienst zu entgehen.[35] Sie alle schienen für die Arbeit auf Staatsfeldern vorgesehen gewesen zu sein. Sowohl Frauen als auch Männer sind aufgeführt, ob sie aber dieselbe Arbeit verrichteten wie die Männer oder ob es eine Aufteilung nach Geschlecht gab, bleibt unbekannt. Aus dem Dokument geht ebenfalls hervor, daß männliche wie weibliche Familienmitglieder von Arbeitsverweigerern als Geiseln festgehalten und vielleicht zur Arbeit gezwungen wurden, bis man die Entflohenen wiedergefunden hatte.

Dieses Strafsystem besaß offensichtlich auch im Neuen Reich noch seine Gültigkeit. In einem Text, der einen Schreiberlehrling zu überzeugen sucht, er solle sich weniger wild gebärden und sich auf seine Studien konzentrieren, sagt sein Ratgeber: «Als ich in deinem Alter war, verbrachte ich mein Leben in den Lagern: Sie haben meine Glieder gezähmt... Ich wurde im Tempel gefangen gehalten, während mein Vater und meine Mutter auf den Feldern waren, genauso wie (meine) Brüder und Schwestern.»[36] In einem anderen Text, der auf ähnliche Weise Schreiberlehrlinge ermutigen will, spricht der Verfasser von den Nachteilen eines Stallmeisterlebens, da er ohne Unterlaß schuften muß, aus Angst, daß ein Unglück über seine Familie kommen könnte. Ein solches Unglück ist, daß «seine Tochter am Deich» sei, und der Übersetzer merkt an, daß dieses Mädchen «wahrscheinlich harte Arbeit am Damm» verrichte.[37] Der Tonfall des Textes läßt keinen Zweifel daran, daß eine solche Beschäftigung für ein Mädchen nicht gerade angesehen war.

Es gibt andere Hinweise darauf, daß Frauen an Arbeiten im Freien mitwirken konnten. Eine aus dem Neuen Reich stammende Abschrift eines Textes aus dem Mittleren Reich spricht von Frauen, die als Schlägerinnen Wildvögel in den Sümpfen aufscheuchen.[38] Aber diese Tätigkeit wird nicht in Gräbern dargestellt, die verschiedenen Sumpfszenen zeigen vielmehr nur männliche Arbeiter. Dennoch taucht in zwei Liebesgedichten aus dem Neuen Reich das Motiv eines Mädchens, das Vögel in einem Netz fängt, auf.[39] Obwohl dies in Grabszenen als rein männliche Beschäftigung gezeigt wird (Abb. 33) und die Vogelfänger, die unter dem Personal des Gutes Amuns aufgelistet sind, Männer waren, wäre dieses Motiv kaum wirkungsvoll, wenn es eine bloße poetische Fiktion und nicht aus dem Leben gegriffen wäre. In einem Gedicht nimmt das Mädchen den Vogel mit nach Hause zu ihrer Mutter, was darauf schließen läßt, daß der Ort des Geschehens kein großes Gut, sondern ein kleiner Haushalt war, und daß die Vögel für den eigenen Bedarf gefangen wurden.

Frauen konnten Land besitzen oder pachten und es bebauen, etwa um für den eigenen Lebensunterhalt zu sorgen, oder um überschüssige Mittel zu investieren. Der *Wilbour-Papyrus* aus der Regierungszeit von Ramses V. enthält Informationen zum Getreideanbau auf staatseigenem Land, das verpachtet ist.[40] Nur etwa 10% dieser Pächter sind Frauen. Der einzige Titel, der ihnen gegeben wird, ist «Bürgerin». Die Frage ist, ob diese Frauen das Land tatsächlich selbst bebauten. Pächter beschäftigten unter Umständen einen Bauern, der die Arbeit verrich-

36. Landwirtschaftliche Tätigkeiten auf dem Gut Nachts; Nacht und seine Frau bringen ein Opfer dar.

tete, und in zwei Fällen stellt der Pächter, ein Schreiber, eine Frau zur Bebauung des Landes ein. Ein anderes Dokument spricht vom Getreide «von [dem Haus der] Dame Rocha(?) von dem Ackerland, das [sie] bestellte...».[41] Es ist möglich, daß einige Frauen tatsächlich ihr Feld selbst bestellten.

Frauen, die ihre Männer in ihrem Amt vertraten

Frauen durften zwar selbst keine Staatsämter bekleiden, aber sie konnten in einigen Fällen an den Pflichten teilnehmen, die sich aus dem Amt ihrer Männer ergaben. In einem Dokument aus der 20. Dynastie berichtet der Schreiber der Nekropole Djehutimose über seine Steuererhebung in Form von Getreide an verschiedenen Orten südlich von Theben, von der er einiges dem Schreiber der Nekropole Nesamunemipet und seiner Frau Henuttani, einer Musikerin Amuns, überbrachte.[42] Dies waren offizielle Einkünfte, die Nesamunemipet kraft seiner Funktion als Schreiber der Nekropole erhielt. In einem der Einträge ist Henuttanis Name vor dem Nesamunemipets aufgeführt, während sie in zwei anderen nur als Empfängerin des Getreides genannt wird. Ein Brief Henuttanis an Nesamunemipet über diese Angelegenheit des Getreideempfangs und gewisse Probleme, die sich ergeben hatten, wird in Genf aufbewahrt.[43] Nesamunemipet ist offenbar abwesend, und Henuttani vertritt ihn. Sie bleibt außerhalb der offiziellen bürokratischen Struktur, und ihre Autorität ist allein darin begründet, daß sie Nesamunemipets Frau ist. Wenn Nesamunemipet seine Arbeit verloren hätte oder gestorben wäre, hätte auch sie keinerlei Autorität mehr besessen.

Wir können dies an einem anderen in einem Brief beschriebenen Fall sehen: Der Brief ist an einen Mann gerichtet, dessen Frau unbefugt in eine offizielle Vorratskammer eingedrungen war, aus der sie mehrere Gegenstände mitgenommen hatte.[44] Vor Gericht antwortete sie auf die Frage, warum sie die Kammer ohne Erlaubnis des Wärters geöffnet habe,[45] der Wärter sei ihr Mann, als ob das alles in Ordnung bringen könnte. Leider stieß dies auf wenig Sympathie, da ihr Mann schon in eine andere Stellung versetzt worden war, bevor sie sich Zugang zur Kammer verschafft hatte. Ganz klar war jedes Recht, das sie gehabt haben mag, die Kammer zu betreten, in dem Moment erloschen, als ihr Mann nicht mehr der Wärter war.

Ich möchte noch einmal zu dem Bericht Djehutimoses über die Steuereintreibung zurückkommen. Wir finden darin noch eine zweite Frau, die vielleicht auch Bevollmächtigte ihres Mannes war. Djehutimose erhielt dreißig Säcke als Steuern «aus der Hand der Musikerin des Amun, Meschanefer, Frau des Herinefer, Meister vom tragbaren Schrein». Diese Fälle sind unter Umständen alles andere als Einzelfälle, und es ist gut möglich, daß Frauen ihren Männern gewöhnlich bei ihren offiziellen Aufgaben halfen, während sie selbst außerhalb der Struktur der männlichen Bürokratie blieben.

Zusammenfassung

Die Art der Arbeit, die eine Frau im Alten Ägypten verrichtete, hing von ihrem Status oder dem ihres Mannes ab. Im Alten Reich hatten eine Reihe von Frauen Verwalterinnenposten inne, wahrscheinlich in privaten Haushalten oder im Dienst anderer Frauen. Verglichen mit den Ämtern, die Männer bekleiden konnten, sind dies sehr wenige, und sie sind auf wenige Bereiche beschränkt. Es gibt keinen klaren Hinweis darauf, daß Frauen jemals männlichen Arbeitern übergeordnet waren. In niedrigeren sozialen Klassen gibt es eine Reihe von geschlechtsspezifischen Berufen. Männliche Diener bedienten für gewöhnlich Männer, und weibliche Frauen; Männer machten das Bett des Hausherrn, Frauen das seiner Frau; die Sänfte einer Frau wurde eher von Frauen als von Männern getragen; Tänzer arbeiteten in getrennten männlichen und weiblichen Gruppen. Im Mittleren und Neuen Reich verschwanden die Verwaltungstitel von Frauen fast völlig. Ein paar geringe Positionen für Frauen blieben, aber in der Verwaltung auf allen Ebenen der Gesellschaft besaßen die Männer offizielles Vorrecht. Unter dem in großen privaten Haushalten und auf Landgütern angestellten Personal finden wir eine geschlechtsspezifische Aufteilung der Arbeit. Während Männer wie Frauen im Haus als Diener arbeiteten oder beim Backen und Brauen beteiligt waren, dominierten die Männer in den meisten anderen Bereichen der Nahrungsmittelproduktion. Die meisten Handwerker waren Männer, nur in der Textilindustrie waren überwiegend Frauen beschäftigt, bis im Neuen Reich auch zunehmend Männer zur Arbeiterschaft gehörten, vielleicht bedingt durch die Einführung des vertikalen Webstuhls. Arbeit im Freien auf privaten und staatlichen Landgütern wurde meistens von Männern ausgeführt, und nur in einigen wenigen Gebieten spielten Frauen eine Rolle.

Männer wie Frauen konnten zur staatlichen Arbeit verpflichtet werden und mußten vielleicht auf dem Feld arbeiten. Es gibt verstreute Hinweise darauf, daß Frauen trotz der geschlechtsspezifischen Aufgabenteilung, die für große Landgüter galt, manchmal im Freien arbeiten mußten, als Teil ihres Frondienstes, als Bestrafung, aufgrund von Verarmung, oder um Land zu bebauen, das sie besaßen oder pachteten. Dennoch gibt es genug Material, das zeigt, daß es eine ideale geschlechtsspezifische Arbeitsteilung gab, die die Aufgaben, die eine Frau erfüllen konnte, einschränkte, während sie für Männer weitaus weniger restriktiv war. Es ist schwer einzuschätzen, inwieweit das Ideal in die Praxis umgesetzt wurde.

VII.
Die ökonomische und rechtliche Stellung der Frauen

Eigentumsverhältnisse im Alten und Mittleren Reich

Der Begriff des Privateigentums, d. h. solchen Eigentums, das Grundeigentümer frei veräußern konnten, hatte sich schon im frühen Alten Reich entwickelt; dafür war es nicht entscheidend, ob der König theoretisch alles Land besaß oder nicht. Obwohl es nicht viele Quellen aus dieser Zeit gibt, finden sich doch einige Hinweise, daß sowohl Frauen als auch Männer Land besitzen konnten.[1] Ein Beamter namens Metjen aus der 3. Dynastie beschreibt in seiner biographischen Inschrift, daß er 50 *Arures* Land von seiner Mutter Nebsenet geerbt hat. Ein *Arure* entspricht ungefähr 2756 qm. In der 5. Dynastie erwähnt ein anderer Beamter namens Tjentj in einer Schrift zwei Arures Land, die ihm von seiner Mutter vererbt worden sind. Andere erhaltene juristische Dokumente belegen, daß Ehefrauen von ihren Männern und Töchter von ihren Vätern erben konnten. Diese frühen Texte beziehen sich ausschließlich auf Mitglieder der höchsten Schicht; wir wissen nicht, ob Männer und Frauen von niedrigerem gesellschaftlichem Status ähnliche Eigentumsrechte besaßen.

Die Zahl der juristischen Dokumente über Eigentum und Erbschaft aus der Zeit des Mittleren Reiches ist etwas umfangreicher, und einige davon beziehen sich auf Frauen. Gegen Ende der 12. Dynastie, im Jahr 44 der Regentschaft Amenemhets III., verfaßte ein Beamter mit Namen Anchreni, der getreue Siegelbewahrer des Leiters der Arbeit, ein Testament, in dem er seinen ganzen Besitz seinem Bruder Wah, einem Priester, hinterließ. Hieraus kann man schließen, daß er weder Frau noch Kinder hatte, die noch am Leben waren. Dann starb Anchreni, und Wah trat sein Erbe an. Im Jahr 2 des nächsten Königs, Amenemhets IV., schrieb Wah sein eigenes Testament, in dem er sein ganzes Vermögen seiner Frau vermachte: «Testament verfaßt von dem Priester … Wah: Hiermit vermache ich meiner Frau … Scheftu, auch Teti genannt, – alles, was mein Bruder Anchreni mir hinterlassen hat, mit allen Gütern, wie sie sein sollen – von allem, was er mir vermacht hat. Sie selbst soll (dies) denjenigen Kindern, welche sie mir gebären wird, hinterlassen, denen sie sie hinterlassen will. Ich gebe ihr die drei Asiaten, die mein Bruder … Anchreni mir gegeben hat. Und sie kann diese irgendeinem ihrer Kinder vermachen. Was mein Grab betrifft, so soll ich darin begraben werden, und meine Frau ebenso, ohne Einmischung von irgend jemand anderem. Was die Räumlichkeiten betrifft, die mein Bruder ... Anchreni für mich gebaut hat, dort soll meine Frau wohnen, ohne daß irgend jemand sie hinauswerfen kann.»[2]

Da Teti zu diesem Zeitpunkt offenbar noch keine Kinder hatte, wurde dieses Dokument vielleicht aus Anlaß ihrer Eheschließung mit Wah abgefaßt. Wenn dies der Fall ist, war Anchreni wohl schon tot und Wah wahrscheinlich nicht mehr so jung; vielleicht konnte er es sich nicht leisten zu heiraten, bevor er das Vermögen seines Bruders geerbt hatte. Dem Dokument wurde nachträglich folgender Satz in einer anderen Handschrift hinzugefügt: «Der Stellvertreter Geb soll Vormund meines Sohnes sein.» Das legt nahe, daß Teti Wah tatsächlich ein Kind gebar, er jedoch nicht erwartete, das Kind aufwachsen sehen zu können. Das mag eine Erklärung dafür sein, warum Wah in seinem Testament es seiner Frau freistellt, die Erbschaft ihrer gemeinsamen Kinder selbst zu regeln.

Ein anderes Testament aus dem Mittleren Reich, vom Ende der 12. Dynastie, wurde von Intefs Sohn Meri abgefaßt, auch Kebi genannt. Darin hinterläßt er seinem Sohn sein Amt, setzt ein vorheriges Testament zugunsten der Mutter seines Sohnes (sicher seine frühere Ehefrau) außer Kraft, und vermacht sein Haus seinen noch nicht geborenen Kindern von einer anderen Frau, vermutlich seiner neuen Ehefrau.[3] Es ist bemerkenswert, daß das Haus an die zukünftigen Kinder geht und seine neue Frau nicht versorgt wird. Vielleicht wird vorausgesetzt, daß sie das Haus bewohnen kann, bis die Kinder erwachsen sind, und daß diese sich dann um sie kümmern werden.

In einem anderen Dokument aus einer späteren Zeit im Mittleren Reich geht es um eine Eigentumsstreitigkeit zwischen einem Mann und seiner Tochter.[4] Der Vater beabsichtigt, den sechzig Sklaven, die er seiner Frau Senebtisi übertragen hat, weitere fünfzehn hinzuzufügen. Seine Tochter Tahenwet hat jedoch eine Klage gegen ihn angestrengt mit der Behauptung, sie habe dieses Vermögen von ihrem Mann erhalten und ihr Vater wolle es nun seiner Frau vermachen. Das Dokument scheint eine private Aufzeichnung über die Erwiderung des Vaters zu enthalten, es ist aber zu beschädigt, um vollständig verständlich zu sein. Vielleicht war Senebtisi die zweite Frau des Vaters, während Tahenwet die Tochter der ersten war, was zu Spannungen zwischen den beiden geführt haben könnte. Stephen Quirke ist der Meinung, daß es sich bei dem Vater um den Wesir Renseneb aus der 13. Dynastie handelt; dies würde die große Anzahl der Sklaven erklären.[5] Dieser Fall zeigt, daß eine Frau selbst eine Klage vor Gericht vorbringen konnte.

Die ökonomische Stellung der Frauen im Neuen Reich

Trotz des scheinbar so reichhaltigen Quellenmaterials über das Neue Reich wissen wir immer noch zu wenig über die Funktionsweise der altägyptischen Ökonomie.[6] Offensichtlich gab es aber einen wesentlichen Unterschied zwischen der wirtschaftlichen Situation von Männern und Frauen der Oberklasse. Die Männer waren durchweg Schreiber und hatten eine Regierungsstelle inne, für die sie ein Gehalt bezogen, das in Getreide und anderen Waren ausgezahlt wurde, denn Geld gab es nicht. Frauen hatten keinen Zugang zur Bürokratie und konnten also kein solches Einkommen empfangen. Ein einfacher Arbeiter in Deir el-Medineh verdiente im Monat 4 *char* (ca. 300 Liter) Emmerweizen für Brot und 1,5 *char* Gerste für Bier.[7] Man hat errechnet, daß diese Menge eine Familie von zehn Personen ernähren konnte, wenn einige davon Kleinkinder waren. Die Bezahlung, die ein Mann von der Regierung erhielt, sollte ihm also den Unterhalt von Frau und Kindern ermöglichen. Außerdem bekamen die Arbeiter an Feiertagen zusätzliche Lebensmittel von den Tempeln, und einige Texte legen nahe, daß die Männer einiges davon an diverse Frauen weitergaben. Wer diese Frauen waren, ist nicht klar, aber sie waren höchstwahrscheinlich Familienmitglieder. Es galt also als selbstverständlich, daß Frauen in Deir el-Medineh in ihrem Lebensunterhalt von ihren Ehemännern abhängig waren.

Trotzdem wird von den Frauen in Deir el-Medineh berichtet, daß sie selbständig und auf eigene Rechnung an Geschäftsabwicklungen beteiligt waren. Eine Frau erhielt zum Beispiel 29 Kupfer*deben* für – vermutlich selbstgewebte – Kleidung, was fast 15 *char* Getreide entspricht.[8] Ein *deben* war eine Gewichtseinheit, die ungefähr mit 91 Gramm gleichzusetzen ist. Bei einem anderen Geschäft kaufte eine Frau Waren im Wert von 76 *deben*. Sie leistete eine Anzahlung von Kleidungsstücken und Gemüse im Wert von 5 *deben*, blieb den Rest aber schuldig.[9] Ihr Gläubiger muß sicher gewesen sein, daß sie in der Lage war, diese Schulden innerhalb einer angemessenen Frist zurückzuzahlen. In einem anderen Fall bot eine Frau ein Stück Land als Bezahlung für einen Esel an.[10] Ein Text erwähnt Gegenstände im Wert von insgesamt 170 *deben*, die einer Frau namens Webchet geschuldet wurden.[11] Es wird auch eine Frau genannt, die ein Anrecht auf eine bestimmte Anzahl von Arbeitstagen von zehn Sklaven besaß.[12] Dabei handelt es sich um eine alte Form der Zeitarbeit: Die Sklaven waren das gemeinsame Eigentum einer Gruppe von Personen, von denen jede das Recht auf eine bestimmte Anzahl von Arbeitstagen pro Jahr hatte. Vermutlich konnten sie diese Tage entweder selbst in Anspruch nehmen oder sie an jemand anderes verkaufen, um so Geld zu verdienen.

Auch außerhalb Deir el-Medinehs gibt es Beispiele von Frauen, die Sklaven besaßen. Ein Papyrus aus Gurob in Mittelägypten berichtet, daß ein Mann von einer Frau und ihrem Sohn siebzehn Arbeitstage einer Sklavin namens Cherit und vier Tage von einer Sklavin namens Henut erwarb. Später kaufte er ihr noch einmal sechs Arbeitstage von Cherit ab; der Sohn wird bei dieser Gelegenheit nicht erwähnt.[13] Für insgesamt 27 Arbeitstage bezahlte er einige Kleidungsstücke, einen Stier und 16 Ziegen. Die Vermietung von Sklaven stellte also eine zusätzliche Einkommensquelle für eine Frau dar, wenn auch die Anschaffungskosten beträchtlich waren. Ein Papyrus aus Theben berichtet vom Kauf eines Sklaven, für den eine Frau über 400 *deben* bezahlte.[14] Sie gab für mehr als die Hälfte des Preises Kleidung im Wert von 223 *deben,* über die sie frei verfügen konnte, da sie sie vielleicht selbst angefertigt hatte. Den Rest zahlte sie mit Waren, die sie von ihren Nachbarn lieh. Vielleicht hoffte sie, den Sklaven vermieten zu können, um die Schulden zurückzuzahlen, vielleicht waren ihre Gläubiger aber auch bereit, zur Tilgung der Schulden Arbeitstage des Sklaven zu erhalten. Leider wird dies in dem Dokument nicht erwähnt, da es weniger um das Geschäft als solches geht als vielmehr um die Zurückweisung der Beschuldigung, die Frau habe den Kaufpreis teilweise mit Waren bezahlt, die nicht ihr Eigentum waren.

Diese Fälle zeigen, daß einige Frauen an Geschäftsabschlüssen beteiligt waren, die – verglichen mit dem Monatslohn eines Arbeiters von Deir el-Medineh – Güter von hohem Wert beinhalteten. Auch Männer betrieben private Geschäfte; in Deir el-Medineh stellten Arbeiter Möbel und Gegenstände für die Grabausstattungen her und verzierten sie. Sie vermieteten ihre Esel gegen Bezahlung und bestellten möglicherweise Land außerhalb des Dorfes. Den Aufzeichnungen der Siedlung zufolge bestimmten die Männer das wirtschaftliche Leben. In einer Sammlung von Dokumenten zu finanziellen Transaktionen, die man für eine Studie der Dorfwirtschaft zusammengestellt hat,[15] tauchen Frauen nur in 18,1% der Dokumente auf, die Namen nennen, und dort machen sie wiederum 10,3% der namentlich genannten Personen aus. Entweder spielten Frauen in den Geschäften, die in den Dokumenten beschrieben werden, eine weniger aktive Rolle als Männer, oder aber die meisten Geschäfte der Frauen wurden an ihrer Stelle von Männern durchgeführt.

Wir haben keine Kenntnis von den Gehältern, die Regierungsangestellten außerhalb der Arbeitersiedlung gezahlt wurden. Hohe Beamte wie der Wesir oder der Schatzmeister erhielten gewiß ein Vielfaches der Summe, die einem einfachen Arbeiter gezahlt wurde. Im *Wilbour-Papyrus,* der die Landeigner in Teilen Mittelägyptens während der Regierungszeit Ramses' V. verzeichnet, besitzt der Wesir 20 *Arures* Land und der Schatzmeister 194; wir wissen jedoch nicht, ob sie dieses Land als Teil ihres offiziellen Einkommens empfingen oder ob es zu ihrem Privatvermögen gehörte. Obwohl die Frauen dieser Beamten höchstwahrscheinlich am Reichtum ihrer Ehemänner teilhatten, ist nicht bekannt, welches Einkommen sie selbst erwarten durften. Wenn sie selber aus hohen Beamtenfamilien stammten und Vermögen von ihren Eltern geerbt hatten, waren sie wahrscheinlich finanziell unabhängig.

Erbschaft im Neuen Reich

Wie für frühere Zeiten gibt es für das Neue Reich reichlich Anhaltspunkte dafür, daß Frauen Erbschaften antreten konnten. Obwohl nur ein Sohn erwarten konnte, das Amt seines Vaters zu übernehmen, scheinen unter normalen Umständen alle Kinder, Männer wie Frauen, gleichberechtigt Güter von ihren Eltern geerbt zu haben. Die erhaltenen Dokumente zu diesem Thema handeln oft von Auseinandersetzungen zwischen den Erben oder von besonderen Umständen bei der Vermögensaufteilung. Wenn es üblich gewesen wäre, sein Testament zu machen, hätte man mehr Dokumente dieser Art gefunden. In den meisten Fällen wurde der Besitz vermutlich unter den Kindern eines Mannes oder einer Frau aufgeteilt, ohne daß es zu Streitigkeiten kam; die Aufteilung wurde wohl nur schriftlich festgehalten, wenn es Schwierigkeiten gab. In einem Gerichtsfall aus Deir el-Medineh geht es um die Forderung einer Frau, «ihren gerechten Anteil am Erbe ihres Vaters zu erhalten».[16] Die ungewöhnlichen Umstände, die die zweimal verheiratete Frau namens Naunacht (die wir bereits in Kap. III erwähnten) dazu veranlaßten, ein Testament zu schreiben, zeigen uns, wie sie zu ihrem Vermögen gekommen war und wie sie darüber weiter zu verfügen gedachte.[17] Sie hatte von ihrem Vater einen Lagerraum geerbt, Land und anderen Besitz von ihrem ersten Ehemann und zusammen mit ihrem zweiten Mann ein *oipe* Emmerweizen erworben. Ein *oipe* entspricht knapp 20 Litern. Sie hatte auch Anrecht auf ein Drittel des Vermögens, das sie zusammen mit ihrem zweiten Ehemann besaß – die übrigen zwei Drittel waren für die Kinder bestimmt. In ihrem Testament legt Naunacht fest, was mit ihrem gesamten Vermögen geschehen soll, einschließlich des Drittels aus ihrer zweiten Ehe, obwohl ihr Mann noch am Leben ist. Während ihre erste Ehe kinderlos geblieben war, hatte sie von ihrem zweiten Mann acht Kinder. Einige dieser Kinder kümmerten sich jedoch nicht so um sie, wie es sich ihrer Meinung nach gehörte; also enterbte sie diese und hinterließ damit ihren wohlerzogenen Kindern anteilmäßig mehr. Es wird aber ausdrücklich festgehalten, daß alle Kinder Anspruch auf ihren Anteil an den zwei Dritteln des

Vermögens haben, das sie von ihrem Vater erben werden. Im Gegensatz dazu konnte Naunacht über ihr eigenes Eigentum vollständig frei verfügen.

Naunachts Ehemann und alle ihre Kinder stimmten ihrem Testament in der Gegenwart von Zeugen zu. Es scheint klug gewesen zu sein, die Zustimmung seiner Kinder zur Vermögensaufteilung zu suchen, um spätere Auseinandersetzungen zu vermeiden. In einem Fall wird berichtet, daß ein Mann nach dem Tod seiner ersten Frau wieder heiratete und seiner zweiten Frau Teile seines Besitzes übereignen wollte. Die Kinder aus der ersten Ehe bezeugten, daß sie ihre gesamte Erbschaft erhalten hatten und daß der Vater über den Besitz, der der zweiten Frau vermacht werden sollte, frei verfügen konnte.[18]

Naunacht konnte die Kinder, mit denen sie unzufrieden war, enterben; natürlich bezog sich das nicht auf den Besitz des Vaters der Kinder, obwohl er das gleiche hätte tun können, wenn er gewollt hätte. Aus einem anderen Fall wissen wir, daß ein Mann eine Verwandte enterbte, die sich nicht um ihn gekümmert hatte, als er krank war.[19] Eine weitere Vorbedingung für eine Erbschaft können wir Dokumenten entnehmen, in denen von Auseinandersetzungen um die Verantwortung für das Begräbnis des Verstorbenen berichtet wird.[20] In einem davon lesen wir, daß eine Frau namens Tagemi starb und von Hui, einem ihrer Söhne, ohne die Hilfe der anderen Kinder begraben wurde. Offensichtlich gab dies Hui das Recht, das Vermögen seiner Mutter zu erben. Aber als Hui dann selber starb und sein Besitz an seinen Sohn übergehen sollte, versuchten Huis Geschwister, einen Teil von Tagemis Vermögen mit der Begründung für sich zu gewinnen, daß Hui sie nicht allein begraben hatte. Sein Sohn zitiert: «‹Der Besitz soll an den gehen, der begraben hat›, sagt das Gesetz des Pharao», und er führt einen Präzedenzfall an: «Siehe, der Grundbesitz von Tanehsi wurde Sawadjet zugesprochen, als sie begraben wurde und er ihr seinen Sarg gab.» Aus einem anderen Dokument erfahren wir, daß Tanehsi Sawadjets Mutter war; er beschaffte die Grabausstattung und begrub sie, «während seine Brüder und Schwestern ihm nicht halfen». Der Arbeiter Nebsemen fertigte für eine Frau namens Iner «einen hölzernen, verzierten Sarg für ihren Anteil am unteren Lagerhaus». Später entstand ein Streit zwischen Nebsemens Kindern und der Tochter von Iner um diesen Besitz. Nebsemens Kinder beanspruchten ihn mit der Begründung, daß es Nebsemen war, der Iner begraben hatte.

Daß derjenige erbte, der für das Begräbnis verantwortlich war, erklärt auch den Inhalt eines Briefes aus der Zeit der frühen 18. Dynastie: «Meniupu ist zu uns geflüchtet. Mein Vater und meine Mutter werden ihn unterstützen... Wenn er stirbt, wird meine Mutter ihn begraben, denn ihr Mann Neni hat ihr aufgetragen, ihn zu begraben und die Pflichten eines Erben für ihn zu erfüllen.»[21] Auch hier besteht die Verbindung zwischen Ausführung eines Begräbnisses und Erbschaft. Wenn Söhne und Töchter das Recht zu erben besaßen, konnten sie offenbar nicht nur von ihren Eltern enterbt werden, sondern auch das Erbrecht verlieren, wenn sie sich nicht am Begräbnis ihrer Eltern beteiligten.

Trotzdem erbten Frauen oft Besitz von ihren Eltern. In Deir el-Medineh konnte dieser u. a. aus Häusern bestehen. Andrea McDowell sieht den Grund hierfür darin, daß sich die Häuser der Siedlung im Besitz der Regierung befanden und an eine Arbeitsstelle gebunden waren, so daß sie nur Männern «gehören» konnten.[22] Beim Tod des Vaters oder des Ehemanns konnten Frauen also ihr Obdach verlieren. Um dem vorzubeugen, wurden Hütten oder Lagerhäuser aus Privatbesitz häufig an Frauen vermacht. In einem Brief an seine Tochter schreibt ein Mann ausdrücklich: «Wenn der Arbeiter Baki Dich aus dem Haus hinauswirft, werde ich etwas unternehmen! Was das Haus betrifft, es gehört (?) natürlich Pharao, er lebe, sei heil und gesund, aber Du kannst im Vorraum meines Lagerhauses wohnen, denn ich bin es, der es gebaut hat. Niemand in der ganzen Welt soll Dich dort hinauswerfen.»[23]

Es gibt eine interessante Stele, auf der es um den zweiten Priester Piai, seine Schwester und seine Mutter geht. Piai hinterläßt den ganzen Besitz seines Vaters, eines Aufsehers der Kornspeicher, seiner Schwester – einschließlich der Felder, Wiesen, Sklaven und Bäume. Ihre Mutter gibt ihren Anspruch auf das Vermögen unter der Bedingung auf, daß die Tochter sich um sie kümmert, wenn sie alt ist.[24] Höchstwahrscheinlich verfügte Piai in seiner Stellung als zweiter Priester über ein gutes Einkommen, so daß er in der Lage war, seiner Schwester zu finanzieller Unabhängigkeit zu verhelfen. Die Familie bekleidet einen höheren sozialen Rang als die Arbeiter in Deir el-Medineh, demzufolge geht es auch um mehr Besitz.

Grundeigentümer im Neuen Reich

Obwohl wir über Landeigentümer im allgemeinen nur wenig wissen, wird aus dem bisher Gesagten deutlich, daß Frauen selbständig Land besitzen und pachten konnten. Von den Grundbesitzern, die im *Wilbour-Papyrus* erwähnt werden,[25] waren zwischen 10 und 11 Prozent Frauen. Die meisten von ihnen besaßen 5 *Arures,* einige nur 3, andere aber 10 oder 20. 5 *Arures* Land war nach diesem Papyrus die übliche Größe (ca. 1,35 Hektar); und als Grundeigentümer werden vor allem Stallmeister, Hirten und Priester erwähnt. Im Gegensatz dazu besaßen Soldaten meist 3 *Arure* große Grundstücke, während für die Mehrzahl der Schreiber 10 oder mehr *Arures* aufgelistet werden. Man hat errechnet, daß 5 *Arures* genug Getreide für fünf bis acht Erwachsene ergaben, aber ein Teil des Getreides wurde benötigt, um andere Lebenshaltungskosten zu bestreiten. Doch ein 5-*Arure*-Grundstück hatte genug Ertrag für ein oder zwei Erwachsene und ihre Kinder. Eine weitere Schätzung besagt, daß 10 *Arures* von einem einzigen Mann bestellt werden konnten, so daß jemand mit einem 5-*Arure*-Grundstück genug Zeit hatte, nebenher für ein zusätzliches Einkommen zu arbeiten. Ein mögliches Nebeneinkommen von Grundeigentümerinnen war natürlich die Herstellung von Textilien.

Großgrundbesitz

Am anderen Ende der sozialen Leiter gab es die vielen *Arures* großen Familiengüter der Oberklasse. Obwohl die Nachkommen der ursprünglichen Eigentümer normalerweise zu gleichen Teilen erbten, wurden solche Güter in der Regel nicht aufgeteilt. Statt dessen verwaltete einer der Erben den gesamten Besitz und verteilte das jährliche Einkommen an alle übrigen. Die Erben mußten selbst nicht auf dem Gut wohnen, sie konnten sich vielmehr mit ihrem Einkommensanteil niederlassen, wo sie wollten.

Einzelheiten über ein solches Gut erfahren wir aus einem langen Text im Grab eines Mannes namens Mose aus der Regierungsperiode Ramses' II.[26] Das Gut, das über mehrere Generationen in Familienbesitz gewesen war, hatte immer wieder zu gerichtlichen Auseinandersetzungen unter den Erben geführt, und diese Geschichte erzählt Mose in seinem Grab. Ein Vorfahre hatte das Gut von König Ahmose zu Beginn der 18. Dynastie erhalten. Gegen Ende der Dynastie, zur Zeit von Haremheb, gab es sechs Erben, davon vier Frauen. Eine von ihnen mit Namen Wernero war zu dieser Zeit die Gutsverwalterin. Diese Position wurde später von ihrer Schwester Tacharu gerichtlich angefochten; Tacharu wollte, daß der Besitz unter den Erben aufgeteilt würde. Aber der Sohn von Wernero leistete Widerstand und erkämpfte sich die Stelle des Verwalters für die ganze Besitzung, die er bis zu seinem Tode innehatte. Nach seinem Tod übernahm seine Frau Nebnefret die Verwaltung für ihren Sohn Mose, der vermutlich noch unmündig war. Ihre Stellung wurde von einem Mann namens Chai angefochten, dessen Verbindung zur Familie unklar ist; er könnte ein völliger Außenseiter oder einer der Erben gewesen sein. Er erhob mittels gefälschter Dokumente nicht allein auf die Verwalterstelle Anspruch, sondern auch auf Nebnefrets und Moses Besitzanteil. Obwohl der Ausgang des Verfahrens nicht erhalten ist, zeigt der Umstand, daß Mose den ganzen Hergang berichtet, daß er am Ende gegen Chai gewann. Dies ist jedoch nicht so wichtig wie ein paar andere Fakten, die sich dem Bericht entnehmen lassen. Zum einen wird klar, daß es nicht automatisch ein männlicher Erbe war, dem die Verwaltung eines Gutes zufiel. Man könnte sich auch fragen, ob Frauen nicht mehr Zeit für eine solche Aufgabe hatten, da sie kein offizielles Amt bekleideten. Zum anderen ist es möglich – obwohl Frauen selbst vor Gericht gingen, um für ihre Rechte einzutreten –, daß Chai die verwitwete Nebnefret als leichte Beute ansah. Da sie ohne erwachsenen männlichen Schutz war, mag sie leicht verletzbar gewesen sein, bis ihr Sohn heranwuchs und sich an ihrer Stelle des Falles annehmen konnte.

Rechtshandlungen, Verbrechen und Bestrafung

Juristische Dokumente des Neuen Reichs, von denen viele – aber nicht alle – aus Deir el-Medineh stammen, zeigen, daß Männer und Frauen zumindest theoretisch vor dem Gesetz gleich waren. Frauen konnten nicht nur erben, besitzen und über ihr Eigentum frei verfügen, sie konnten auch auf gleicher Ebene wie Männer Geschäfte abschließen und als Klägerinnen, Angeklagte oder Zeuginnen vor Gericht erscheinen. Im Gegensatz zu anderen Kulturen mußte kein männlicher Vormund an ihrer Stelle handeln. Frauen waren für ihre Taten verantwortlich und konnten vor Gericht haftbar gemacht werden; wir haben das bereits in dem Fall der Heria aus Deir el-Medineh gesehen, die des Werkzeugdiebstahls angeklagt wurde.[27] Sie stritt dies unter Eid ab, aber als ihr Haus durchsucht wurde, fand sich dort das Werkzeug zusammen mit verschiedenen anderen Gegenständen, die sie aus dem Tempel entwendet hatte. Anscheinend war ihr Fall zu schwerwiegend für das Dorfgericht, sie wurde anderswohin geschickt. In den Gerichtsakten sind Frauen den gleichen harschen Vernehmungs- und Bestrafungsmethoden ausgesetzt wie Männer. Als der Vorarbeiter Haj aus Deir el-Medineh drei Arbeiter und eine Frau der üblen Nachrede beschuldigte, erhielten sie alle die gleiche Prügelstrafe, unabhängig von ihrem Geschlecht.[28]

Unsere Kenntnis der Gerichtsbarkeit im Alten Ägypten ist begrenzt. Im Neuen Reich berief der König in Staatsangelegenheiten wie z. B. Verschwörungen gegen den König, Grabräuberei oder Tempeldiebstahl ein Sondergericht, das aus hohen Beamten, die selbstverständlich alle Männer waren, zusammengesetzt war. Verfahren zwischen Privatpersonen fanden vor lokalen Gerichten statt, auch hier liefert uns Deir el-Medineh[29] interne Kenntnisse, da sich das Gericht aus Beamten und Arbeitern des Dorfes zusammensetzte. Nur in einem Falle werden

Frauen erwähnt, die zusammen mit drei Arbeitern dem Gericht angehörten. Sowohl die Anwesenheit von Frauen als auch die Abwesenheit von Beamten ist ungewöhnlich und deutet auf besondere Umstände hin. Man kann aus diesem einmaligen Vorkommnis nicht darauf schließen, daß die Gerichte immer weibliche Mitglieder hatten.[30] Juristische Dokumente, die vor Gericht abgefaßt und als Beweismaterial benutzt wurden, mußten von Zeugen unterschrieben werden, um ihren Inhalt zu bestätigen. Es gibt zwar auch einige Frauen darunter, meistens jedoch waren die Zeugen männlich.

In Deir el-Medineh war es ungewöhnlich, daß ärmere Personen gegen reichere klagten. Das lag vermutlich daran, daß es in den meisten Verfahren um Schuldeintreibungen ging, wobei die Schuldner dem Kläger entweder finanziell gleichgestellt oder ärmer waren. In ihrer Studie des Rechtssystems von Deir el-Medineh stellt McDowell fest, daß «Frauen eher als Angeklagte denn als Klägerinnen vor Gericht erscheinen. Sie werden des Diebstahls, der Nichtzahlung, des unrechtmäßigen Verkaufs eines Gebäudes oder der Vernachlässigung eines kranken Verwandten bezichtigt ... bis auf letzteres alles Delikte, bei denen ärmere Leute vermutlich eher Täter als Opfer waren. Insgesamt tauchen Frauen jedoch nur in relativ wenigen Fällen als Klägerinnen oder als Angeklagte auf – wahrscheinlich, weil sie nur an wenigen großen Geschäften beteiligt waren.»[31]

Bei einigen Vergehen wurde die Familie des Täters unter Umständen mitbestraft. Die Familien von entlaufenen Fronarbeitern wurden festgenommen und zur Arbeit gezwungen. In einem königlichen Erlaß wird männlichen Gesetzesbrechern angedroht, ihnen Nase und Ohren abzuschneiden und sie auf dem Feld arbeiten zu lassen oder sie zu pfählen. Außerdem sollen Frau und Kinder des Verbrechers versklavt werden. Es ist nicht bekannt, ob Frauen jemals so schwerwiegende Strafen wie Verstümmelung und Pfählung erleiden mußten, und wenn ja, ob ihre Familien die Freiheit verloren.

Die Bestrafung der Familie eines Verbrechers war ein Anlaß, daß Menschen in die Sklaverei gerieten. Auch ehemalige Kriegsgefangene wurden vermutlich als Sklaven verkauft. Darüber hinaus gerieten möglicherweise auch Menschen in finanzieller Notlage oder auch deren Familienmitglieder in die Sklaverei. Jedenfalls bildete diese Gruppe die niedrigste gesellschaftliche Schicht, da Sklaven, im Gegensatz zu Bediensteten, ge- und verkauft werden konnten. Es gab sowohl männliche als auch weibliche Sklaven; sie gehörten dem Staat, Tempeln oder Privatpersonen. Mehrere Dokumente bestätigen, daß Sklaven freigelassen werden konnten; in zwei Fällen mit der ausdrücklichen Absicht, sie mit einem Mitglied der Familie ihres vorigen Besitzers zu verheiraten.

Starke und Schwache

Jede Untersuchung der rechtlichen und ökonomischen Stellung der Frauen muß berücksichtigen, daß diese keine homogene Gruppe bildeten. Während Frauen der Oberklasse weitreichende gesetzlich garantierte Rechte hatten, Eigentum besitzen und Geschäfte abwickeln konnten, legen andere Quellen nahe, daß viele andere Frauen in Unsicherheit lebten. Seit dem Mittleren Reich wurden anscheinend besonders die Witwen von der Gesellschaft benachteiligt. Das ergibt sich aus autobiographischen Texten, in denen ein Beamter erzählt, daß er ein ideales Leben geführt habe, und aus der Weisheitsliteratur, in der der Autor seinen männlichen Lesern Ratschläge erteilt, wie sie dem gesellschaftlichen Ideal entsprechen können. Für den Beamten ist es nichts Außergewöhnliches, zu versichern, er habe den Hungrigen zu essen gegeben, die Nackten gekleidet und die Bedürftigen beschenkt; diese Aufzählung guter Taten enthält auch die Behauptungen, er sei «der Ehemann der Witwe»[32] gewesen, «der Unterstützer der Witwe»,[33] «ein Helfer der Witwe»[34] und jemand, «der auf die Stimme der Witwe achtete ... und die Witwe salbte, die nichts besaß».[35] Amenemhet, ein Statthalter von Beni Hasan aus der 12. Dynastie, beschreibt eine Hungersnot, während der er es geschafft hatte, alle Einwohner seiner Provinz zu ernähren.[36] Er betont besonders: «Ich gab Witwen und verheirateten Frauen das gleiche, und ich zog die Großen den Kleinen nicht vor bei allem, was ich gab.» Er ist bemüht zu zeigen, daß die soziale Stellung der Empfänger ihn nicht interessierte, und dieser Hinweis läßt darauf schließen, daß ein weniger gerechter Mann die Witwen hätte verhungern lassen.

Aus der Herakleopolitenzeit ist ein königlicher Weisheitstext erhalten, der an König Merikare gerichtet ist und von den Pflichten des Königtums handelt. Unter anderem wird Merikare geraten: «... Unterdrücke die Witwe nicht.»[37] In den *Lehren des Amunemipet* aus der Zeit des Neuen Reichs werden zwei Situationen genannt, in denen ein Mann eine Witwe nicht übervorteilen soll: «Sei nicht gierig nach einer Elle Land;/ Und verletze die Grenzen einer Witwe nicht.»[38] «Stürz dich nicht auf eine Witwe, wenn du sie auf dem Feld triffst,/ Und sei dann noch ungeduldig mit ihrer Antwort.»[39]

Die Texte vermitteln den Eindruck, daß einige Witwen äußerst angreifbar waren und zu den Armen und Rechtlosen in der Gesellschaft gehörten. Dabei handelte es sich nicht um reiche Frauen oder solche, die auf die ungebrochene Unterstützung ihrer Familie zurückgreifen konnten, sondern um Frauen, die von ihrem Ehemann zu dessen Lebzeiten abhängig gewesen waren und nach seinem Tod über wenig oder keinerlei Mittel für ihren Unterhalt verfügten. Diese waren habsüchtigen Männern hilflos ausgeliefert, die sie belästigen und betrügen wollten. Für solche Frauen muß das Leben wirklich hart gewesen sein.

In einigen Autobiographien des Mittleren Reiches streiten die Beamten ab, ihre Untergebenen jemals schlecht behandelt zu haben. Derselbe Statthalter von Beni Hasan, dem wir schon begegnet sind, sagt: «Es gab weder eine Bürgerstochter, die ich beschämt hätte, noch eine Witwe, die ich unterdrückt hätte, keinen Bauern, den ich vertrieben hätte, oder einen Hirten, den ich abwies. Es gab keinen Aufseher, dessen Arbeiter ich zur Arbeit eingezogen hätte. Es gab keine Armen in meiner Umgebung, und niemand mußte hungern während meiner Amtszeit.»[40] In einem ähnlichen Text von einem anderen Statthalter heißt es: «Keine eurer Töchter ist jemals versklavt worden»,[41] und in dem eines Beamten des Mittleren Reichs: «...Ich habe mir weder die Tochter noch das Feld eines einzigen Mannes angeeignet.»[42] Die Erwähnung von «Töchtern» läßt darauf schließen, daß auch junge Frauen den Überfällen der Mächtigen ausgesetzt waren.

Vielleicht gingen Frauen im allgemeinen ein Risiko ein, wenn sie sich ohne Begleitung allzu frei bewegten. Ramses III. gibt als eine seiner Errungenschaften an: «Ich habe es der ägyptischen Frau ermöglicht, ihres Weges zu gehen, wohin sie auch reisen wollte, ohne daß irgendjemand sie auf der Straße angegriffen hätte.»[43] Aus dem Gesagten muß man folgern, daß Frauen Gefahr liefen, angegriffen und vielleicht auch vergewaltigt zu werden, wenn sie alleine unterwegs waren, ein Problem, das in der modernen Gesellschaft immer noch existiert.

Zusammenfassung

Welche Schlüsse können wir also aus dieser Studie über die rechtliche Stellung der ägyptischen Frauen ziehen? Es hat noch nie eine Gesellschaft gegeben, in der das Individuum vollständigen Schutz genoß, in der hoher sozialer Rang nicht mit Privilegien verbunden war und die weniger Einflußreichen nicht persönliche Nachteile erdulden mußten. Wenn wir die Quellen beim Wort nehmen, so hatten in Ägypten die Frauen der Oberklasse die gleichen Rechte wie Männer, und sie konnten wie die Männer selbständig Geschäfte durchführen. Wenn wir demgegenüber die untergeordnete Stellung von Frauen in anderen gesellschaftlichen Bereichen betrachten, müssen wir uns fragen, was für eine Art von Gleichheit in der Praxis herrschte. Zweifellos hatten Frauen gesetzlich verbürgte Rechte, aber konnten sie sie jederzeit frei ausüben?[44] Wir dürfen nicht vergessen, daß es auch aus der Zeit des

Neuen Reiches nur wenige Dokumente über Eigentumsfragen gibt, in denen Frauen vorkommen, und dann liegen meist besondere Umstände vor. Gab es andere Frauen, die über ihren Besitz nicht frei verfügen konnten, weil ihre Familien sie unter Druck setzten? Gab es Frauen, die von hochgestellten Männern betrogen wurden und auf eine Klage verzichteten, weil sie wußten, daß sie nicht gewinnen konnten? Selbst wenn eine Frau vor Gericht klagen konnte, hatte sie bessere Chancen, wenn sie einflußreiche männliche Unterstützung besaß? Mit anderen Worten, war das System unparteiisch, oder wurden Frauen benachteiligt? Die nicht zu leugnende Tatsache, daß den Gerichten ausschließlich Männer angehörten, läßt letzteres vermuten. Derartige Voreingenommenheiten gehen zwar nicht direkt aus den Quellen hervor, doch die geringe Anzahl von Frauen, die in juristischen und ökonomischen Dokumenten erwähnt werden, bekräftigt diese Annahme. Die Situation benachteiligter Personen wie Witwen deutet darauf hin, daß ihre Rechte nicht gesetzlich geschützt waren, sondern vom guten Willen männlicher Beamter abhingen. Die legalen Rechte der Frauen wurden eindeutig nicht in allen gesellschaftlichen Schichten einheitlich gewahrt. Wahrscheinlich bedurften sie in allen Schichten des Rückhalts durch Reichtum oder einer einflußreichen Familie. Das gilt natürlich auch für die Männer: obwohl das System zugunsten der Männer funktionierte, dürften für die Männer aus den unteren sozialen Klassen nicht die gleichen Rechte gegolten haben.

VIII.
Frauen und das Tempelritual

Weibliche Priestertitel

Vom Alten Reich an ist bezeugt, daß Frauen im Alten Ägypten eine Rolle im Tempelritual spielten.[1] Im Alten Reich waren eine große Anzahl von Frauen aus der Oberschicht Hathor-Priesterinnen *(hemet netjer).*[2] *Hemet netjer* ist die weibliche Form eines gebräuchlichen männlichen Titels, *hem netjer,* der eine bestimmte Art von Priestern in der Tempelhierarchie bezeichnet. Manchmal waren Frauen Priesterinnen der Göttin Neith. Nur ganz selten standen sie im Kult eines Gottes; für gewöhnlich dienten sie einer Göttin.

Der Titel «Priesterin der Hathor» war bis ins Mittlere Reich für Frauen gebräuchlich.[3] Wie bereits erwähnt, kennzeichnete er die Trägerin als zu den oberen Schichten der Gesellschaft gehörig. Die Ehemänner dieser Frauen gehörten zu den höchsten Beamten des Landes. Die männliche Entsprechung dieses Titels ist selten, obwohl es im Mittleren Reich andere Arten von männlichen Hathor-Priestern gab. Unter diesen waren Aufseher der Priester, ein Titel, der offenbar niemals an eine Frau verliehen wurde.

Auch ein paar *webet*-Priesterinnen sind uns aus dem Mittleren Reich bekannt. Dieser Titel ist die weibliche Form des gebräuchlichen männlichen Titels *web*-Priester (von *web,* «rein sein»), der einem anderen Rang in der Priesterhierarchie entspricht als der *hem netjer.* Schon im Alten Reich hatte es Frauen gegeben, die im «*web*-Dienst der Hathor» standen und dieselbe Bezahlung erhielten wie die männlichen *web*-Priester.

Unklar ist, ob die Priesterinnen dieselben Funktionen wie die Priester erfüllten. Da die maskuline Form *hem netjer* der Hathor sehr selten vorkam, könnte es durchaus sein, daß die Frauen, die diesen Titel trugen, dieselbe Funktion hatten wie die *hem netjer* im Dienste anderer Gottheiten. Außerdem gibt es Hinweise darauf, daß die *hemet netjer* mit der Kultmusik zu tun hatten.

Vom Hathorkult abgesehen gibt es nur eine Handvoll weiblicher Priestertitel, so daß in anderen Kulten die überwältigende Mehrheit der Tempelpriesterschaft männlich war. Selbst im Hathorkult konnten Frauen offenbar nicht in Verwaltungspositionen aufsteigen, sondern standen unter der Autorität eines Mannes. Wir finden auch niemals weibliche Vorlesepriester. Das waren die Priester, die das Ritual von einer Papyrusrolle lasen. Daß es in diesem Amt keine Frauen gab, rührt vielleicht daher, daß die meisten von ihnen nicht lesen konnten, aber vielleicht wurde ihnen auch einfach offiziell diese Fähigkeit abgesprochen.

Ein paar Tempelszenen im Neuen Reich bilden eine Gruppe von männlichem und weiblichem Personal ab: Die Männer werden *henutj*, die Frauen *henutet* genannt, oft mit «Diener» bzw. «Dienerin» übersetzt. Sie werden zusammen mit den männlichen Priestern und der Gottesgemahlin dargestellt, in Ritualen, auf die wir noch später in diesem Kapitel zu sprechen kommen. Über die Funktion dieser Personen herrscht weitgehend Unklarheit, und weder *henutj* noch *henutet* erscheinen als Titel für Personen der Oberklasse. Es läßt sich kaum etwas über diese Gruppe von Menschen sagen, höchstens, daß beide Geschlechter vertreten sind. Es ist unklar, ob sie eine Art Priester waren oder eine völlig andere Funktion ausübten.

Musikerinnen

Spätestens zu Beginn der 18. Dynastie gab es dann keine Frauen mehr, die einen Priestertitel innehatten. Im Alten und Mittleren Reich waren Priester Beamte, die einen Teil ihrer Zeit dem örtlichen Kult widmeten. Im Neuen Reich war das Priesteramt eine Vollzeitbeschäftigung, ein Zweig der Staatsbürokratie, in der Männer Karriere machten, was bedeutete, daß Frauen davon ausgeschlossen waren. Der am häufigsten vorkommende Titel des Neuen Reiches für Frauen, die im Tempelkult dienten, lautete *schemajet*, «Musikerin».[4] Musiker und Musikerinnen gehörten schon im Mittleren Reich zum Tempelpersonal, aber *schemajet* wurden auf den Denkmälern nicht als Titel für einzelne Frauen verwendet. Im Neuen Reich dagegen schmückte dieser Titel eine große Zahl von Frauen der Oberschicht – sowohl Frauen und Töchter der höchsten Beamten bis hin zu den Frauen der Arbeiter in Deir el-Medineh. Außer «Hausherrin» muß es der am häufigsten anzutreffende Frauentitel in den thebanischen Gräbern gewesen sein. *Schemajet* wurde normalerweise dem Namen der Gottheit vorangestellt, deren Kult die Trägerin des Titels angehörte. Anders als die *hemet netjer* im Alten und Mittleren Reich dienten die *schemajet* regelmäßig sowohl männlichen als auch weiblichen Gottheiten. In Theben, wo der Gott Amun sein Kultzentrum hatte, waren Frauen meist «Musikerinnen des Amun». Manchmal standen sie im Kult der Mut, der Gattin des Amun, oder sie dienten der gesamten thebanischen Dreiheit: Amun, Mut und ihrem Sohns Chon. In anderen Teilen des Landes waren Frauen von hohem Rang wohl

37. Männliche und weibliche Musiker und Tänzer beim Tempelritual.

Musikerinnen im Kult ihrer lokalen Gottheiten. Die Ehefrauen der Priester waren häufig Musikerinnen in demselben Kult, in dem ihr Mann diente. So gab es z. B. in der 19. Dynastie einen Mann, der Amunpriester im Totentempel Ramses' II. war. Seine Frau hieß nicht einfach «Musikerin des Amun» wie so viele thebanische Frauen, sondern «Musikerin des Amun im Totentempel Ramses' II.», ein Beweis dafür, daß sie im Tempel ihres Mannes diente.

Welche Aufgaben oblagen einer Musikerin im Kult? In der 18. Dynastie geben uns die Szenen der Grabkapellen und anderer Denkmäler nur selten Aufschluß darüber. In den Familien von Grabbesitzern der Oberklasse begegnen uns viele Frauen mit dem Titel «Musikerin», aber in den meisten Fällen werden sie nur als Begleiterinnen des Grabherrn dargestellt. Häufig tragen sie ein Schlaufensistrum, das sie entweder seitlich am Körper an der Schlaufe halten oder schütteln (Abb. 36, 77).

Ein Sistrum war eine Rassel, die der Hathor geweiht war und von Musikern im göttlichen Kult verwendet wurde, um die Göttin und andere Gottheiten zu besänftigen (Abb. 37). In einer Grabszene aus der 18. Dynastie ist ausnahmsweise ein wenig von einem wirklichen Tempelritual zu sehen.[5] Der Besitzer des Grabes feiert seine Einsetzung als zweiter Priester des Amun. Die Szene zeigt ihn auf seinem Weg zur Zeremonie im Tempel, wo er auf eine Prozession von sistraschüttelnden Musikern trifft, von denen viele zu seiner Familie gehören.

Außer dem Sistrum trugen die Musiker oft ein *menit* genanntes Halsband, das aus einer Reihe von Schnüren bestand, die mit kleinen Perlen besetzt waren und an beiden Enden zu einem mit großen Perlen besetzten Strang zusammenliefen (Abb. 36, 77). An diesen Strängen war ein Gegengewicht in Form eines umgedrehten Schlüssellochs befestigt, das auf den Rücken herunterhing und so das Halsband vor dem Verrutschen bewahrte. Wie das Sistrum war das *menit* der Hathor geweiht, die manchmal auch damit geschmückt auftrat, besonders wenn sie in Kuhform erschien.

Einige Tempelszenen aus der 18. Dynastie bilden auch Frauen ab, die ihre Sistra während des Tempelrituals schütteln, und zwar in der Roten Kapelle der Hatschepsut, im Festtempel Thutmosis' III. zu Karnak und in der Kolonnade des Tempels von Luxor, die zur Regierungszeit von Tutanchamun ausgemalt worden war. Die Rote Kapelle war ein Schrein, der von Hatschepsut im Tempel von Karnak errichtet, aber von Thutmosis III. demontiert worden war. Die Blöcke wurden zum Ausfüllen von Fundamenten und Wänden verwendet, wo sie nun wiederentdeckt und ausgegraben wurden. Zwei ähnliche Szenen zeigen Hatschepsut, wie sie vor dem heiligen Schiff von Amun-Re hergeht.[6] Ein Harfenist singt eine Hymne an den Gott, während eine Reihe von akrobatischen Tänzerinnen entweder eine Brücke schlagen oder mit ins Gesicht fallendem Haar kraftvoll tanzen. In einer Szene wird ihr Tanz mit dem Kommentar «Tanz der Tänzerinnen» versehen. Andere Frauen tanzen nicht, sondern schütteln ihre Sistra mit der einen Hand, während sie in der anderen ein *menit*-Halsband halten; sie singen ebenfalls eine Hymne. Sie werden «die Musiktruppe des Tempels» genannt (siehe nächsten Abschnitt). Drei klatschende Männer singen eine Hymne auf das Hervortreten des Gottes; sie werden als «Chor» bezeichnet (Abb. 37).

Auf einem schlecht erhaltenen Block aus demselben Gebäude sehen wir den Ausschnitt einer Szene, in der drei sistraschüttelnde Frauen eine Prozession anführen.[7] Sie werden ebenfalls «die Musiktruppe des Tempels» genannt. Ihnen folgen sieben Priester mit geschorenen Häuptern, die Standarten tragen (lange Stäbe, an deren Spitze ein heiliges Emblem prangt), und eine andere Gestalt mit geschorenem Haupt, die einen Vorlesepriester darstellt. In einer tieferen Bilderzeile sind neun weitere männliche Figuren abgebildet, wahrscheinlich Priester, aber durch die Verwitterung des Blocks sind Einzelheiten nur schwer zu erkennen.

Im Grab des Verwalters von Teje, der Königin Amenophis' III., wird in einer Reihe von Szenen die Feier des königlichen Sedfestes dargestellt.[8] Eine der Szenen schildert die rituelle Aufrichtung des *Djed*-Pfeilers. In zwei Bilderzeilen erscheinen Sänger und Tänzer, die bei dem Ritus zugegen sind. In der oberen Zeile werden männliche Tänzer zusammen mit drei klatschenden und singenden Männern gezeigt, die die Bezeichnung «Musiker» tragen. In der unteren Bilderzeile spielen zwei Frauen Tambourin, und drei Frauenpaare klatschen in die Hände; sie werden «die Musikerinnen, die während der Rituale zur Aufrichtung des *Djed*-Pfeilers musizieren», genannt (Abb. 38).

Vom Beginn der 19. Dynastie an ändert sich der Inhalt der Grabmalereien: Die Szenen stellen nun manchmal den Grabherrn dar, wie er Tempelrituale in Begleitung männlicher und weiblicher Familienmit-

38. Männliche und weibliche Musiker feiern die Aufrichtung des Djed-Pfeilers zum Sedfest Amenophis' III.

39. Der Grabherr, seine Mutter und seine Frau beim Vollzug der Riten vor Statuen von Thutmosis I. und Königin Ahmose.

glieder vollzieht. Im thebanischen Grab 19 wird der Besitzer Amenmose, der oberste Priester des vergöttlichten Königs Amenophis I., in der Leopardenhaut eines amtierenden Priesters abgebildet, der vor dem Gott räuchert.[9] Daneben gibt es noch andere Priester, denen eine Gruppe von Frauen folgt, darunter auch Amenmoses Frau; sie schütteln Sistra oder spielen Flöte oder Tambourin, und eine der Frauen tanzt mit Klappern in der Hand.

Das thebanische Grab 31 gehört Chons, dem obersten Priester im Kult Thutmosis' III. während der Regierungszeit Ramses' II. In einer Szene räuchert ein Priester im Leopardenfell vor Osiris und Anubis und bringt ihnen Trinkopfer dar.[10] Er ist begleitet von einer Frau, einem Mann und einer weiteren Frau, die alle drei keinen Namen haben; die Frauen tragen Sistra, *menit*-Halsbänder und Blumen. Zwischen dem Mann und der zweiten Frau steht eine kleine männliche Figur, die als «sein Sohn, zweiter Priester von Mencheperre (Thutmosis III.) Chaemwaset» bezeichnet wird; der letzten, nicht identifizierten Frau folgt eine kleine weibliche Figur mit Sistrum und *menit*, die als «seine Tochter, die Musikerin Amuns Wij», ausgewiesen wird. Die Hauptfiguren stellen wahrscheinlich Chons als amtierenden Priester, seine Mutter, seine Frau und einen Verwandten dar. In einer anderen Szene im selben Grab erhalten wir einen Einblick in das Ritual des Kults von Thutmosis III.[11] Eine Gruppe von Frauen trauert um den König, während eine Musikerin des Amun und zwei Musikerinnen des Montu ihre Sistra schütteln.

Das thebanische Grab 51 stammt ebenfalls aus der 19. Dynastie. Es gehört Userhat, dem obersten Priester des *Ka* von Thutmosis I. In einer der Szenen wird Userhat, gekleidet in ein Leopardenfell, vor einem Schrein, der Bilder von Thutmosis I. und seiner Königin enthält, in der Ausübung seines Amtes gezeigt.[12] Ihm folgen seine Mutter und seine Frau, die ihre Sistra schütteln. Beide werden Musikerinnen des Amun-Re genannt (Abb. 39).

Offenbar verband sich mit dem Titel «Musikerin» im Neuen Reich eine spezifische Funktion, zu der das Musizieren im göttlichen Kult gehörte. Die Frauen, denen dieser Titel verliehen wurde, stammten aus Familien aller Rangstufen der Oberschicht. Es gab auch männliche Musiker, aber diese bleiben für gewöhnlich anonym, und der Titel «Musiker» taucht in der Titulatur von Beamten nicht auf. Das läßt uns vermuten, daß männliche Musiker nicht aus denselben Schichten kamen wie weibliche und nicht denselben Status besaßen.

Die Musiktruppen des Tempels

Vom Alten Reich an finden wir Gruppen von Frauen mit der Bezeichnung «Musiktruppen» *(chenu)*, die zu religiösen und säkularen Einrichtungen gehörten. In dem Grab des Beamten Ti aus der 5. Dynastie z. B. sieht man in einer dreizeiligen Szene eine Gruppe männlicher Musiker in der obersten Bilderzeile und darunter zwei Bilderzeilen mit jeweils fünf Tänzerinnen und drei klatschenden Frauen.[13] Die Bildbeischriften lauten: «Tanz der Musiktruppe» und «Klatschen der Musiktruppe» (Abb. 40). In einem schwer verständlichen Brief aus dem Mittleren Reich, der aus der Umgebung eines Tempels stammt, wird zweimal eine «Musiktruppe» erwähnt.[14] Lange Zeit wurde in der Wissenschaft *chenu* mit «Harem» übersetzt, aber in letzter Zeit hat sich die Auffassung durchgesetzt, daß das Wort in diesem Kontext als Truppe von Musizierenden verstanden werden sollte – daher die Übersetzung in diesem Buch.[15] Die «Musiktruppe des Tempels» kennen wir bereits von den Blöcken der Roten Kapelle der Hatschepsut, wo die Wendung sich auf Frauen bezog, die Sistra schüttelten, was nahelegt, daß es in der Musiktruppe *schemajet* gab (Abb. 37). Aus einem Brief aus dem Mittleren Reich geht hervor, daß dies zu dieser Zeit auch der Fall war. Der an einen Tempelschreiber gerichtete Brief beauftragt den Empfänger, eine Liste von Leuten erstellen zu lassen, unter denen sich auch eine «*schemajet* Sattepihu, die in der Musiktruppe ist», befand.[16]

40. Tänzer und Sänger in Tis Grab aus dem Alten Reich.

Im Neuen Reich wurden diese Ensembles von Frauen geleitet, die den Titel «Große der Musikantentruppe» *(weret chenu)* trugen. Diese Position wurde von Frauen der höchsten Beamten besetzt, und oft stand die Ehefrau der Musiktruppe des Kultes vor, in dem ihr Mann ein hohes Priesteramt bekleidete. So waren eine Reihe von «Großen der Truppe Amuns» Ehefrauen des obersten Amunpriesters, oder in einem Fall des dritten Priesters. In anderen Fällen kennen wir oberste Priester des Montu, Thoth, Chons und Amenophis I., deren Frauen die Musiktruppen der jeweiligen Kulte leiteten. Anderswo war der Ehemann nicht der oberste Priester, sondern ein Beamter hohen Ranges. Sobekhotep war Bürgermeister des Fajum-Tals unter der Regierung von Thutmosis IV. Da der oberste Gott der Region der Krokodilgott Sobek war, war er auch der Aufseher der Sobek-Priester. Seine Frau Merit trug den Titel «Große der Musiktruppe von Sobek». Sobekhotep war der Sohn eines Mannes namens Min, der Schatzmeister von ganz Ägypten war, und er selbst übte schließlich auch dieses Amt aus. Es gibt keine Anhaltspunkte dafür, daß seine Familie irgendwelche Verbindungen zum Fajumtal hatte, und Betsy Bryan kommt zu dem Schluß, daß seine Frau aus einer bedeutenden Familie der Gegend stammte und Sobekhotep durch ihre Vermittlung das Amt des Bürgermeisters erhielt.[17] Später erbte er das Schatzmeisteramt seines Vaters und übergab das Amt des Bürgermeisters des Fajumtals seinem Sohn Paser. Merit war eindeutig eine bedeutende Frau von hohem Rang. Sie war nicht nur eine «Große der Musiktruppe», sondern auch die Amme einer Tochter Thutmosis' IV., die vielleicht im königlichen Palast zu Gurob aufwuchs, der am Eingang des Fajumtals gelegen ist. Sie hatte auch den hochrangigen Hoftitel «große Hofdame» inne.

Es besteht kein Zweifel, daß eine «Große der Musiktruppe» von hohem Rang sein mußte, und je bedeutender der Kult, desto höher war ihr Status. Die Inhaberin dieser Position stand den Musikerinnen vor, die im Kult der Gottheit spielten; vielleicht war sie für deren Ausbildung, für das Proben und die Dienstpläne verantwortlich sowie für den vorschriftsmäßigen Ablauf des Rituals. Da Männer auch häufig an organisierten Musikveranstaltungen mitwirkten, stellt sich die Frage, ob die «Große der Musiktruppe» auch männlichen Musikern übergeordnet war, oder ob diese getrennt organisiert waren.

Wir wissen wenig darüber, welche Stellung die «Musikerinnen», «Musiktruppen» und die «Großen der Musiktruppe» in der Gesamtstruktur und Hierarchie des Tempelpersonals hatten. Wurden sie wie männliche Priester bezahlt, oder waren sie «Freiwillige»? Bedeutete Entlohnung für die Frauen vielleicht einen Verlust an Ansehen, und wenn ja, wurden dann vielleicht nur Musiker aus unteren Gesellschaftsschichten entlohnt, nicht aber aus höheren? War es für hohe Beamte eine Frage des Prestiges, ihre Ehefrauen unterhalten zu können, so daß sie keine Unterstützung von anderer Seite benötigten, oder war dies eher belanglos? Verlieh der Titel «Große der Musiktruppe» seiner Trägerin ebensoviel Autorität wie die höchsten männlichen Titel der Tempelhierarchie? War die «Große der Musiktruppe» letztlich nur dem obersten Priester untergeordnet? Sicher ist, daß im Neuen Reich zwischen den Funktionen von Männern und Frauen im Tempelkult unterschieden wurde. Männer waren *hem netjer, web*-Priester und Vorlesepriester, die sämtlich unter der Aufsicht des obersten Priesters standen; Frauen waren Musikerinnen, denen die «Große der Musiktruppe» vorstand. Männliche Sänger und Musikanten blieben normalerweise anonym, und ihr Rang war eindeutig niedriger als der der Sängerinnen aus Familien der Oberschicht. Der Priester, der vor der Statue der Gottheit zelebrierte, war ein Mann, aber ein großer Teil der musikalischen Begleitung wurde von Frauen geboten.

Die Gottesgemahlin des Amun

Ein anderer Priestertitel für Frauen, auf den wir in der 18. Dynastie gelegentlich stoßen, ist «Gottesanbeterin» *(duat netjer)*. Unter der Regierung von Hatschepsut hatte die Tochter des obersten Amunpriesters diesen Titel inne,[18] und im Reich Thutmosis' III. die Mutter der Hauptfrau des Königs.[19] Leider wissen wir wenig darüber, was der Titel zu dieser Zeit für seine Trägerinnen bedeutete, aber daß es diesen Titel gab, ist allein schon von Interesse, da er in der Dritten Zwischenzeit mit dem Titel «Gottesgemahlin des Amun» verbunden wurde und dieselbe Frau beide Titel trug.

Der Titel «Gottesgemahlin des Amun» ist uns im 2. Kapitel bereits begegnet. Es war ein Priestertitel, der einigen königlichen Frauen der 18. Dynastie verliehen worden war, unter denen besonders Ahmose Nofretere, die Frau des Königs Ahmose und Mutter von Amenophis I., sowie Hatschepsut und ihre Tochter Neferure hervorragen.[20] Der Titel war Ahmose Nofretere unter Ahmoses Regierung zuerkannt worden und sollte dann von Erbin zu Erbin weitergegeben werden. Von Ahmose Nofreteres Tochter Meritamun, die ihren Bruder Amenophis I. heiratete, ging der Titel an Hatschepsut, die Tochter Thutmosis' I., weiter. Wie bedeutend dieser Titel gewesen sein muß, läßt sich daran ablesen, daß Ahmose Nofretere und Hatschepsut ihn oft als einzigen Titel bevorzugten und ihn über den der «Hauptfrau des Königs» stellten. Als Hatschepsut Regentin für Thutmosis III. wurde, blieb «Gottesgemahlin» weiterhin der hauptsächlich von ihr gewählte Titel, den sie oft in Wendungen benutzte, in denen man normalerweise eine Bezugnahme auf den regierenden König erwartet hätte. Als Hatschepsut selbst die Titel eines Königs annahm, konnte sie nicht länger Gottesgemahlin sein, da dieses Amt mit dem Königtum unvereinbar war, und so übergab sie es ihrer Tochter Neferure. Auch Neferure gebrauchte «Gottesgemahlin» oft als ihren einzigen Titel. Als Thutmosis III. schließlich allein regierte, verschwand der Titel fast vollständig. Er ist für seine Mutter Aset bezeugt, obwohl er ihr möglicherweise posthum verliehen wurde, und ganz zu Ende seiner Regierungszeit trug ihn schließlich seine Tochter Meritamun. Während der Regierungszeit von Amenophis II. wurde er an die Königsmutter Meritre weitergegeben, und in der Zeit des nächsten Königs an Teje, die Mutter von Thutmosis IV. Danach verschwand er für den Rest der 18. Dynastie aus der königlichen Familie; allerdings ist in zwei Szenen im Tempel Amenophis' III. in Luxor eine anonyme Gottesgemahlin abgebildet.

Worin bestand die Funktion der Gottesgemahlin des Amun? Lange Zeit dachten Ägyptologen, daß dieser Titel die königliche «Thronerbin» bezeichnete, die der König heiraten mußte, um den Thron zu erhalten, und daß er sich auf den Mythos der göttlichen Geburt des Königs bezog, dem zufolge Amun-Re mit der Königin den nächsten König zeugte. Wie wir bereits gesehen haben, gab es gar keine «Thronerbin». Außerdem trugen weder Königin Ahmose, die Mutter Hatschepsuts, noch Königin Mutemwia, die Mutter Amenophis' III., die in den Geburtslegenden dieser Könige erscheinen, den Titel einer Gottesgemahlin. Es handelte sich vielmehr um ein Priesteramt, das erst seit

41. Ein Priester und die Gottesgemahlin leiten ein Ritual im Tempel von Karnak.

der Regentschaft Ahmoses in der königlichen Familie verankert war. Vorher gibt es ein paar Beispiele von nicht-königlichen Gottesgemahlinnen. Seit der Titel von königlichen Frauen gebraucht wurde, fand er Eingang in ihre offiziellen Titulaturen und wurde selbst dann verwendet, wenn sie mit den Insignien einer Königin dargestellt wurden. Es gibt allerdings einige Szenen, in denen Gottesgemahlinnen keine der Insignien der Königin zeigen. Statt dessen tragen sie eine sehr viel einfachere Tracht: eine kurze Perücke, ein dünnes Haarband, das am Hinterkopf zusammengeknotet ist, so daß die Enden lose herunterhängen, und ein Etuikleid, das – anders als die meisten dieser Kleider – manchmal in der Taille gegürtet ist (Abb. 41). Diese Tracht zeigt die Gottesgemahlin im Kleid einer Priesterin, wie sie an einem Tempelritual mitwirkt. Ein kleineres Gebäude von Amenophis I., von dem nur ein paar Blöcke erhalten sind, war früher mit Szenen bemalt gewesen, die Ahmose Nofretere in ihrer Funktion als Gottesgemahlin darstellten.[21] Aufschlußreicher sind die Szenen der demontierten Roten Kapelle der

42. Die Gottesgemahlin und einige Priester werden im heiligen See von Karnak gereinigt und betreten dann das Heiligtum des Gottes.

Hatschepsut, die eine anonyme Gottesgemahlin bei der Ausführung der rituellen Funktionen ihres Amtes zeigen. Die Gottesgemahlin war möglicherweise Hatschepsuts Tochter Neferure oder deren Vertreterin, falls sie noch zu jung war, um selbst an dem Ritual teilzunehmen.

Die Gottesgemahlin erscheint in drei Szenenfolgen in der Roten Kapelle.[22] In einer davon betritt sie den offenen Hof des Tempels, zusammen mit einer anderen weiblichen Figur, die *henutet* genannt wird, einer männlichen Figur mit dem Titel *henutj* und einer weiteren männlichen Figur, die «viele Priester» darstellen soll. Im Hof steht die Gottesgemahlin einem Priester gegenüber, beide halten ein brennendes Holzscheit; in der nächsten nur teilweise erhaltenen Szene dreht sich die Gottesgemahlin um, vielleicht um mit dem Scheit ein Kohlenfeuer anzuzünden. Dann stehen die Gottesgemahlin und der Priester einander wieder gegenüber. Beide halten ähnliche halbkreisförmige Fächer an langen Griffen. Jeder Fächer trägt das Bild eines gefesselten Gefangenen auf der Vorderseite. Die letzte Szene ist wieder nur in Teilen erhalten, aber man erkennt, daß sich die Gottesgemahlin vom Priester abgewandt hat, wahrscheinlich, um das Bild des Feindes in dem angezündeten Kohlebecken zu verbrennen (Abb. 41). Das stimmt mit anderen bezeugten Ritualen überein, in denen die Namen oder Bilder von Feinden Ägyptens zerstört werden.

Im zweiten Ritual werden die Götter zum Abendmahl gerufen. Hatschepsut steht als König vor einer Liste von siebzehn Göttern von Karnak, von denen jeder darunter mit einer Liste von Opfern verzeichnet ist. Sowohl der König als auch die Namen der Götter sind zum Tempel hin gerichtet. Auf der Hatschepsut abgewandten Seite der Liste, mit Blick aus dem Tempel heraus, steht ein Iunmutef-Priester, der die Geschenke weiht; ihm folgen zwei Priester und schließlich die Gottesgemahlin mit erhobenen Armen.

Das dritte Ritual beginnt mit der Überschrift: «In Verehrung des Gottes für die Neunheit von Heliopolis und für die Könige von Ober- und Unterägypten, und mit großem Lobpreis von der ganzen Bevölkerung.» In zwei Bilderzeilen folgen acht Figuren: oben die Gottesgemahlin und drei Priester, darunter ein männlicher *henutj*, zwei weibliche *henutet* und eine männliche Figur, die «die ganze Bevölkerung» genannt wird. Die Unterschrift zu der nächsten Szene ist unklar. Als nächstes werden zwei Bilderzeilen mit jeweils drei Figuren, die in der oberen Zeile benannt sind, gezeigt: Adlige, Gefährten und *henutj* (alles männliche Figuren), und in der unteren Zeile eine weibliche *henutet* sowie zwei männliche Figuren, die «die ganze Bevölkerung» darstellen. Daneben hat sich eine Gruppe männlicher Priester, angeführt von der Gottesgemahlin, zur Reinigung in den heiligen Tempelsee begeben. Die Beischrift zu dieser Szene lautet «Hinuntergehen der

Priester und der Gottesgemahlin zur Reinigung im kühlen See. Betreten des Tempels» (Abb. 42). Nur vorschriftsmäßig gereinigte Personen konnten über den offenen Hof des Tempels hinausgelangen. Schließlich betreten die Gottesgemahlin und die drei Priester das Heiligtum im Gefolge von König Hatschepsut, die die Riten vor der Statue des Amun-Re vollzieht. In der Alltagspraxis war der König vermutlich nicht immer anwesend, um das Ritual auszuführen; statt dessen wurde es wohl von einem Priester zelebriert. Es liegt nahe zu fragen, ob dieser Priester unbedingt männlich sein mußte oder ob das Ritual auch von der Gottesgemahlin ausgeübt werden konnte. Wie auch immer die Antwort lauten mag, diese ungewöhnlichen Szenen zeigen, daß die Gottesgemahlin eine aktive Rolle im Tempelritual spielte und wie die männlichen Priester das Heiligtum des Gottes betreten durfte.

Das Amt der Gottesgemahlin war durch König Ahmose mit einer eigenen Domäne ausgestattet worden, zu der Land und ein Stab von männlichen Verwaltungsbeamten gehörten.[23] Es ist möglich, daß die verschiedenen Musiker des Amunkults in Theben dieser Institution angehörten. Der Landbesitz verlieh diesem Amt eine gewisse Macht, und die Gottesgemahlin hatte wahrscheinlich realen Einfluß im Kult. Das Prestige, das mit diesem Amt verbunden war, würde erklären, warum Ahmose Nofretere, Hatschepsut und Neferure so oft «Gottesgemahlin» als einzigen Titel verwendeten. Hatschepsut mag diesen Titel durchaus dazu benutzt haben, ihre politische Position zu stärken, da es ihr bevorzugter Titel während ihrer Regentschaft war, als sie Unterstützung für ihren anschließend vorgebrachten Thronanspruch sammeln mußte.[24]

Auch Neferure gebrauchte den Titel in derselben Weise weiter wie ihre Mutter, und obwohl wir nicht wissen, welche Pläne Hatschepsut für ihre Tochter hatte, sollte die Position der Gottesgemahlin sicher auch weiterhin bedeutend bleiben. Wie läßt es sich dann erklären, daß der Titel seit Beginn der Alleinherrschaft Thutmosis' III. anscheinend bis zum Ende seiner Regentschaft außer Gebrauch kam, und im weiteren Verlauf des Neuen Reichs sein früheres Prestige nie mehr zurückerlangte? Seine Trägerinnen verwendeten ihn vielmehr nur unregelmäßig in ihrer königlichen Titulatur und selten als einzigen Titel, und von der Regentschaft Amenophis' III. bis zum Ende der 18. Dynastie gab es überhaupt keine königliche Gottesgemahlin. Es ist möglich, daß Thutmosis III. die Macht des Amtes bewußt verringerte. Hatschepsuts politische Macht mag sich teilweise aus der priesterlichen Autorität des Amtes der Gottesgemahlin abgeleitet haben, da die religiöse und die politische Sphäre im Alten Ägypten nicht getrennt waren, wie sie es in den meisten modernen Gesellschaften sind. Thutmosis III. mag es für nötig befunden haben, das Amt jeglicher bedeutenden Autorität zu entkleiden, so daß keine andere Frau es jemals wieder dazu benutzen konnte, einen Anspruch auf die politische Macht geltend zu machen.

Die Bedeutung des Ausdrucks «Gottesgemahlin des Amun» ist nicht ganz klar. Dem Wortsinn nach könnte man darunter eine Frau verstehen, die mit dem Dienst an Amun betraut war und als seine Ehefrau auftrat, weshalb sie keinen menschlichen Ehemann hatte. Es besteht allerdings kein Zweifel daran, daß in der 18. Dynastie viele Frauen, die diesen Titel trugen, wie Ahmose Nofretere und Hatschepsut, verheiratet waren und Kinder gebaren. Dies mag für ihre Rolle im Tempelritual irrelevant gewesen sein. Ein zweiter Titel, «Gotteshand», der manchmal dem der «Gottesgemahlin» folgt, bezieht sich auf die Hand, mit der der Schöpfergott masturbierte, um das erste göttliche Paar, Schu und Tefnut, zu erschaffen. Da das Genus von «Hand» auch in der altägyptischen Sprache weiblich ist, war es einfach, die Hand als Göttin zu personifizieren, und in der 18. Dynastie wurde diese Gottheit oft mit Hathor gleichgesetzt. Die Titel «Gottesgemahlin» und «Gotteshand» haben damit klar eine sexuelle Bedeutung, aber wie dies in den Tempelkult übertragen wurde, ist unbekannt. Dennoch können wir mutmaßen, daß die Trägerin wahrscheinlich für Rituale zuständig war, die den Gott sexuell erregen sollten, so daß er fortwährend die ursprüngliche Erschaffung des Universums wiedervollziehen würde, um die Welt vor dem Rückfall ins Chaos zu bewahren.

Der Titel «Gottesgemahlin» tauchte in der königlichen Familie der 19. Dynastie wieder auf und war durch die ganze 20. Dynastie weiter in Gebrauch. Zunächst war es nur einer von vielen Titeln, dem offenbar nicht besonders viel Bedeutung beigemessen wurde. Es sind keine Szenen bekannt, in denen die Trägerin irgendwelche mit dem Amt verbundenen Funktionen ausfüllt. Unter der Regentschaft von Ramses VI. wurde dessen Tochter Aset ins Amt der Gottesgemahlin erhoben, und wir besitzen eine Grabstele[25] und ein in Bruchstücken erhaltenes Pyramidion, das ihr gehörte.[26] Auf beiden wird sie «Königstochter, heilige Anbeterin, Gottesgemahlin» genannt. Nichts läßt darauf schließen, daß sie jemals verheiratet war, anders als die meisten ihrer Vorgängerinnen. Ihre Nachfolgerinnen waren sämtlich unverheiratete Töchter von Königen oder hohen Priestern, die ihre Nachfolgerinnen schließlich durch Adoption auswählten. Aset war vielleicht die erste dieser unverheirateten Gottesgemahlinnen.

Nach dem Zusammenbruch des Neuen Reichs und dem Ende der 20. Dynastie regierten verschiedene aufeinanderfolgende Dynastien im Norden, während Theben und der Süden praktisch Zwecke unter der Herrschaft des obersten Amun-Priesters standen. Das Amt der Gottesgemahlin wurde von den Königen benutzt, um noch einige Macht in Theben zu behalten. Die Gottesgemahlin war die unverheiratete Toch-

43. Die Gottesgemahlin Amenirdas I., Tochter von Kaschta.

ter eines Königs, die keine eigene Dynastie bilden konnte, so daß ihr nach ihrem Tod die Tochter des regierenden Königs nachfolgen konnte. Sie war vermutlich ihrem Vater gegenüber loyal und würde seine Interessen vertreten.

Als die Herrscher von Kusch gegen Ende der Dritten Zwischenzeit begannen, ihren Einfluß auf Ägypten auszudehnen, überredete Kaschta die amtierende Gottesgemahlin Schepenwepet, die Tochter von Osorkon III./IV. aus der 23. Dynastie, seine Tochter Amenirdas als Erbin zu adoptieren (Abb. 43). Amenirdas amtierte schließlich als Gottesgemahlin unter den nachfolgenden Königen Pije, Schabako und Schebitko aus der 25. Dynastie. Sie adoptierte eine Tochter Pijes, Sche-

44. Die Amtseinsetzung von Nitokris, Tochter von Psammetich I. Amun-Re legt seine Hand auf den Kopf der knienden Gottesgemahlin.

penwepet II., die nach ihr das Amt unter den Regenten Schebitko, Taharqa und Tanotamun innehatte. Diese wiederum adoptierte Amenirdas II., eine Tochter Taharqas, als Nachfolgerin. Tanotamun wurde allerdings durch Psammetich I., den Gründer der 26. Dynastie, aus Ägypten vertrieben, der anschließend Theben sichern mußte. Nach intensiven Verhandlungen überredete Psammetich Amenirdas II., die angenommene Erbin der amtierenden Gottesgemahlin, seine älteste Tochter Nitokris, zu adoptieren (Abb. 44).

Wir haben das Glück, eine Stele zu besitzen, die die Amtseinsetzung von Nitokris dokumentiert.[27] Darauf wird der gesamte Landbesitz mit der sonstigen Mitgift aufgeführt, die sie dem bereits bestehenden Besitz der Gottesgemahlin hinzufügte, was uns eine Vorstellung davon verschafft, wie wohlhabend die Institution zu dieser Zeit schon gewesen sein muß. Psammetich I. sagt: «Ich habe ihm [Amun] meine Tochter gegeben, damit sie eine Gottesgemahlin ist, und habe ihr mehr Güter mitgegeben als jenen, die vor ihr waren. Sicher wird er mit ihrer Verehrung zufrieden sein und das Land dessen, der sie ihm gab, beschützen.» Die Stele beschreibt daraufhin Nitokris' Abreise und ihren Empfang in Theben. «Abreise aus den privaten Gemächern des Königs von seiner ältesten Tochter, die in feines Leinen gekleidet und mit neuem Türkis geschmückt ist. Zahlreich waren ihre Dienerinnen, die sie umgaben… Sie brachen glücklich zum Quai auf, um gen Süden in das Gau Theben zu segeln. Die Schiffe waren in großer Zahl um sie … alle bis zum Dollbord mit jedem guten Ding des Palastes vollgeladen… Anlegen am Quai der Götterstadt Theben. Das Schiff wurde an der Vordertrosse an Land gezogen, und sie fand Theben voll Scharen von Männern und Mengen von Frauen, die dort standen und ihr zur Begrüßung zujubelten... Nun, nachdem sie zur Gottesgemahlin Schepenwepet kam, erblickte sie letztere und war mit ihr zufrieden.»

Dann werden die Güter aufgelistet, die sie mitbringt. Von sieben Gauen Oberägyptens erhielt sie: «1800 *Arures* Ackerland, zusammen mit allem, was Stadt und Land dort hervorbringen, zusammen mit ihrem trockenen Land und ihren Kanälen.» Außerdem erhielt sie 1400 *Arures* Ackerland aus vier Gauen Unterägyptens. Jeden Tag sollte sie vom vierten Amun-Priester, seinem ältesten Sohn und seiner Ehefrau, sowie vom ersten und dritten Amun-Priester insgesamt 600 *deben* Brot, 11 *hin* (ein *hin* ist ein knapper halber Liter) Milch, $2^1/_6$ Kuchen und $2^2/_3$ Bunde Kräuter bekommen. Jeden Monat erhielt sie 3 Ochsen, 5 Gänse, 20 *heben* Bier, und die Ernte von 3200 *Arures* (über 80 Hektar) Ackerland in elf Gauen.

Die Adoption Nitokris' zeigt auch die politische Macht des Amtes der Gottesgemahlin, durch die die Bündnistreue Thebens auf friedliche Weise von der 25. zur 26. Dynastie überging. Die letzten beiden Trägerinnen des Titels waren auch oberste Amunpriesterinnen (was es vor-

45. Stele der Gottesgemahlin Anchnesneferibre.

46. Die Gottesgemahlin Anchnesneferibre erhält das Leben von Amun-Re, auf einem Torbogen in Karnak.

her noch nie gegeben hatte), und so wurde das lang bestehende Supremat der Gottesgemahlin in Theben anerkannt. Die persische Eroberung Ägyptens bedeutete das Ende der 26. Dynastie und damit auch zunächst einmal das Ende des Amtes der Gottesgemahlin. Während dieser ganzen Zeit war der Machtbereich der Gottesgemahlin von männlichen Beamten beaufsichtigt worden, die in der Hauptsache Verwalter waren.[28] Sie waren ganz offensichtlich mächtige und wohlhabende Männer, von denen erlesene Statuen, Stelen und Grabmäler erhalten sind. Unklar bleibt, wie die Macht zwischen den Gottesgemahlinnen und ihren Verwaltern aufgeteilt wurde.

Die Ikonographie der Gottesgemahlin ist von großem Interesse. In der 18. Dynastie unterschied man zwischen der Tracht der Gottesgemahlin als Priesterin und als königlicher Frau. Nach der 18. Dynastie verschwindet die Priesterkleidung fast völlig, und die Gottesgemahlinnen werden meistens mit den Insignien einer Königin dargestellt. Während der 19. und dem ersten Teil der 20. Dynastie war die Gottesgemahlin auch eine Königin, doch seit der Regentschaft Ramses' VI. nahm dieses Amt eher die Tochter eines Königs als seine Ehefrau an; dennoch trug die Gottesgemahlin weiterhin die Insignien einer Königin, wie etwa die Doppelfederkrone, die Hörner und die Sonnenscheibe, die Geierhaube und den einfachen und doppelten Uräus (Abb. 43, 45, 46). Ihre Titulatur dagegen begann die des Königs nachzuahmen, der eine doppelte Kartusche für seinen Thronnamen und seinen Geburtsnamen benutzte. Jede Gottesgemahlin erhielt eine Titulatur, die für gewöhnlich den Namen der Mut, der Gemahlin des Amun, enthielt, welche dann zusammen mit ihrem Geburtsnamen verwendet wurde. Eine Kartusche der Gottesgemahlin konnte von einem Beamten in derselben Weise verehrt werden wie die des Königs.

Viele der Szenen, in denen die Gottesgemahlin dargestellt ist, sind der Ikonographie des Königs entlehnt.[29] Sie wird direkt vor dem Gott gezeigt, in Verehrung, beim Opfer, wenn sie die *Ma^cat* oder vier Kälber darbringt, und wenn sie Gründungsriten ausführt – alles Rituale, die bis dahin allein dem König vorbehalten gewesen waren. Außerdem sieht man Gottheiten, die sie reinigen, sie krönen (Abb. 44), sie umarmen, sie stillen und ihr Leben reichen (Abb. 46) – und das in Szenen, die normalerweise der Legitimierung des Königtums dienen.

Eine der Aufgaben der Gottesgemahlin war es, das Sistrum vor dem Gott zu spielen (Abb. 45), um ihn zu besänftigen und möglichen Ärger seinerseits zu verhüten, auch um ihn in ihrer Rolle als Gotteshand zu stimulieren, auf daß er die Fruchtbarkeit des Universums niemals versiegen lasse. Ihre außerordentliche Rolle beschränkte sich auf die Gegend um Theben, außerhalb dieser Region gibt es keine Darstellungen von ihr.

IX.
Persönliche Frömmigkeit und Tod

Votivstelen und -tücher

Der Tempelkult stand im Dienste der Staatsreligion, die auf einer kosmischen Ebene die Ordnung und den Gang des Universums erhalten sollte. Wenn Individuen auch möglicherweise als Personal an den Ritualen teilgenommen haben, so waren diese doch nicht auf persönliche Bedürfnisse ausgerichtet.[1] Vom Mittleren Reich an konnten Privatleute Votivstatuen und -stelen im Tempelbezirk errichten, um eine Verbindung zwischen Individuum und Tempel herzustellen. Von diesen Statuen sind viele erhalten, die von großer Formenvielfalt und Einfallsreichtum zeugen. Die häufigsten Formen sind Sitzfiguren, Würfelhocker, Kniefiguren, die eine Stele oder einen Kultschrein (Naos) darreichen, oder Standfiguren, die eine Standarte tragen. Wir finden auch Schreiberstatuen, eine Form, die schon von den Grabstatuen des Alten Reiches bekannt ist. Frauen waren nicht berechtigt, Schreiberstatuen zu besitzen, und sie haben normalerweise auch keine Stelophoren, Naophoren oder Standartenträger. Im allgemeinen war es ein männliches Vorrecht, Tempelstatuen zu besitzen, obwohl Frauen in der einen oder anderen Form auf Statuen erscheinen konnten, die von Männern gestiftet wurden.

Im Gegenzug konnten Frauen wie Männer Votivstelen in Tempeln errichten und taten dies auch. Dabei handelt es sich um Stelen, die häufig eine Inschrift auf der Grundlage folgender Formel tragen: «[Eine Gottheit] preisend, die Erde küssend vor [derselben oder einer anderen Gottheit] für den *Ka* [des Stifters]». Die Abbildung zeigt für gewöhnlich den Stifter, der einer oder mehreren genannten Gottheiten ein Opfer darbringt oder sie anbetet (Abb. 47, 48). Die Formel und der Szenentyp scheinen ungeachtet des Geschlechts des Besitzers ähnlich zu sein, und wenn die Stele einer Frau gehörte, wurde lediglich das grammatische Geschlecht in der Inschrift verändert und eine weibliche statt einer männlichen Figur abgebildet. Manchmal wird auch das Pronomen der 1. Person Singular in der männlichen Form verwendet, als ob die Spre-

47. Votivstele des Neferhotep, der den vergöttlichten Amenophis I. und Ahmose Nofretere anbetet.

cherin männlichen Geschlechts sei, was zeigt, daß die männliche Form vorherrschend war und nicht immer angepaßt wurde, wenn es sich um eine Stifterin handelte. Frauen konnten nicht nur Votivstelen besitzen, sondern auch Männer auf den ihrigen begleiten. In diesem Fall waren die Männer die Hauptstifter (Abb. 49). Die Anzahl der erhaltenen Stelen, die Männern gehörten, übertrifft die von Frauen bei weitem. Von den vierundzwanzig Votivstelen, die man in der Gegend um die Sphinx von Gizeh herum gefunden hat, waren zwanzig nur von Männern gestiftet und keine einzige allein von Frauen. Wenn man die Fälle mitzählt, in denen Frauen an zweiter Stelle standen, ist das Verhältnis von Männern und Frauen fünfunddreißig zu sechs. Von siebzehn

48. Votivstele, gestiftet von einer Frau, die bei der Anbetung des Widders von Amun-Re dargestellt ist.

49. Votivstele des Arbeiters Penbuj, seines Sohns Amenmose und seiner Frau Irutnefret.

Votivstelen, die aus dem Tempel des Ptah in Memphis stammen, wurden elf allein von Männern gestiftet, dagegen nur zwei von Frauen. Unter sämtlichen auf den Stelen abgebildeten Figuren sind fünfundzwanzig männlich und sieben weiblich.[2]

Wer waren die Frauen, die ihre eigenen Votivstelen aufstellten? Einige tragen keinen Titel, andere werden «Hausherrin» genannt, wieder andere «Musikerin» einer bestimmten Gottheit. Wir können annehmen, daß sie alle der Oberschicht angehörten, doch wir wissen nicht, ob sie diese Stelen aus ihren eigenen Mitteln – über die manche Frauen sicher verfügten – in Auftrag gaben, oder ob ihre Ehemänner und Söhne sie finanzierten. Die Tatsache, daß es weit mehr Votivstelen von Männern als von Frauen gibt, läßt sich in beiden Fällen erklären. Zum einen hatten die Frauen der Oberschicht im Vergleich zu den Männern, die ein regelmäßiges Einkommen aus ihren Beamtenpositionen bezogen, vielleicht einfach weniger Einkünfte, die sie auf solche Denkmäler hätten verwenden können. Wenn die Votivstelen im anderen Fall dage-

gen von männlichen Verwandten bezahlt wurden, können wir uns vorstellen, daß diese Männer ihren eigenen Denkmälern den Vorrang gegeben hätten, so daß den Frauen ihrer Familie weniger Geld blieb. Die Männer, die ihre Ehefrauen und teils auch andere weibliche Verwandte auf ihrer eigenen Votivstele mit abbilden ließen, mögen so darum herumgekommen sein, ihnen eigene Stelen finanzieren zu müssen. Wenn Frauen ihre eigenen Stelen besitzen, werden sie darauf nur in ganz wenigen Ausnahmen von ihren Ehemännern begleitet. Das ist auf zwei Grundregeln des künstlerischen Kanons zurückzuführen, die für alle Arten von Denkmälern gelten. Die erste Regel besagt, daß der Eigentümer des Denkmals auf den Dekorationen den ersten Platz einnehmen muß. Zum zweiten haben Frauen, von ein paar Ausnahmen abgesehen, ihren Männern gegenüber eine untergeordnete Rolle inne. Wenn eine Frau also die Eigentümerin einer Stele ist, nimmt sie den ersten Platz ein, und ihr Mann kann nicht gezeigt werden, weil er sonst gezwungen wäre, in einer untergeordneten Stellung zu erscheinen.

Ein bemerkenswerter Fund ist eine oben abgerundete Stele aus Deir el-Medineh aus dem Besitz einer Frau, die trotzdem Mitglieder ihrer Familie, einschließlich ihres Mannes, zeigt (Abb. 50).[3] Sie ist in verschiedene Register unterteilt. Oben im Giebelfeld verehrt die Hausherrin Buchanefptah eine Göttin namens Nebethetepet, die in enger Verbindung zu Hathor steht. Die Inschrift besagt, daß die Stele «von ... Buchanefptah gestiftet» wurde. Darunter stehen vier Zeilen eines Gebets, gesprochen von Buchanefptah, in dem Nebethetepet gepriesen und um Gnade angerufen wird. In den zwei unteren Bildzeilen erscheinen ihre Familienmitglieder. Die erste Zeile wird von Kasa, Arbeiter im königlichen Grab, angeführt. Er wird durch keinen Verwandtschaftsgrad im Giebelfeld in Beziehung zu Buchanefptah gesetzt, sondern nur mit Namen und Titel bezeichnet, als sei er der Besitzer der Stele. Unmittelbar nach ihm folgt eine weibliche Figur, die «seine Frau, die Hausherrin Buchanefptah» genannt wird, so daß sie auf dieser Stele zweimal in Erscheinung tritt. An der letztgenannten Stelle bezeichnet das Possessivpronomen «seine» den Verwandtschaftsgrad und genügt so den Regeln des Kanons. Die übrigen dreizehn Figuren dagegen werden alle als «ihr Sohn/ihre Tochter» und «ihr Bruder/ihre Schwester» bezeichnet.

Wir treffen einen der Söhne ein weiteres Mal auf einer Stele Kasas, auf der Buchanefptah ebenfalls abgebildet ist.[4] Dort wird dieser Sohn «sein Sohn» genannt, und demnach ist Kasa sein Vater. Auf dieser Stele werden die Kinder allerdings nach Geschlecht unterschieden: Die

50. Votivstele der Hausherrin Buchanefptah, Frau des Arbeiters Kasa.

51. (links) Votivstele: Ein Mann bringt dem Gott Chons Trank- und Speiseopfer dar, seine Frau und ihre Töchter opfern einer Göttin.
52. (rechts) Votivstele von Ijtnefret.

Söhne werden «sein Sohn», die Töchter «ihre Tochter» genannt. Dies findet sich auch bei anderen Denkmälern, etwa auf einer Statue eines Ehepaares, die von ihrer Tochter gestiftet wurde und sich jetzt im Britischen Museum befindet; dort wird das Mädchen auf der Seite, wo die Mutter sitzt, «ihre Tochter», auf der Seite des Vaters «seine Tochter» genannt.[5] Bisher fehlt in der Forschung eine gründliche Analyse zum Gebrauch des männlichen oder weiblichen Possessivpronomens auf diesen Denkmälern, die uns helfen würde, die Eigentumsverhältnisse und die Regeln für die Beziehungen von Eltern und Kindern herauszuarbeiten.

Bemerkenswert ist, daß Frauen, obwohl es ihnen nicht verwehrt ist, Votivstelen männlichen Göttern zu stiften, oft weibliche Gottheiten wie Hathor, Isis, Amuns Gattin Mut, die Schlangengöttinnen Meresger und Renenutet oder die vergöttlichte Königin Ahmose Nofretere bevorzugen. Einige von Männern gestiftete Stelen, auf denen auch Frauen erscheinen, zeigen den Mann in Verehrung einer männlichen Gottheit, während die Frauen eine Göttin anbeten (Abb. 51). Obwohl dies keineswegs immer so ist, wird doch häufig bei der Verehrung von Gottheiten ein Unterschied zwischen den Geschlechtern gemacht.

Eine Reihe von Votivstelen aus Deir el-Medineh enthalten Gebete, die das Bewußtsein zum Ausdruck bringen, daß der Stifter gegen die Regeln einer Gottheit verstoßen hat, die ihn deshalb bestraft hat und nun um Gnade angefleht wird. Viele dieser Gebete stammen von Männern, einige betreffen aber auch Frauen. Eine solche Stele wurde von Ijtnefret gestiftet, der Frau des Arbeiters Sennedjem, welcher in der Regierungszeit Ramses' II. lebte (Abb. 52).[6] Ijtnefret kniet am unteren Rand der Stele, gefolgt von einer kleineren Figur, die ihren Enkel darstellt. In der Inschrift wird uns nicht mitgeteilt, warum er dort abgebildet ist. Vielleicht gab er die Stele in Auftrag, nahm aber eine untergeordnete Rolle ein, weil die Stele für sie bestimmt war; es ist möglich, daß die kanonischen Regeln für Großmutter und Enkel lockerer waren und ihr durch den Generationsunterschied und ihr hohes Alter der Vorrang gebührte. In ihrem Gebet bittet sie die Gottheit: «Sei gnädig, denn du hast mich Dunkelheit bei Tage sehen lassen wegen jener Worte der Frauen. Sei gnädig zu mir, so daß ich deine Gnade schauen kann. Von der Hausherrin Ijtnefret, mit wahrhaftiger Stimme.» Die Wendung

53. Votivstele von Wennefer, für seine Frau gestiftet.

54. Votivstele von Pai, für seine Mutter gestiftet.

«du hast mich Dunkelheit bei Tage sehen lassen» ist in diesen Gebeten häufig zu finden, um die Last der Schuld zum Ausdruck zu bringen. Es ist mehr als ärgerlich, daß wir über den Grund von all dem, über «jene Worte der Frauen», nichts wissen.

Eine Stele ähnlicher Art wurde von dem Arbeiter Wennefer gestiftet, der im Giebelfeld bei der Verehrung einer männlichen Gottheit dargestellt wird (Abb. 53).[7] Das Gebet ist hier allerdings auf den Hauptteil der Stele geschrieben, neben zwei knienden Frauen und einem unbekleideten Jungen, welche als die Hausherrin Nebetnehet, ihr Sohn Nebansu und ihre Tochter, die Hausherrin Meritamun, bezeichnet werden. Das Gebet selbst bezieht sich auf Nebetnehet: «Du hast mich nach deinem Willen Dunkelheit sehen lassen. Sei mir gnädig, so daß ich dich schauen kann. Für den *Ka* der Hausherrin Nebetnehet.» Es scheint sich um eine Stele zu handeln, die ein Mann für seine Ehefrau gestiftet hat.

Eine vergleichbare Stele desselben Typs wurde von einem Sohn für seine Mutter gestiftet (Abb. 54).[8] Im Giebelfeld kniet der Schreiber Amuns Pai vor dem Gott Chons. Darunter kniet die Hausherrin Wadjetrenpet, neben sich den Text des Gebets an Chons: «...Siehe, du läßt mich nach deinem Willen Dunkelheit sehen. Sei mir gnädig, und ich will es dir vergelten. Wie süß ist deine Gnade, Chons, für die armen Frauen der Stadt. Für den *Ka* der Hausherrin Wadjetrenpet.» Dem folgt die Angabe: «Ihr Sohn machte diese Stele im Namen seines Herrn Chons, der Schreiber Pai. Er sagt: ‹Wende dein Gesicht. Sei gnädig›» und unterstützt so das Flehen seiner Mutter.

Wir haben schon gesehen, daß eine der wichtigsten Gottheiten für Frauen Hathor, die Göttin der Liebe, der Sexualität und Fruchtbarkeit war. Sie hatte einen herausragenden Kultort in Deir el-Bahari am westlichen Ufer Thebens, und die Ausgrabungen brachten dort viele Votivgaben aus dem Neuen Reich ans Tageslicht, darunter Fruchtbarkeitsfiguren und Phalli. Leider tragen die meisten davon keine Inschriften, so daß wir nichts über das Geschlecht des Stifters wissen noch etwas darüber, ob manche vielleicht von einem Ehepaar zusammen gestiftet wurden. In Deir el-Bahari hat man nur wenige Votivstelen gefunden, davon sind allerdings mehr von Frauen als von Männern gestiftet. Eine kleine Votivtafel aus Fayence zeigt eine Frau, die vor der Hathor-Kuh

55. Opfertuch, von sechs Frauen der Hathor in ihrer Erscheinungsform als Kuh gestiftet.

ein Trankopfer darbringt; vermutlich wurde sie von einer Frau gestiftet. Ein ungewöhnlicher Typ von Votivgaben, der ebenfalls hier gefunden wurde, bestand aus bemalten Textilien, die den Hauptstifter – häufig mit anderen Figuren – vor einer Erscheinungsform der Hathor zeigen (Abb. 55). Die meisten bieten nur wenig Text, aber das Geschlecht des Stifters kann aus der Figur abgelesen werden. Von fünfunddreißig bekannten erhaltenen Textilien scheint kein Stück von einem Mann allein gestiftet worden sein, und siebzehn stammen von einer Frau allein. Von allen Gestalten auf den Tüchern sind vierundsiebzig Frauen und dreißig Männer. Die geschorenen Häupter und die Tracht der Männer lassen darauf schließen, daß sie Priester sind und vielleicht im Hathorkult dienen. So sind die Tücher ein Beweis dafür, daß die Anzahl der Stifterinnen überwiegt, was deren enge Verbindung zu der Göttin betont.[9]

Besuche im Tempel

Obwohl die meisten Individuen der Staatsreligion wenig persönliches Interesse entgegenbrachten, haben sie mit Sicherheit Tempel und Schreine aufgesucht, um Weihopfer darzubringen, und wir können annehmen, daß auch Frauen dorthin gingen. Das oben besprochene Gebet der Buchanefptah auf ihrer Stele sagt von der Göttin Nebethetepet: «Denn alle Menschen kommen in Scharen zu dir, Männer und Frauen gleichermaßen.» Eine weitere Bestätigung finden wir auf einer Statue, die ursprünglich in Deir el-Bahari stand.[10] Der Text richtet sich ausschließlich an Frauen: «Oh Volk von Theben, edle Damen wie arme Mädchen, alle, die zu (irgendeiner) Zeit nach Djeseret (= Deir el-Bahari) kommen...». Die Statue gehört zu dem bekannten Typ der Mittlerstatuen; solche Statuen tragen Inschriften, die versprechen, sich bei einer Gottheit für eine Person zu verwenden, wenn diese ihr Opfer darbringt. Diese Statue bittet Hathor stellvertretend für die Frauen um «Glück und einen guten Ehemann».

Briefe aus der späten 20. Dynastie zeigen auch, daß Einzelpersonen die Tempel besuchten und zu den Göttern beteten. Als Djehutimose, Schreiber der Nekropole in Theben, auf Reisen war, sandte er an eine Reihe von Frauen die Nachricht: «Bitte betet zu Amun, mich zurückzubringen, denn ich bin krank, seit ich im Norden ankam, und ich bin nicht in meiner normalen Verfassung. Konzentriert euch auf nichts

56. Grabstele des web-Priesters Haremhat. Seine Frau Djab, gefolgt von seiner Tochter Tinetiunet, bringt ein Trankopfer dar.

57. Weibliche Mitglieder der Familie des Grabherrn opfern dem Verstorbenen Sistren und menit-Halsketten.

anderes. Sobald mein Brief euch erreicht, sollt ihr zum Vorhof des Amuns der Throne der Zwei Länder gehen. Nehmt die kleinen Kinder mit und redet ihm gut zu und sagt ihm, er möge mich sicher bewahren.»[11] Der Tempel ist der Totentempel von Ramses III., bei dem zu dieser Zeit die Arbeiter lebten. Sie sollten zum Vorhof gehen, weil dies der einzige Platz im Tempel war, zu dem die Bevölkerung Zutritt hatte. Nur gereinigtes Tempelpersonal konnte weiter ins Tempelinnere gelangen. Der Brief geht davon aus, daß Frauen und Kinder zum Tempel gehen werden, um zu dem Gott zu beten.

Der häusliche Kult

Da nur wenig über Häuser bekannt ist, wissen wir wenig über den häuslichen Kult.[12] In Deir el-Medineh gibt es in den Häusern der Arbeiter allerdings Belege für Hausaltäre, Wandmalereien von Bes und Thoeris, und Nischen, die für Stelen gedacht waren. Bei der Ausgrabung der Häuser fand man Statuen, Stelen, Opfertische und Becken, die Thoeris geweiht waren.[13] Auf die Fruchtbarkeitsfiguren sind wir bereits eingegangen. Eine große Anzahl wurde in Siedlungen gefunden, wie etwa in der Stadt Kahun aus dem Mittleren Reich, der Siedlung Amarna aus dem Neuen Reich oder in Deir el-Medineh. Wahrscheinlich wurden diese Statuetten während ritueller Handlungen am Hausaltar aufgestellt, vielleicht bewahrte man sie dort auch auf, um den Fortbestand der Familie durch die Geburt von Kindern zu sichern.

Die Riten, die im häuslichen Kult praktiziert wurden, waren möglicherweise Speise-, Trank- und Blumenopfer am Altar, wie in anderen ägyptischen Kulten. Die herausragende Stellung der Gottheiten Thoeris und Bes, die dafür bekannt sind, daß sie sich besonders den Angelegenheiten von Frauen widmen, die Fruchtbarkeitsfigürchen und die Abbildungen der Wochenlaube, von der in Kapitel IV die Rede war, lassen darauf schließen, daß die Frauen der Familie dabei eine wichtige Rolle spielten, besonders in Deir el-Medineh, wo die Männer mehrere Tage hintereinander außer Haus waren.

Eine Wendung für «heiraten» war «ein Haus gründen» und bezog sich auf die Gründung eines eigenen Haushaltes durch das neue Paar. Wenn sich das auch nicht beweisen läßt, so ist es nicht zu weit hergeholt, sich vorzustellen, daß das Paar als erstes einen Altar aufstellte und seine Verbindung mit Familie und Freunden feierte.

Die Frauen im Totenkult

Seit prädynastischen Zeiten glaubten die Ägypter an ein Leben nach dem Tode, und wir wissen, daß im Alten Reich einzelne Personen ihren Totenkult einrichteten, um nach dem Tode weiterzuleben. Im Idealfall vollzog der älteste Sohn eines Mannes das Ritual. Er brachte Nahrungsmittel zum Grab und tat alles, was notwendig war, um das Überleben des Verstorbenen in der nächsten Welt zu sichern. Wir werden noch sehen, daß Frauen nach diesem Glauben dasselbe Nachleben hatten wie Männer und dieselben Bedürfnisse für ihr Begräbnis und ihren Kult. Zunächst möchte ich jedoch auf die Rolle zu sprechen kommen, die die lebenden Frauen neben Männern im Totenkult spielten.

Im Alten Reich konnten Frauen als Totenpriesterinnen dienen.[14] Sogar der Titel «Aufseherin der Totenpriester» ist bekannt. Mit dem Alten Reich verschwinden allerdings die Hinweise auf Totenpriesterinnen. Im Mittleren und Neuen Reich konnten Frauen Grabstelen stiften, die sie selbst beim Ritual für die Toten zeigten, wenn sie Trankopfer oder andere Opfer darbrachten (Abb. 56). Sie konnten auch Grabstatuen stiften, oft für ihre Eltern oder den Ehemann. Wir wissen nicht, ob sie diese Denkmäler selbst in Auftrag gaben und bezahlten. Da Frauen Land besitzen, Geschäfte abschließen und ihre eigenen Finanzen verwalten konnten, ist es möglich, daß sie einen Teil ihres eigenen Einkommens auf Denkmäler für ihre Eltern oder Ehemänner verwendeten.

In den Grabszenen bringen Ehefrauen und Töchter gewöhnlich dem verstorbenen Inhaber Opfer dar. In vielen Szenen halten sie Sistra und *menit*-Halsbänder, die dem Toten durch ihre Beziehung zu Hathor die Wiedergeburt versprachen (Abb. 57). Wegen Hathors Verbindung zur Musik enthalten eine Reihe von Gräbern Tanzszenen zu Ehren der Göttin, in denen Frauen eine wesentliche Rolle spielen.

Beim Bestattungsritual, so bei der Zelebration des Ritus der Mundöffnung, ist in den Szenen aus dem Neuen Reich und späteren Zeiten der ausführende Priester männlich. Die Ehefrau wird häufig als Trauernde am Fußende des Sarges gezeigt, und Gruppen von männlichen und weiblichen Trauernden begleiten die Grabprozession zum Grabmal.[15] In vielen Fällen übersteigt die Zahl der weiblichen Trauernden die der männlichen (Abb. 58), und möglicherweise waren darunter nicht nur die weiblichen Familienmitglieder, sondern auch berufsmäßige Klagefrauen. Eine Stele aus Deir el-Medineh wurde von einer Frau und ihrer Tochter gestiftet, die beide «Klagefrau» als Titel ver-

58. Die Bestattungsriten.

wenden, was wohl heißt, daß dies ihr Beruf war.[16] Andere Frauen personifizierten bei Begräbnissen die beiden Göttinnen Isis und ihre Schwester Nephthys, die die Trauernden *par excellence* waren, weil sie um den ermordeten Gott Osiris geklagt hatten.

Die Begräbnisse von Frauen

Die Frauen erwarteten dasselbe Nachleben, das Männer erhofften, und sie erhielten ähnliche Begräbnisse wie Männer. Wir wissen nur wenig darüber, wie ein Begräbnis in den unteren Bevölkerungsschichten aussah, und die folgenden Ausführungen stützen sich daher auf Zeugnisse, die von der Schreiberklasse überliefert sind, besonders von den obersten Rängen, die sich Grabkapellen leisten konnten.

Der Leichnam wurde zusammen mit allen Grabbeigaben in einen tiefen Schacht in die Erde eingelassen. Dieser Schacht wurde dann aufgefüllt und wahrscheinlich nicht mehr betreten. Angehörige der obersten Ränge der Bürokratie hatten in ihrem Grab noch einen zweiten Raum: die Grabkapelle, in der sich der Eingang zum Begräbnisschacht befand. Sie war entweder freistehend, wie häufig in der Nekropole Memphis, oder in den Fels gemeißelt wie in Theben. Hier fand der Totenkult statt. Seit dem Alten Reich waren die Wände dekoriert, darunter gab es eine Scheintür oder später auch Stelen, und vom Mittleren Reich an waren Statuen, die die Verstorbenen darstellten, in der Kapelle zu sehen. Die Scheintüren, Stelen und Statuen bildeten die Brennpunkte des Kults, in dem die Lebenden mit den Toten in Kontakt traten.

In den meisten Fällen waren die Eigentümer dieser Kapellen männliche Beamte. Die Bemalungen zeigten den Grabherrn und oft auch die

Frauen seiner Familie, die aber eine untergeordnete Rolle einnehmen, obwohl andere Mitglieder der Familie (darunter auch Frauen, fast immer die Ehefrau des Grabherrn) in Schächten unter der Kapelle begraben wurden. Als Privatpersonen besaßen Frauen selten Grabmäler. Ein bekannter Fall ist eine Grabkapelle aus dem Mittleren Reich in Theben, die einer Wesirmutter namens Senet gehörte, der wir schon im 5. Kapitel begegnet sind.[17] In der Bemalung läßt nur wenig darauf schließen, daß es sich um eine Grabherrin handelt. Wahrscheinlich war Senet nicht selbst für ihre Grabkapelle verantwortlich, sondern ihr Sohn gab sie für sie in Auftrag.

Es ist eine interessante Frage, warum Frauen aus Oberschichtfamilien von höchstem Rang keine eigenen Kapellen besaßen. Eine Antwort darauf könnte sein, daß der Besitz einer Grabkapelle ein Privileg war, das sich aus einem bürokratischen Amt von gewissem Ansehen ableitete, so daß Frauen theoretisch davon ausgeschlossen wären. Es könnte aber auch sein, daß nur Beamte eines bestimmten Ranges wohlhabend genug waren, einen so großen Teil ihres Vermögens auf ihr Begräbnis zu verwenden. Möglicherweise war der Mann für das Begräbnis seiner Ehefrau verantwortlich. Wenn das der Fall war, wäre es für eine verheiratete Frau, wie vermögend sie auch gewesen sein mag, undenkbar gewesen, ihre eigene Kapelle zu bauen; und wenn sie es doch tat, ist anzunehmen, daß sie sich der Konvention zu fügen hatte und ihrem Mann oder Sohn den ersten Platz einräumen mußte. Dies wirft die Frage auf, was mit einer unverheirateten oder geschiedenen Frau, die nicht wieder heiratete, geschah. Vielleicht wurde sie im Grab eines männlichen Verwandten bestattet. Falls sie Vorkehrungen für ihr Begräbnis treffen mußte, dann besaß sie unseren Zeugnissen zufolge jedenfalls keine Grabkapelle.

In Deir el-Medineh bauten die Arbeiter außerhalb des Dorfes ihre eigenen Grabmäler mit bemalten Kapellen und Grabkammern. Die Tatsache, daß sie in ihrer Freizeit selbst an ihnen arbeiteten, erklärt, warum diese Männer Grabkapellen haben konnten, obwohl sie keine hohen Beamten waren. Personen desselben Ranges im restlichen Ägypten hätten etwas ähnlich Großartiges niemals erhoffen können. Die Bemalung der Kapellen ist sowohl stilistisch als auch inhaltlich etwas ungewöhnlich, aber auch hier steht der Grabherr im Zentrum, obgleich auch seine Familie abgebildet war (Abb. 59). Aus Testamenten in Deir el-Medineh wissen wir, daß Frauen Gräber erben konnten. Es gibt in den Kapellen keinerlei Hinweis darauf, daß die Dekoration geändert wurde, wenn eine Frau das Grab besaß. Vielleicht erbte sie nur das Recht, darin begraben zu werden, und nicht das Recht, die Dekoration der Grabkapelle zu verändern.

Die Annahme, daß männliche Verwandte sich um Frauen kümmer-

59. *Szene aus dem Grab des Arbeiters Inhercha in Deir el-Medineh: Der Verstorbene und seine Familie empfangen das Opfer eines Uschebti-Kastens und einer Osiris-Statuette.*

60. *Innerer Sarg Henutmehits.*

61. Ausschnitt aus dem Totenbuch der Hausherrin Anhai, Musikerin des Amun, der Großen von der Musiktruppe des Osiris; es zeigt die Wägung ihres Herzens.

ten und daß es gegen die Konvention verstoßen hätte, wenn sie ihre eigenen Vorkehrungen getroffen hätten, wird durch Zeugnisse von Grabstelen erhärtet. Im Gegensatz zu Votivstelen, die in Tempeln errichtet wurden, standen Grabstelen in Gräbern oder Kenotaphen (das sind Grabkapellen ohne Begräbnis), die sich an einem anderen Ort befanden. Solche Stelen waren normalerweise mit Szenen verziert, die den Verstorbenen vor einem Tisch mit Opfergaben darstellten, wobei manchmal die Familienmitglieder das Ritual vollzogen, oder später der Verstorbene selbst vor verschiedenen Gottheiten, meistens vor dem Totengott Osiris. Diese Szenen ähneln denjenigen, die man in den Grabkapellen gefunden hat. Es war zwar möglich, daß Frauen Grabstelen besaßen, doch die meisten gehörten Männern, die dementsprechend auch den wichtigsten Platz in den Szenen einnahmen (Abb. 56, 72).

Spätestens seit dem Alten Reich wurde der Leichnam einer Frau genauso behandelt wie der eines Mannes und mit ähnlicher Grabausstattung beigesetzt. Nachdem man die Technik der Mumifizierung entwickelt hatte, wurden auch Frauen mumifiziert, um ihre Körper für die Ewigkeit zu erhalten. Der Leichnam wurde in einen Sarg oder eine

Reihe von Särgen gelegt (Abb. 60), die Eingeweide in Kanopenkrüge. Seit der Einführung von *Uschebtis* im Mittleren Reich gab man auch Frauen diese Ersatzfigürchen. Vom Neuen Reich an legte man Herzskarabäen auf das Herz des Toten. Sie trugen eine Inschrift, die das Organ davon abhalten sollte, beim Totengericht gegen den Verstorbenen auszusagen, und Frauen erhielten sie genauso wie Männer.

Vom Alten Reich an wurde es außerdem Sitte, eine Abschrift des *Totenbuchs* in das Grab zu legen, um den Besitzer durch die Gefahren der Unterwelt zu geleiten. Erhaltene Abschriften zeigen, daß diese Männern und Frauen gleichermaßen gehören konnten (Abb. 61). Diejenigen, die für Männer angefertigt wurden, zeigen die Ehefrauen an zweiter Stelle (Abb. 62), aber entsprechend den kanonischen Regeln zeigen die für Frauen angefertigten *Totenbücher* normalerweise nicht den Ehemann. Es scheinen mehr Männer als Frauen im Besitz von *Totenbüchern* gewesen zu sein, und zumindest in der Spätzeit hatten Männer meistens längere und deshalb teurere Versionen als Frauen. Eine Vignette im *Totenbuch* stellt den Besitzer des Dokuments bei der

62. Ausschnitt aus dem Totenbuch von Hunefer und seiner Frau, die bei der Anbetung der aufgehenden Sonne dargestellt sind.

63. Ausschnitt aus dem Totenbuch der Musikerin des Amun Heretwebchet.

64. Grabstele, die die Bestattungsriten darstellt, welche an den Särgen des Grabherrn, seiner Frau und seiner Eltern durchgeführt werden.

Getreideernte dar. Wir haben bereits gesehen, daß in Grabszenen, in denen Bauern bei der Ernte gezeigt werden, nur die Männer eine Sichel schwingen, während die Frauen die heruntergefallenen Ähren aufsammeln (Abb. 36). In den *Totenbüchern*, die für Frauen angefertigt wurden, wird die männliche Figur, die Getreide schneidet, oft einfach durch eine weibliche ersetzt; doch manchmal wird auch eine männliche Figur gezeigt, die anstelle der Besitzerin das Korn mäht (Abb. 63), was darauf schließen läßt, daß einige Künstler der Tatsache Rechnung trugen, daß Kornschneiden keine übliche Frauenarbeit war.[18]

Andere Gegenstände wie Schmuck, Kleidung, Perücken und Möbel wurden in männlichen wie weiblichen Gräbern gefunden. Dennoch ist nicht zu übersehen, daß mehr Kanopenkrüge, *Uschebti*-Figuren, Herzskarabäen und *Totenbücher* für Männer bekannt sind als für Frauen. Die Grabausstattung war für Männer gewöhnlich auch reicher als für Frauen. Das heißt entweder, daß Männer für die Ausstattungen beider Partner verantwortlich waren und für ihre eigene mehr ausgaben, oder daß Frauen zu ihrer eigenen Ausstattung beitrugen, ihnen aber weniger Mittel dafür zur Verfügung standen. Leider gibt es noch keine systematische Studie, die Grabbeigaben für Männer und Frauen in bezug auf die Kosten vergleicht oder untersucht, ob es durch das Geschlecht bedingte Unterschiede bei männlichen und weiblichen Begräbnissen gab.

Die Prozession, die die Verstorbenen zum Grab geleitete und die begleitenden Riten an der Mumie am Grabeingang vollzog, wurde schon erwähnt. Der Leichnam in seinen Särgen und dem Sarkophag wurde von Ochsen zum Grab gezogen, wobei die Kanopenkästen oft gesondert gebracht wurden. Reihen von Männern trugen die Grabbeigaben, und Gruppen von Frauen (seltener von Männern) weinten und klagten in Trauer um den Verstorbenen. Außerhalb des Grabes vollzog der *sem*-Priester in einer Leopardenhaut, normalerweise der älteste Sohn des Verstorbenen, den Ritus der Mundöffnung, der der Mumie das Weiterleben ermöglichte, während ein Vorlesepriester das Ritual las und Opfer dargebracht wurden (Abb. 58). Obwohl dies nicht gezeigt wird, kann man annehmen, daß nach Vollzug der Riten der Leichnam und die gesamten Beigaben in den Schacht hinuntergelassen wurden, den man dann zuschüttete, und vielleicht wurde danach in der Kapelle der Totenkult eingerichtet. Die Familie und die Gäste nahmen dort wahrscheinlich an einem Mahl teil, wie sie dies künftig einmal jährlich beim «Schönen Fest vom Wüstental» tun würden.

Die meisten Szenen in den Grabkapellen zeigen das Begräbnis des männlichen Grabherrn. Es gibt aber Beweise, daß dieselben Riten und Zeremonien auch für Frauen ausgeführt wurden, nachdem sie gestorben waren. Im Grab der bereits erwähnten Senet zeigt der Gebrauch weiblicher Pronomina in den Begleitinschriften ganz deutlich, daß es ihre Begräbnisprozession ist, die dargestellt wird, und nicht die ihres Sohnes. Ansonsten unterscheidet sich die Szene kaum von denen, die für Männer gemalt wurden. Dasselbe gilt für die Begräbnisprozessionen in *Totenbüchern,* die Frauen gehörten. Im Grab des Haremheb in Memphis zeigt eine bruchstückhaft erhaltene Szene einen weiblichen Sarg, wahrscheinlich den von Haremhebs Frau, und die Riten, die an ihm vollzogen wurden.[19] Ein zeitgenössisches Relief aus der späten 18. Dynastie, das einem Mann namens Ptahmose gehörte, bildet unter anderem eine Szene ab, in der das Bestattungsritual am Sarg einer Frau namens Raj dargestellt wird.[20] In einigen Szenen aus der Ramessidenzeit sieht man zwei Särge am Grabeingang, den des Grabherrn und vermutlich den seiner Ehefrau. Auf ähnliche Weise zeigen einige Stelen das Bestattungsritual, das an mehreren Mumien ausgeführt wird, welche in einem Fall als der männliche Grabherr, seine Frau und seine Eltern identifiziert werden können (Abb. 64). Solche Darstellungen fassen natürlich mehrere getrennte Begräbnisse in einer Szene zusammen, aber sie lassen keinen Zweifel daran, daß Frauen mit demselben Ritual begraben wurden wie Männer. Dennoch wird die trauernde Ehefrau, vielleicht aus künstlerischer Konvention, oft vor dem Sarg ihres Mannes kniend dargestellt (Abb. 58), während ein verzweifelter Ehemann, der um seine Frau trauert, nicht bekannt ist.

65. Scheintürartige Türstele von Meretites.

66. Scheintürartige Türstele von Irj und seiner Frau Inet.

Scheintüren und Grabstelen

Sobald das Begräbnis stattgefunden hatte, wurde ein Totenkult zugunsten des Verstorbenen eingerichtet und wahrscheinlich fortwährend in der Grabkapelle zelebriert – oder für diejenigen, die sich keine Kapelle leisten konnten, am Eingang des Begräbnisschachts. Im Alten Reich waren die Brennpunkte des Totenkults in den Grabkapellen die Scheintüren und die Statuen im Serdab, einem abgetrennten Raum, der nur durch einen oder mehrere Schlitze in der Wand mit der Kapelle verbunden war.

An der Scheintür konnten sich die Toten und die Lebenden treffen.

67. Scheintürartige Türstele von Kaihap und seiner Frau Meretmin.

Im Diesseits gab es keinen Weg hindurch, aber der Geist eines Toten konnte aus dem Jenseits durch diese Tür kommen, um sich an den Gaben zu erfreuen, die die Totenpriester ihm brachten. Die Pfosten und Stürze einer Scheintür waren normalerweise mit Titel, Namen und Abbildungen des Verstorbenen verziert, während über dem Sturz eine rechteckige Stele für gewöhnlich den Toten darstellte, wie er vor einem Tisch mit Opfergaben saß. Manchmal gab es auch mehrere Scheintüren in einer Kapelle. Viele zeigen nur den männlichen Besitzer. Manchmal teilt er die Tür mit seiner Frau, während in anderen Fällen die Frau eine eigene Tür hat. Die Dekoration dieser Grabmäler wird von den kanonischen Regeln bestimmt. Das können wir erkennen, wenn wir die rechteckige scheintürartige Stele über dem Türsturz betrachten.[21] Wenn die Tür nur einer Person gehörte, gleich ob männlich oder weiblich, sitzt der Verstorbene auf der linken Seite (d.h. auf der linken Seite des Betrachters), und schaut nach rechts (Abb. 65). Wenn ein Mann und eine Frau gemeinsam eine Scheintür haben, nimmt fast immer der Mann diese Position ein, und der Frau bleibt der Platz auf der untergeordneten Seite des Opfertisches (Abb. 66). In einigen wenigen Beispielen sind die Plätze vertauscht, und die Frau nimmt die dominante Position ein (Abb. 67). Leider zeigt nichts in den entsprechenden Inschriften oder Titeln, warum dies so war, aber es hatte sicher eine Bedeutung, die mit dem Status der entsprechenden Männer und Frauen zusammenhing.

Die Serdabstatuen boten einen möglichen Wohnraum für den Geist des Verstorbenen, der dann durch die Schlitze in die Grabkapelle sehen konnte, um die Opferriten zu beobachten und den Weihrauch zu riechen, der ein wichtiger Bestandteil der ägyptischen religiösen Riten war. Dort konnte sich auch mehr als eine Statue einer Person befinden, und manchmal besaß ein einziger Mann eine ganze Reihe von Statuen. Darüber hinaus stellte man Bilder von Familienmitgliedern in den Serdab. Die Frau des Grabherrn konnte entweder ihre eigene Statue haben (Abb. 69) oder zusammen mit ihrem Mann und auch mit ihren Kindern eine Gruppenstatue besitzen (Abb. 68). Wenn Mann und Frau zusam-

68. (links) Grabstatue eines Manns, seiner Frau und seines Sohns aus dem Alten Reich.

69. (rechts) Grabstatue Nefretmins aus dem Alten Reich.

70. (links) Grabstatue von Katep und seiner Frau Hetepheres aus dem Alten Reich.
71. (rechts) Grabstatue eines Manns, seiner Frau und seines Sohns aus dem Alten Reich.

men dargestellt werden, ist der Mann meistens die dominante Figur. Wenn beide Figuren die gleiche Größe haben, dann sitzt der Mann oft auf der wichtigeren rechten Seite der Gruppe, das heißt vom Betrachter aus gesehen links. Es gibt allerdings viele Ausnahmen (Abb. 70); genau wie bei den Scheintüren mögen die Sitzpositionen zwar etwas über den Status der Frau in Beziehung zu dem des Mannes aussagen, aber leider kann man aus den Inschriften nicht sehr viel erschließen. In anderen Statuengruppen wird der Mann größer dargestellt als seine Frau: So hockt die Frau beispielsweise als kleine Figur zu seinen Füßen (Abb. 68), oder sie steht, während er sitzt, so daß die Figuren zwar gleich hoch sind, er aber größer dargestellt ist (Abb. 71). Es gibt auch Hinweise darauf, daß sitzende Figuren einen höheren Status besaßen als stehende.

72. Grabstele von Ramose, die den Grabherrn und seine Frau im oberen Register bei der Anbetung von Osiris, Isis und Nephthys zeigt; im unteren Register empfangen sie Opfer von dessen Sohn auf der linken Seite sowie Weihrauch und Trankopfer von dessen Tochter auf der rechten Seite.

Nach dem Zusammenbruch der Zentralregierung am Ende des Alten Reiches wurden sehr viel weniger vollständig geschmückte Grabkapellen gebaut. Die Kapelle war nun meist ein kleines Gebäude aus Lehmziegeln, das außer einer oder mehreren Stelen völlig schmucklos war. Aus den rechteckigen scheintürartigen Türstelen, die normalerweise eine sitzende Figur vor einem Opfertisch gezeigt hatten, entwickelten sich Grabstelen. In der Ersten Zwischenzeit war es eher üblich, die stehende Gestalt des Grabherrn – mit oder ohne Ehefrau – zu zeigen, mit einem Stab in der einen und einem Szepter in der anderen Hand; diese Darstellungen waren von Figuren auf den Türpfosten der Scheintüren und auf anderen Grabdekorationen des Alten Reiches abgeleitet. Die meisten dieser Stelen sind inzwischen aus ihrem ursprünglichen Zusammenhang gerissen. Viele davon zeigen nur Männer, auf anderen sieht man einen Mann, der von seiner Frau begleitet wird, wieder andere zeigen nur eine Frau. Das ist mit ziemlicher Sicherheit kein Beweis dafür, daß einige Frauen ihre eigenen Grabkapellen hatten, sondern zeigt eher, daß ihre Ehemänner in ihren Kapellen eigene Stelen für sie errichteten.

Das Motiv des Grabherrn, der an einem Tisch voller Opfergaben sitzt, erscheint wieder auf den Stelen im Mittleren Reich und durch das ganze Neue Reich hindurch; seit Mitte der 18. Dynastie wurde es auch üblich, den Grabherrn beim Opfern vor den Göttern oder bei ihrer Anbetung zu zeigen (Abb. 72). Diese Grabstelen wurden gewöhnlich vor oder innerhalb der Grabkapelle aufgestellt. Manchmal wurden sie in einem Kenotaph errichtet, einer Kapelle, in der kein Begräbnis stattfand und die vor allem in Abydos im Mittleren Reich üblich war. Abydos war dem Totengott Osiris geweiht, und der Kenotaph sollte den Grabherrn und seine Familie bis in alle Ewigkeit mit dem Osiriskult verbinden, auch wenn sie anderswo begraben waren.

Die Mehrzahl aller Grabstelen gehörte Männern, jedenfalls stellten Männer meist die Hauptfiguren auf den Stelen, und die übrigen Figuren werden durch ihre Beziehung zu dem Mann bezeichnet (Abb. 56, 72). Wenn ein Mann von seiner Frau oder Mutter begleitet wird, sitzt diese neben ihm, nicht ihm gegenüber wie auf den scheintürartigen Türstelen des Alten Reiches. Gemäß den Konventionen der zweidimensionalen ägyptischen Kunst ist das Paar entlang einer Grundlinie angeordnet, so daß die Figuren einander nicht verdecken. Die «vordere» ist die Hauptposition, und sie wird vom Mann eingenommen, während seine Frau oder seine Mutter die Position «hinten» erhält (Abb. 72). In den wenigen Fällen, in denen die Frau die dominante Position einnimmt, ist der Mann weder ihr Ehemann noch ihr Sohn.[22] Es gab Grabstelen, die Frauen allein gehörten (Abb. 73). Oft wurden sie von einer weiblichen Verwandten, wie zum Beispiel einer Tochter oder

Schwester, gestiftet. Verglichen mit denen, die sich im Besitz von Männern befanden, bilden sie nur einen kleinen Anteil des gesamten Korpus der Stelen. Man muß annehmen, daß die kanonischen Regeln es einer Grabherrin normalerweise unmöglich machten, sich zusammen mit Ehemann oder Sohn darstellen zu lassen. Deshalb können wir nicht sagen, ob diese Grabherrinnen verheiratet waren oder nicht. Bei einer Stele, die von ihren Eltern für eine Tochter gestiftet wurde, können wir vermuten, daß die Betreffende jung starb und wahrscheinlich noch nicht verheiratet war.[23] Andere Stelen, die Frauen von ihren Kindern

73. Grabstele der Musikerin des Amun Tacha, die im oberen Register Osiris, Isis und Nephthys anbetet und im unteren Wasser von Hathor, der Göttin des Westens, empfängt.

74. Grabstatue von Tetisonb, gestiftet von ihrem Sohn.

gestiftet wurden, weisen darauf hin, daß diese einmal verheiratet gewesen sein müssen. Da wir nicht wissen, in welchem Zusammenhang die Grabstelen, die Frauen gehörten, ursprünglich standen, ist es gefährlich, Spekulationen über ihre Bedeutung anzustellen.

Vom Mittleren Reich an wurden Statuen der Verstorbenen in die Grabkapelle gestellt. Eine Nische in der Rückwand der Kapelle, die in der Linie ihrer Mittelachse lag, enthielt die Hauptstatuen, vor denen die Riten vollzogen wurden. In manchen aus dem Fels gehauenen Gräbern waren diese nicht freistehend, sondern aus dem Fels herausgeschlagen. Andere, freistehende Statuen sind seit langem von ihren ursprünglichen Standorten entfernt worden. Wiederum sind auch hier männliche Statuen vorherrschend, doch es gibt auch eine beträchtliche Anzahl von Frauenstatuen (Abb. 74). Diese sollten wahrscheinlich zusammen mit einer Männerstatue ein Paar bilden. Viele Grabstatuen zeigen ein Paar, wobei der Mann wieder auf der dominanten rechten Seite sitzt (Abb. 75). Auch hier gibt es wieder eine Reihe von Ausnahmen (Abb. 76), aber der Grund dafür ist unklar. In manchen Fällen gab es vielleicht zwei solcher Paarstatuen, die einander im Grab gegenüberstanden. Die unterschiedlichen Positionen der beiden Figuren waren vielleicht so eingerichtet, daß jede sich einem Bild desselben Geschlechts gegenüber befand.

75. Grabstatue eines Paars aus dem Neuen Reich.

76. Grabstatue von Maja und Merit aus dem Neuen Reich.

Der Totenkult für Frauen

Obwohl Frauen gegenüber Männern den untergeordneten Platz auf Grabdenkmälern einnahmen, hatten sie doch zu allen Zeiten denselben Totenkult. Die Dokumente zeigen seit dem Alten Reich, daß ein Beamter nicht nur dafür verantwortlich war, für seinen eigenen Kult und den seines Vaters zu sorgen, sondern auch die Kulte seiner Mutter und seiner Frau einrichten mußte. In einem Brief an die Toten aus der Ersten Zwischenzeit sagt ein Mann zu seiner Frau: «Ich habe keinen unverständlichen Spruch vor dir ausgesprochen, während ich deinen Namen auf Erden leben lasse», und er verspricht, mehr für sie zu tun, wenn sie ihn von seiner Krankheit heilt: «Ich werde Opfergaben für dich darbringen, wenn das Licht der Sonne aufgegangen ist, und ich werde einen Altar für dich errichten.» Der Bruder der Frau bittet auch um Hilfe, und er sagt: «Ich habe keinen unverständlichen Spruch vor dir ausgesprochen; ich habe dir keine Opfergaben weggenommen.»[24] In einem anderen Brief an die Toten droht ein Sohn seiner schwierigen Mutter: «Wer wird dann Wasser für dich ausgießen?»[25] In der *Lehre des Ani* aus dem Neuen Reich wird dem jungen Schreiber geraten: «Bring Trankopfer für deinen Vater und deine Mutter dar,/ Die in dem Tal (der Nekropole) ruhen.»[26]

Einer der häufigsten Texte auf Grabmälern und Grabbeigaben vom Alten Reich an ist die sogenannte *hetp di nesut*-Opferformel, die die Bedürfnisse der Verstorbenen im Nachleben sichern soll. Ein typisches Beispiel aus dem Mittleren Reich lautet: «Ein Opfer, das der König Osiris darbringt, dem Herrn von Busiris, dem großen Gott, Herrn von Abydos, auf daß er Beschwörungsgaben von Brot und Bier, Vieh und Geflügel, Alabaster und Kleidung geben möge, und alle guten und reinen Dinge, von denen ein Gott lebt, für den *Ka* des Verehrten, Senusret, ein Gerechtfertigter.»[27] Wenn dieser Text rezitiert wurde, war die Kraft der Worte so stark, daß der Wunsch in der Nachwelt Wirklichkeit wurde. In Zusammenhängen, in denen Männer vorherrschend waren, wie in Grabkapellen und auf Stelen, erscheint die Formel als nur für Männer geschrieben, aber wenn Frauen zusammen mit Männern dargestellt wurden, sollten sie wahrscheinlich auch Nutzen daraus ziehen. Auf Gegenständen, die nur Frauen gehörten, wie Särge oder Statuen, ist die Formel natürlich nur für die Besitzerin geschrieben.

Vom Alten Reich an konnten sich Männer im Tod mit Osiris identifizieren, indem sie ihrem Namen den des Gottes voranstellten, um ewiges Leben zu erlangen. Frauen konnten dasselbe tun, obwohl Osiris eine männliche Gottheit war, weil es keine wirkliche weibliche Entsprechung zu ihm gab. Dies verdeutlicht exemplarisch die Stellung von

Frauen in Beziehung zum Tod. Ihre Grabausstattungen, Denkmäler, Inschriften und Rituale sind sämtlich von den männlichen abgeleitet, indem männliche Pronomina (in den Inschriften) und männliche Figuren (in den Abbildungen) in weibliche umgewandelt wurden, und indem man die kanonischen Regeln der Darstellung beachtete. Es scheint keine wichtigen individuellen Formen zu geben, die speziell für Frauen entwickelt worden wären, ohne daß es männliche Entsprechungen gegeben hätte. Trotzdem ist klar, daß Männer und Frauen dasselbe Nachleben genießen konnten und dasselbe tun mußten, um es zu erlangen.

X.
Frauenbilder in Literatur und Kunst

Bislang haben wir in unserer Untersuchung über Frauen als Privatpersonen in der ägyptischen Gesellschaft versucht, etwas von ihrem wirklichen Leben zu rekonstruieren. Es sollte mittlerweile klar geworden sein, daß einige der Probleme dieser Studie auf den Mangel an Quellenmaterial zurückzuführen sind, andere dagegen auf die Unvollständigkeit und Parteilichkeit des erhaltenen Materials. Da die meisten Texte von Männern aus der Schreiberklasse von einem männlichen Gesichtspunkt aus geschrieben und die meisten Denkmäler von Männern in Auftrag gegeben und errichtet wurden, ist es gefährlich, das Material als eine wahrheitsgetreue Darstellung des Lebens von Frauen in der Gesellschaft zu lesen. Dennoch sind weder die literarischen Texte noch die Denkmäler dieser männlichen Elite reine Zufallsprodukte; sie spiegeln im Gegenteil das gesellschaftliche Ideal der männlichen Schreiberklasse wider. Durch dieses Material erhalten wir eine Vorstellung vom Idealbild der Frauen und ihrer Stellung in der Gesellschaft wie auch von weiblichen Verhaltensweisen, welche die für Frauen vorgeschriebenen Grenzen überschritten.

Literarische Texte

In den *Weisheitslehren,* die jungen Schreibern Ratschläge für das Benehmen in der Gesellschaft erteilen, geht es auch um ihr Verhalten Ehefrauen und Müttern gegenüber; sie vermitteln uns einen Eindruck davon, wie die männliche Oberschicht die gesellschaftliche Stellung von Frauen verstand.[1] In der *Lehre des Ani* rät der Autor dem Leser, seine Mutter in Ehren zu halten, weil sie ihn geboren und aufgezogen hat. Dies kann zusammen mit anderen Texten der Schreiberliteratur dahingehend interpretiert werden, daß die Mutter dem Ideal nach von ihren Kindern respektiert und geehrt wurde (s. Kap. V.).

Aus den *Weisheitslehren* aller Zeiten geht klar hervor, daß es die Pflicht der Ehefrau war, Kinder zu bekommen. Die *Lehre des Ani* aus der Zeit des Neuen Reiches zeigt auch, daß sie die Aufsicht über den Haushalt hatte: «Beaufsichtige nicht deine Frau in ihrem Haus,/ Wenn du weißt, daß sie tüchtig ist./ Sag nicht zu ihr: ‹Wo ist es? Bring es her!›,/ Wenn sie es an den richtigen Platz gestellt hat.» Diese Passage legt aber auch nahe, daß der Ehemann das Recht hatte, ärgerlich zu werden, wenn seine Frau nicht tüchtig war. Obwohl sie als «Hausherrin» bezeichnet wurde, traf wahrscheinlich in grundlegenden Fragen doch letztendlich der Mann die Entscheidungen.

Ehefrauen und Mütter waren Frauen innerhalb der Familie, die mit Achtung behandelt werden mußten, wenn sie ihre gesellschaftlichen Pflichten erfüllten. Die *Weisheitslehren* halten Männer dementsprechend zur Vorsicht vor nicht zur Familie gehörigen Frauen an, die ihnen gefährlich werden konnten. In der *Lehre des Ptahhotep* wird der Leser davor gewarnt, sich Frauen zu nähern, die zu einem anderen Haushalt gehören; die *Lehre des Ani* rät: «Laufe nicht einer Frau hinterher,/ Laß sie nicht dein Herz stehlen.» Im selben Text wird eine Frau, die nicht zur Familie gehört, auch als potentielle Verführerin betrachtet: Sie versucht schändlicherweise, sich einem anderen Mann zu nähern, obwohl sie schon verheiratet ist. Die männliche Sichtweise der Gesellschaft, wie sie die didaktische Literatur reflektiert, unterteilt Frauen also in zwei Gruppen: die Ehrenhaften und die Unehrenhaften.[2]

Unehrenhafte Frauen kommen auch in narrativen Texten vor. In einer Geschichte aus dem Mittleren Reich geht es um die untreue Frau eines Zauberers und die Strafe, die der Ehemann seiner Frau und dem anderen Mann erteilt.[3] Aus der Zeit des Neuen Reiches ist uns schon die Geschichte von den treulosen Frauen im *Brüdermärchen* bekannt. Zuerst versucht die Frau des älteren Bruders, den jüngeren zu verführen. Später verläßt die Frau des jüngeren Bruders ihren Mann, um den König von Ägypten zu heiraten, und versucht dann wiederholt, ihren ehemaligen Mann in den Tod zu treiben. Eine andere ehrlose Frau finden wir in der *Geschichte von Wahrheit und Lüge.*[4] In dieser Geschichte befriedigt eine Frau ihre Lust auf den gutaussehenden Mann namens «Wahrheit», der sich in einer schrecklichen Situation befindet, nachdem ein anderer Mann namens «Lüge» ihn vor Gericht fälschlich beschuldigt hat und er zur Strafe geblendet und verbannt worden ist. Im weiteren Verlauf der Geschichte versäumt es die Frau, «Wahrheit» ehrenvoll zu behandeln, obwohl sie ihm einen Sohn gebiert; sie macht ihn zu ihrem Türhüter – eine niedrige Arbeit außerhalb des eigentlichen Hauses.

Die literarische Überlieferung legt nahe, daß Männer zwei Frauenbilder hatten. Frauen waren entweder ehrenhafte Ehefrauen und Mütter innerhalb der Familie, die Kinder gebaren und den Fortbestand der Familie sicherten; oder sie waren unehrenhafte Ehefrauen, die ihre Ehemänner mit anderen Männern betrogen, oder Außenseiterinnen, die einen Mann zu verführen und seine Familie zu zerstören drohten. Mit anderen Worten, Frauen wurden als ehrenhaft wahrgenommen, wenn sie sich den gesellschaftlichen Normen beugten, und als unehrenhaft, wenn sie diese verletzten. Auf der anderen Seite geht aus den *Weisheitslehren* hervor, daß von den Männern dieselbe Konformität mit dem Gesellschaftsideal erwartet wurde. Das Ideal ist hier der schweigsame Mann, der Mäßigung zeigt, während der hitzköpfige Mann mit Mißfallen betrachtet wird. Ein Text beschreibt in negativer Weise einen Männertyp, der sich betrinkt, streitsüchtig wird und in seinen Liebesaffären keinen Unterschied zwischen verheirateten und ledigen Frauen macht.[5] Das war nicht vertretbar, und wir haben gesehen, daß Beschwerden über einen Mann manchmal die Beschuldigung enthielten, daß er Affären mit verheirateten Frauen habe. Im ägyptischen Gesellschaftsmodell wurde also von Männern wie von Frauen erwartet, daß sie sich im Einklang mit bestimmten Regeln verhielten. Der Typ des individualistischen Nonkonformisten unserer modernen Zeit wurde nicht gefördert.

Das ideale männliche Verhalten findet sich auch in den autobiographischen Texten, die Männer seit der Zeit des Alten Reiches für ihre Grabdenkmäler verfaßten.[6] Während einige darunter Auskunft über die Laufbahn des Mannes geben, kommen viele immer wieder auf stereotype Formulierungen zurück, um zu zeigen, daß er ein vorbildliches Leben geführt hatte. Im Vergleich dazu finden sich zwar auch in bezug auf Frauen einige kurze «autobiographische» Epitheta in Inschriften, die sich aber zumeist auf ihr Verhältnis zu Mann und Kindern beziehen. Aus dem Alten Reich sind zwei seltene Äußerungen erhalten, in denen ein Ehemann seine Frau preist. In der einen heißt es: «Sie sagte niemals etwas, das mein Herz abstieß; sie verging sich nicht, als sie jung war.» Die andere beschreibt die Frau als: «Eine, die angenehm spricht und in der Gegenwart ihres Mannes die Liebe versüßt.» Fischer interpretiert dies dahingehend, daß sie «unterwürfig und tugendhaft war[7]».

Eine literarische Gattung, die Liebespoesie des Neuen Reiches, vermittelt ein ganz anderes Frauenbild.[8] In diesen Gedichten geht es nicht um Ehe, sondern um die Beziehung von jungen Liebenden. Es handelt sich offenbar um erotische Texte, die eindeutige und verdeckte sexuelle Anspielungen enthalten. Es fragt sich, ob diese Gedichte in einer Phantasiewelt spielten oder soziale Wirklichkeit abbildeten. Die Paare sind nicht verheiratet, haben aber sexuelle Beziehungen. War Geschlechtsverkehr vor der Ehe akzeptabel? Das Thema der Gedichte ist körperliche Liebe, aber wie wichtig war Liebe im Vergleich zu ökonomischen und gesellschaftlichen Faktoren, wenn es ums Heiraten ging? Diese Gedichte stellen zweifellos gute Unterhaltung dar, aber wir können nicht sicher sein, daß sie die gesellschaftlichen Sitten akkurat widerspiegeln.

In vielen der Gedichte finden wir ein weibliches lyrisches Ich, und manchmal wird behauptet, sie seien von Frauen geschrieben. Wenn sich das nachweisen ließe, wäre das sehr aufregend. Da sich hinter einem weiblichen lyrischen Ich aber durchaus auch ein männlicher Autor verbergen kann, wie es oft in bestimmten Genres chinesischer Poesie geschieht, läßt sich die Frage nach der Verfasserschaft leider nicht beantworten.

Die Darstellung männlicher und weiblicher Figuren

Die ägyptische Kunst verfährt grundsätzlich idealisierend. Das liegt größtenteils an ihrer Funktion für Tempel und Gräber. Man versuchte, nicht-ideale Formen möglichst zu vermeiden, da man die künstlerische Produktion als eng mit dem Akt der Schöpfung verbunden betrachtete, so daß alles Dargestellte auf die eine oder andere Weise auch in der Welt der Götter und der Toten existieren sollte. Deshalb sind sakrale Figuren wie die des Königs, der Götter sowie der Beamten und ihrer Familien standardisierten Typen nachgebildet, die jedes Anzeichen von Krankheit, Entstellung, Alter oder anderen negativen Eigenschaften ausschließen. Die ideale Frauengestalt ist von jugendlicher Schönheit, sie ist immer schlank (Abb. 36, 77); weder Schwangerschaft noch die sich verbreiternde Taille nach vielen Geburten gehören zu diesem Bild. Es gibt kaum einen Unterschied zwischen den Generationen, und die Ehefrau und die Mutter eines Mannes werden im Prinzip in gleicher Weise dargestellt. Männer werden ebenfalls schlank und jugendlich abgebildet (Abb. 36, 77). Es gibt jedoch noch ein weiteres Männerbild, für das sich in der Darstellung von Frauen keine Entsprechung findet: Hier ist die Figur voller, mit vergrößerter Brust oder deutlichen Speckröllchen um den Bauch (Abb. 75, 76, 78). So wird ein reifer und erfolgreicher Beamter dargestellt, der eine sitzende Tätigkeit ausübt und über reichliche Nahrung verfügt. Für Frauen wurde dieses Bild nicht verwendet, weil sie keine Beamtenstelle innehaben konnten. Das Gegenstück zu einem erfolgreichen Beamten mag eine Frau gewesen sein, die viele Kinder geboren hatte, aber dies ist nicht Teil des Frauenbilds.

Es gibt andere Unterschiede zwischen männlichen und weiblichen Figuren. In den meisten Fällen ist die Hautfarbe der Frau von einem hellen Gelbbraun, die des Mannes dagegen von einem viel dunkleren Rotbraun (Abb. 36, 77). Das könnte eine künstlerische Technik sein, um zu symbolisieren, was wir schon anderen Quellen entnommen haben, daß nämlich Frauen eher im Haus arbeiteten und Männer im Freien. Die hellere Haut der Frauen würde dann zeigen, daß sie der Sonne weniger ausgesetzt waren. Diese Interpretation kann durch Material

77. Szene aus der Grabkammer Sennefers, die Reinigung des Grabherrn und seiner Frau Merit darstellend.

aus der Zeit des Alten Reiches gestützt werden, in dem einige ältere Beamte mit der helleren Hautfarbe abgebildet sind, die sonst Frauen vorbehalten ist. Dies könnte heißen, daß sie einen Punkt in ihrer Karriere erreicht hatten, an dem sie bequem den ganzen Tag in ihrem Büro verbringen und ihre Untergebenen nach draußen schicken konnten, um Botengänge und ähnliches zu erledigen. Die Farbdifferenz zwischen Männern und Frauen könnte auch eine Frage des Status gewesen sein; ein Mann demonstrierte damit, daß er reich genug war, seiner Frau die Arbeit außerhalb des Hauses zu ersparen. Der Gebrauch von zwei Hautfarben für die beiden Geschlechter ist offensichtlich eine Konvention, die teilweise auf realen Differenzen beruhen mag, während im Alltagsleben die Unterschiede in der Hautfarbe sicherlich viel komplexer waren.

Männliche und weibliche Figuren unterscheiden sich auch in ihren Proportionen (Abb. 36, 77). Im allgemeinen haben weibliche Figuren ein höheres Kreuz als männliche und besitzen eine schmalere Taille, schmalere Schultern und feinere Gliedmaßen. Dabei handelt es sich um natürliche Unterschiede: Bei einem Mann und einer Frau von gleicher Größe hat die Frau schlankere Knochen, einschließlich der Wirbel, und

78. Jugend- und Reifebildnis des Wesirs Chentika aus dem Alten Reich, genannt Ichechi.

infolgedessen schmalere Schultern und Glieder und eine kürzere Wirbelsäule mit einem höheren Kreuz. Während die Proportionen des menschlichen Körpers in der Kunst im Verlauf der ägyptischen Geschichte nicht immer konstant sind, werden diese Geschlechtsunterschiede fast immer beachtet. Im wirklichen Leben haben Frauen außerdem im allgemeinen weniger Muskeln als Männer, eine Unterscheidung, die in der Kunst ebenfalls aufgenommen wurde. Im Alten und im frühen Mittleren Reich sowie insbesondere in der Spätzeit wurde die Muskulatur von jugendlichen männlichen Figuren betont. Dies kam bei weiblichen Figuren nicht vor, die immer körperlich schwächer als männliche dargestellt wurden. Folglich kommen Frauen in Jagdszenen selten als Beobachterinnen vor, geschweige denn als Teilnehmerinnen. Mit Ausnahme der königlichen Familie in Amarna werden Frauen nicht als Wagenlenkerinnen gezeigt. Im Vergleich mit Männern werden sie eher passiv dargestellt (Abb. 36, 77), und bis zur Mitte der 18. Dynastie läßt ihre Kleidung weit weniger Bewegungsfreiheit zu als die der Männer (Abb. 77). Das zeigt, daß von Männern ein viel aktiveres Leben erwartet wurde als von Frauen, zumindest gemäß dem männlichen Gesellschaftsideal der Oberschicht.

Kleidung

Die Kleidung ist Bestandteil des künstlerischen Bildes von Männern und Frauen. Von der Zeit des Alten Reiches bis zur Mitte der 18. Dynastie trugen Frauen ein enganliegendes Etuikleid. Das ist ein einfaches Kleidungsstück, das direkt unterhalb der Brust ansetzt und bis zu den Knöcheln reicht, wobei das Ganze von zwei Schulterträgern gehalten wird (Abb. 74). Bei Statuen bedecken die Träger den Busen, doch in Gemälden und Reliefs wird gemäß den Konventionen zweidimensionaler Kunst eine Brust im Profil und unbedeckt dargestellt (Abb. 77). In den meisten Fällen umhüllt das Kleid den Körper so eng, daß die Trägerin fast gefesselt erscheint. Die meisten sakralen Frauenfiguren haben ihre Füße sehr nahe beieinandergestellt. Wenn gezeigt werden soll, daß sich eine Figur in Bewegung befindet, ist das Kleid gerade genug gedehnt, um dies zu ermöglichen, als ob es elastisch sei (Abb. 1). Es sind auch sitzende oder knieende Frauen in diesem Kleidungsstück abgebildet, und immer liegt es genauso eng am Körper an (Abb. 57, 79), was uns beweist, daß es sich um ein künstlerisches Bild und nicht um eine realistische Darstellung handelt.

Durch die Art der Darstellung wird sichergestellt, daß die Form des Körpers nicht vom Kleid verdeckt wird. Die ägyptische Kleidung bestand größtenteils aus Leinen, das eher dazu neigt, sich auszuweiten, als eng anzuliegen. Die uns erhalten gebliebenen Kleider bestehen aus einem Rumpfteil, das aus einem Stoffschlauch gefertigt ist, welcher an einer Seite zugenäht ist. Daran schlossen sich keine Träger, sondern ein Oberteil mit Ärmeln an.[9] Dieses Kleidungsstück war bauschig und verhüllte den Körper der Trägerin eher, als daß es ihn zur Schau stellte. Im Vergleich dazu lenkt das Etuikleid den Blick auf jede einzelne Kurve des Körpers, einschließlich der erogenen Zonen von Bauch, Gesäß, Oberschenkel, Scham und Busen, wodurch es die Sexualität der Figur betont (Abb. 56, 57, 71, 77).

Die männliche Kleidung in der Kunst von der Zeit des Alten Reiches bis zur 18. Dynastie ist vielfältiger als weibliche. Oft besteht sie aus nicht mehr als einer Art Rock, der um die Hüfte gewickelt ist und bis an die Knie reicht (Abb. 56, 69, 70). Vom Mittleren Reich an trug man auch einen langen durchsichtigen Überrock über dem Rock (Abb. 36). Bilder von reifen Männern zeigen oft auch einen längeren Rock, der bis zur Wade reicht; dieser umschließt die Beine aber niemals so eng wie das Etuikleid (Abb. 78). Oberkörper, Arme und Unterschenkel bleiben oft unbedeckt, an den Armen und auf der Brust wird jedoch häufig Schmuck getragen. In späterer Zeit bedeckt man den Oberkörper mit einem durchsichtigen Hemd, durch welches man die Umrisse des Körpers sehen kann (Abb. 77). Obwohl die Umrisse des Körpers sichtbar sind, gibt es einen Unterschied zu weiblichen Figuren: Bei den meisten sakralen männlichen Figuren verhüllt der Rock den Genitalbereich. Außerdem ist der Eindruck, der von männlichen und weiblichen Darstellungen ausgeht, völlig verschieden. Während das weibliche Etuikleid sehr hinderlich gewesen sein muß, erlaubten die verschiedenen Arten von männlichen Röcken ihren Trägern freie Bewegung. Dies stimmt mit der Vorstellung von Männern als dem tätigen Geschlecht überein.

In der 18. Dynastie, wahrscheinlich schon in der Regierungszeit von Amenophis II. und mit Sicherheit seit Thutmosis IV., begann sich das Bild weiblicher Kleidung in der Kunst zu verändern. Zuerst wurden Kleider länger, dann weiter, und schließlich wurden sie von einem losen, faltenreichen Kleidungsstück abgelöst, das aus einem rechteckigen um den Körper gewickelten Leinentuch bestand. Während die Umrisse des Körpers in dreidimensionalen Darstellungen klar erkennbar blieben, wurden sie, abgesehen von der Brust, in zweidimensionalen durch den lockeren Sitz des Kleidungsstücks größtenteils verdeckt (Abb. 84). In der Amarna-Periode wurde die weibliche Körperform, einschließlich der Scham, jedoch wieder sichtbar gemacht, indem das Material einfach als durchsichtig behandelt wurde und so die Einzelheiten des Körpers darunter gezeigt wurden (Abb. 13). Dies entwickelte sich zur typischen Darstellungsweise menschlicher Frauengestalten

(Abb. 48, 61, 73). Göttinnen wurden bis zum Ende der pharaonischen Zivilisation in Etuikleidern dargestellt (Abb. 72, 73).

Das Bild der Männerkleidung in der Kunst änderte sich etwa zur selben Zeit wie das der weiblichen, oder zumindest kurz danach. Es wurden größere Mengen Stoff verwendet, und die Kleidung wurde insgesamt kunstvoller und vielfältiger. Seit der Amarna-Periode wurden Männer im allgemeinen mit bedecktem Oberkörper dargestellt, mit kurzen Ärmeln und einem wadenlangen oder noch längeren Faltenrock, der so kunstvoll gerafft war, daß auf der Vorderseite eine zusätzliche Stoffalte herunterfiel. Diese kunstvoll verschlungene Tracht entwickelte sich weiter und blieb während der nächsten Jahrhunderte in Gebrauch. Während bestimmte Teile des Kleidungsstücks als transparent dargestellt wurden, so daß Oberkörper und Unterschenkel zu sehen waren, war der Bereich über den Genitalien immer undurchsichtig und wurde normalerweise von mehr als einer Stoffschicht bedeckt (Abb. 62). Die Betonung der weiblichen Sexualität überlebte also im Gegensatz zu der der männlichen die Veränderungen in der künstlerischen Darstellung der Kleidung.

Die neue lockere Kleidung von Frauen in der Kunst scheint die Trägerinnen nicht mehr Einschränkungen auszusetzen als die von Männern. Es ist eine spannende Frage, ob diese veränderte Darstellungsweise einen Wechsel in der wirklichen Kleidung reflektiert oder einen Wechsel in der gesellschaftlichen Wahrnehmung von Frauen. Zum Beispiel gibt es Quellen aus der Zeit der 19. und 20. Dynastie, die zeigen, daß Frauen am Geschäftsleben teilnahmen und ihre Ehemänner in ihren offiziellen Verpflichtungen vertraten. Man könnte dies dahingehend auslegen, daß sie in dieser Zeit mehr Handlungsfreiheit besaßen. Da jedoch kein vergleichbares Material aus früheren Zeiten vorliegt, können wir nicht sicher sein, daß Frauen nicht schon seit längerem an diesen Aktivitäten beteiligt waren.

Frisuren

Zusätzlich zum Geschlechtsunterschied scheint die Frisur oder Perücke einer Figur Informationen über die entsprechende Person vermittelt zu haben. Zum Beispiel war das Haar von Kindern kurz, oft hing eine lange Seitensträhne an der rechten Seite des Kopfes herab (Abb. 3, 11, 51, 69, 71). Bestimmte Priester im Neuen Reich, die im Ritual eine Kinderrolle spielten, trugen zu diesem Zweck eine geflochtene Seitensträhne. In diesen Fällen war die Strähne an einer kunstvoll gelockten Perücke befestigt, um anzuzeigen, daß die Figur auch Erwachsenenstatus besaß. Während der 19. und 20. Dynastie werden erwachsene

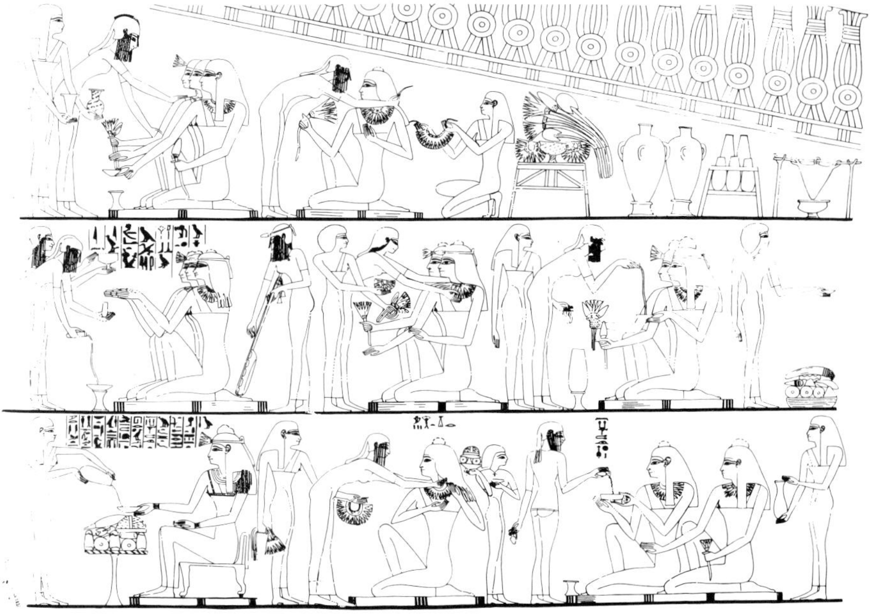

79. Ausschnitt einer Bankettszene aus dem Grab Rechmires.

Königskinder mit einer losen Seitenlocke über einer Perücke abgebildet, vermutlich um einerseits ihre Abstammung vom König kenntlich zu machen und andererseits auszudrücken, daß sie keine Kinder mehr waren. Private, verheiratete Frauen hatten meistens eine dreigeteilte Frisur, mit über schulterlangem Haar, von dem je eine Strähne zu beiden Seiten des Gesichts herunterhing, während das übrige Haar nach hinten fiel (Abb. 52, 56, 57, 62, 65, 66). Eine zweite Frisur mit langem Haar, die gewöhnlich die umhüllende Perücke genannt wird, wurde ebenfalls von verheirateten Frauen getragen (Abb. 36, 77). Sie unterschied sich von der dreigeteilten Perücke darin, daß das Haar die Schultern ohne Unterteilung vollständig bedeckte. Diese Frisur war in der 18. Dynastie von der Herrschaftszeit Thutmosis' III. bis zu Amenophis III. beliebter als die dreigeteilte Frisur. Während des Neuen Reiches und danach trugen Frauen der Oberklasse beide Frisuren. Auch Frauen in untergeordneter Stellung hatten dreigeteilte Perücken (Abb. 79). Sie könnten damit eher ein Symbol der Reife als der Klassenzugehörigkeit gewesen sein.

In Grabkapellen und auf Stelen haben die Töchter des Grabherrn, die anscheinend erwachsen, aber vielleicht noch nicht verheiratet waren, noch eine andere Frisur: Das Haar war weniger dicht und reichte gerade über die Schultern, mit Ringellocken zu beiden Seiten des Gesichts, die von den dickeren hinteren Strähnen abgetrennt waren (Abb. 57). Dieselbe Frisur kam auch bei jungen Dienerinnen vor (Abb. 79) und bedeutete vielleicht, daß auch sie sich zwischen Kindheit und Erwachsensein befanden. In der späten 18. Dynastie und der Ramessidenzeit wurde dieselbe Entwicklungsstufe wahrscheinlich von kunstvoll geflochtenen Seitensträhnen angezeigt, die über einer Perücke getragen wurden. Andere wichtige Phasen im Leben einer Frau waren mit verschiedenen Frisuren verbunden, wie zum Beispiel die der schwangeren Frauen (Abb. 20), der Frauen in der Wochenlaube (Abb. 20) und der stillenden Frauen (Abb. 27, Kap. IV.). Eine weitere systematische Erforschung des Quellenmaterials aus allen Zeiten ist notwendig, um die gesellschaftliche Bedeutung der unterschiedlichen Haartrachten zu bestimmen. Wir haben inzwischen zwar genügend Belege, um sicher zu sein, daß diese Frisuren verschiedene Bedeutungen haben, doch sind wir noch weit davon entfernt, ein System dahinter zu erkennen. Literarisches und künstlerisches Material läßt den Schluß zu, daß kunstvollen Frisuren und Aufmachungen des weiblichen Haars erotische Bedeutung zukam.[10]

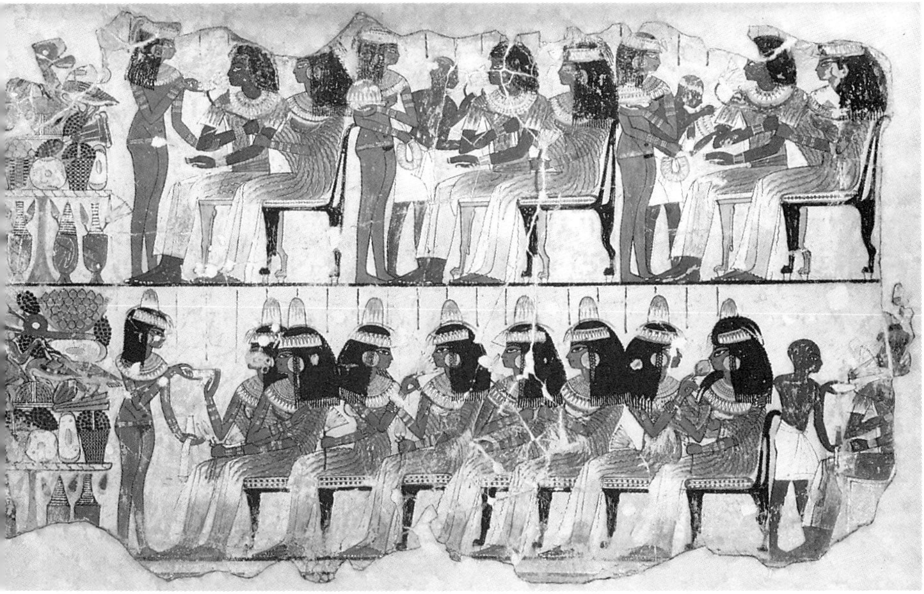

80. Fragment einer Bankettszene aus dem Grab Nebamuns.

Das Motiv des nackten jungen Mädchens

In der Kunst des Neuen Reiches taucht ein Frauenbild auf, das sehr verschieden ist von allem, was wir bisher gesehen haben: das Motiv des fast nackten jungen Mädchens. In den meisten Fällen trägt es nur Schmuck und einen Gürtel um die Hüften, oft hat es eine kunstvolle Frisur. Wir finden diese Mädchen in Grabkapellen aus der zweiten Hälfte der 18. Dynastie in Darstellungen von Musikerinnen, Tänzerinnen (Abb. 35) und Dienerinnen (Abb. 80). Ihr Bild ziert auch rituelle Löffel (Abb. 81),[11] Schminktöpfchen (Abb. 82),[12] Spiegel, Schalen (Abb. 83)[13] und ähnliche Gegenstände, die im Alltag benutzt und dann ins Grab mitgegeben wurden, weshalb sie bis heute erhalten sind. Die fast vollständige Nacktheit des Mädchens und die verschiedenartigen Frisuren legen nahe, daß das Bild eine sexuelle Bedeutung besitzt. Diese Interpretation wird von anderen Überlegungen untermauert. Zum einen besteht eine Verbindung mit Hathor, der Göttin der Sexualität, die mit Musik und Tanz assoziiert wird. Wie die Musikerinnen und Tänzerinnen in Grabkapellen tragen oder spielen einige der Figuren auf den Haushaltsgegenständen ein Musikinstrument (Abb. 81, 83). Aufgrund ihrer Form haben Spiegel eine Verbindung zur Sonne, was sie mit Hathor in Zusammenhang bringt, und ihre Griffe werden häufig von nackten Mädchen gebildet.[14] Einige Figuren haben auf ihren Oberschenkeln gemalte oder tätowierte Bilder von Bes (Abb. 83), und eine trägt ein Bes-Amulett um den Hals (Abb. 82). Wir haben gesehen, daß Bes mit Sexualität und folglich mit Hathor in Verbindung stand. Zum anderen ähneln die Mädchen den Fruchtbarkeitsfiguren, die auch vielfach kunstvolle Frisuren, Schmuck und einen Hüftgürtel tragen (Abb. 17). Ohne Zweifel haben beide Darstellungen eine sexuelle Bedeutung, und dem Motiv des nackten Mädchens mag eine ähnliche Funktion wie den Figurinen zugeschrieben worden sein. Diese hätte darin bestanden, die Fruchtbarkeit des Besitzers und den Fortbestand seiner Familie zu gewährleisten, und im Grab dem Verstorbenen bei seiner Wiedergeburt beizustehen.

Interessanterweise gibt es keine wirkliche männliche Entsprechung zum Bild des nackten Mädchens. Diener und Musiker erscheinen in Grabszenen (Abb. 80), und männliche Figuren finden sich auf rituellen Löffeln und Kosmetikutensilien; ihr Genitalbereich ist jedoch immer bedeckt, und allem Anschein nach handelt es sich auch nicht um jugendliche Männer. Im Neuen Reich sind erwachsene männliche Figuren – gleich welchen Ranges – selten nackt. Das war im Alten und Mittleren Reich anders, wo Bauern häufig, wenn nicht völlig nackt, so doch mit sehr wenig Kleidung bei der Arbeit dargestellt werden, so daß die

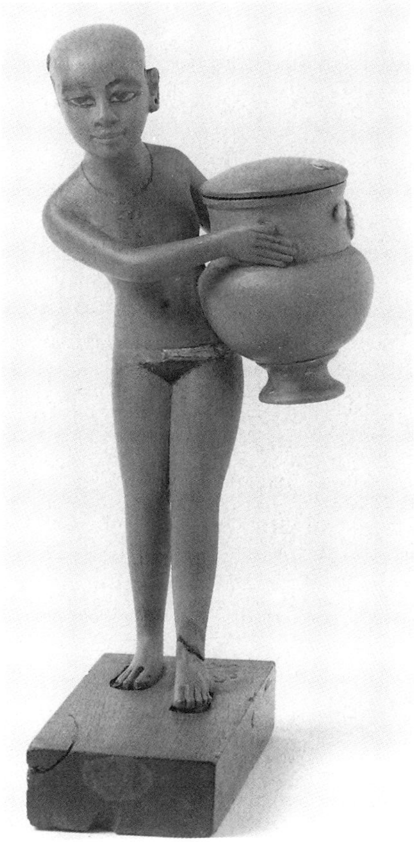

81. (links) Löffel mit Griff in Form eines nackten jungen Mädchens, das Laute spielt.
82. (rechts) Schminktöpfchen, getragen von einem nackten jungen Mädchen mit einem Bes-Amulett um den Hals.

Genitalien sichtbar sind. Im Gegensatz dazu tragen die Beamten, die sie beaufsichtigen, immer Röcke, die die Geschlechtsteile bedecken. Vermutlich gab es also eine Unterscheidung zwischen denjenigen, die körperliche Arbeit leisteten und sich dafür entkleideten, und ihren Vorgesetzten, die angezogen blieben. Da die letzteren von höherem Rang waren, könnte die Unterscheidung zwischen nackt und bekleidet die Differenz zwischen niedrigem und hohem Status angezeigt haben.

Kinder beiderlei Geschlechts wurden normalerweise ohne Bekleidung abgebildet (Abb. 59, 69), ab und zu aber auch angezogen. Es ist zweifelhaft, ob sie wirklich nackt herumliefen, einerseits, weil es in

83. Blaue Fayence-Schüssel mit dem Bild eines nackten Mädchens, das eine Bes-Figur auf den Oberschenkel tätowiert oder aufgemalt hat und Laute spielt.

Ägypten im Winter sehr kalt werden kann, andererseits, weil einige Kleidungsstücke von Kindern erhalten sind.[15] Die Nacktheit von Kindern scheint ein künstlerisches Mittel zur Darstellung von Alter und Status gewesen zu sein. Wenn Kleidung den Status des Erwachsenen zu erkennen gab, dann war es logisch, daß Kinder, die noch keinen Platz in der Erwachsenengesellschaft hatten, nackt gezeigt wurden. Wenn sie als Erwachsene angesehen wurden, wurden sie angezogen dargestellt, und von da an war der männliche Genitalbereich normalerweise bedeckt.

Sexualität und sexuelle Anspielungen

Trotz der Betonung der weiblichen Sexualität in der Kunst wurde die Abbildung des Geschlechtsakts in sakralen Szenen in Tempeln und Grabkapellen im allgemeinen vermieden. In den Darstellungen der göttlichen Geburt des Königs wird der Akt zwischen dem Gott und der Königin dadurch symbolisiert, daß beide zusammen auf einem Bett sitzen und der Gott der Königin das Zeichen des Lebens reicht (Abb. 10).[16] In dem Zyklus der Tempelszenen, die den Tod und die Auferstehung von Osiris und die Empfängnis von Horus schildern, wird Osiris dabei gezeigt, wie er Isis schwängert, die in Form eines Vogels über ihm schwebt. Aber im wesentlichen werden göttliche Gestalten selten während des sexuellen Aktes abgebildet. Obwohl die sexuelle Vereinigung in Grabkapellen nicht explizit dargestellt wird, können die Malereien doch zusätzlich zu ihrer offensichtlichen Bedeutung in Symbolen und Wortspielen auf Fruchtbarkeit und Geschlechtsverkehr verweisen. Eine der Aufgaben des Grabes bestand darin, einen geeigneten Rahmen für die Wiedergeburt in die nächste Welt zu liefern. Wir haben schon gesehen, daß Geburt und Wiedergeburt in engem Zusammenhang standen, so daß Hathor für beide zuständig war und sowohl Geburt als auch Wiedergeburt mit Sexualität verbunden waren. Es kann daher nicht überraschen, daß sich in einer ganzen Reihe von Verweisen auf die Wiedergeburt des Grabherrn auch solche mit sexueller Bedeutung finden.

Zwei Szenen, die man in Grabkapellen vom Alten Reich bis zum Ende der 18. Dynastie häufig antrifft, befinden sich normalerweise nebeneinander, so daß sie eine Doppelszene bilden. In der einen Hälfte jagt der Besitzer mit einem Wurfstock Vögel, und in der anderen spießt

84. Szene aus dem Grab des Menna: Der Grabherr, begleitet von seiner Familie, spießt Fische auf und jagt Vögel mit einem Wurfstock.

er triumphierend zwei Fische auf (Abb. 84). Die Szene spielt sich vor dem Hintergrund eines Sumpfes ab. Der Besitzer jagt und fischt in einem leichten Papyrusboot, begleitet von seiner Frau und seinen Kindern, was offensichtlich der allgemeinen Regel widerspricht, daß Frauen Männer bei ihren sportlichen Aktivitäten nicht begleiten. Oberflächlich betrachtet, zeigt die Szene einen Grabherrn und seine Familie bei einem Ausflug in die Sümpfe, aber das mag nicht ihre einzige Bedeutung gewesen sein. In der weiteren Analyse werden mythologische Bezüge sichtbar: Handlungen, die den Triumph von Ordnung und Leben über Chaos und Tod repräsentieren, sowie diverse Symbole und mögliche Andeutungen, die sich auf die Wiedergeburt des Grabherrn beziehen.[17] In der Fischszene spießt der Grabherr einen oder manchmal auch zwei Tilapia-Fische auf. Dieser Fisch ist ein bekanntes Symbol der Wiedergeburt in der ägyptischen Kunst und steht außerdem in Verbindung mit Hathor. Der Tilapia hat daneben auch mythologische Verbindungen, da von ihm gesagt wird, daß er den Sonnengott auf seiner täglichen Reise begleitet und beschützt. Daß der Grabherr den Tilapia besitzt, erinnert an einen Teil des 15. Spruchs des *Totenbuchs,* durch den der Verstorbene seinen Platz in der Sonnenbarke einzunehmen hofft: «Du siehst den Tilapia in seiner (wahren) Form im türkisfarbenen Becken», und «Ich sehe den Tilapia in seiner (wahren) Natur, wie er das schnelle Boot im Wasser leitet.»

Die Vogelszene repräsentiert den Triumph der Ordnung über das Chaos. Die Wildvögel des Sumpfes stellen die Kräfte des Chaos dar. Indem der Grabbesitzer sie mit einem Wurfstock zu Fall bringt, überwindet er das Chaos und stellt Ordnung her. Aus diesem Grunde war die Vogeljagd eine der Beschäftigungen des wiederauferstandenen Osiris, der schließlich über seinen Mörder Seth, den Gott von Chaos und Tod, triumphierte.

Der Sumpf in beiden Szenen stellt möglicherweise eine Anspielung auf Hathor dar, die, wenn sie als Kuh erscheint, normalerweise aus einem Papyrusdickicht hervorbricht. Er mag auch an den ursprünglichen Sumpf erinnern, aus dem der Urhügel aufstieg, und so die Hoffnung des Grabherrn auf Wiedergeburt mit dem ursprünglichen Schöpfungsakt, der Geburt der Welt, in Zusammenhang bringen. Außerdem wuchs im Sumpf sehr viel Lotus, eine Blume, die ein wichtiges Wiedergeburtssymbol war, zurückgehend auf den Mythos des jungen Sonnengottes, der aus einer Lotusblüte entstand. Ein Zauberspruch im *Totenbuch,* «um in Lotus verwandelt zu werden», wird mit einem Männerkopf illustriert, der aus einer Lotusblüte hervorgeht und sowohl das tägliche Erscheinen der jungen Sonne symbolisiert als auch, in Analogie zur täglichen Erneuerung der Sonne, das Versprechen einer Wiedergeburt für den Verstorbenen. In diesen Szenen tragen die Verwandten des

85. Detail aus dem erotischen Papyrus von Turin.

Besitzers, die ihn begleiten, oft Lotusblüten in Hülle und Fülle. Die Frauen repräsentieren das weibliche Prinzip des Universums, während die Kinder konkrete Zeichen der Fruchtbarkeit sind, das Ergebnis der Interaktion von männlichem und weiblichem Prinzip.

Es ist auch möglich, sexuelle Andeutungen aus Wortspielen herauszulesen. Der Akt des Wurfstockwerfens heißt im Altägyptischen *qema*; dies erinnert an das Wort *qema*, das «schöpfen» oder «zeugen» bedeutet. Das Wort für Fische-Aufspießen ist *seti*, das wiederum einem anderen Wort *seti* ähnelt, das «befruchten» bedeutet. Durch diese Wortspiele können die Handlungen des Grabherrn im Hinblick auf seine Wiedergeburt interpretiert werden.

Diese beiden Szenen, in denen fast immer Frauen anwesend sind, zeigen also vermutlich nicht einfach nur die ganze Familie beim Freizeitsport, sondern bereiten zusätzlich die Wiedergeburt des Grabherrn vor, wobei die weiblichen Figuren eine wichtige Rolle als Repräsentantinnen des weiblichen Zeugungsprinzips des Universums spielen. Eine andere in der 18. Dynastie verbreitete Szene könnte eine ähnliche Bedeutung haben: Es handelt sich um eine Bankettszene, die den Verstorbenen mit Gästen bei einem rituellen Mahl zeigt,[18] obwohl dort niemand ißt (Abb. 79, 80). Die Gäste, Männer wie Frauen, schmücken häufig Lotusblüten; sie tragen sie auch als Blütenkragen, und die Frauen stecken sie ins Haar. Dienerinnen, die manchmal als nackte junge Mädchen abgebildet werden, schenken Getränke ein, was als sexuelle Anspielung gelesen werden könnte, da sowohl «einschenken» als auch «schwängern» *seti* heißt.

Wenn auch der Geschlechtsakt nicht zum Repertoire sakraler Kunst gehörte, sind doch von Ostraka und anderen Graffiti schnell hingeworfene Skizzen bekannt, die Männer und Frauen dabei zeigen.[19] Vollendeter ist ein Papyrus aus Deir el-Medineh, der sich jetzt im Ägyptischen Museum in Turin befindet, mit einer Reihe von Szenen, in denen Frauen und Männer in Situationen gezeigt werden, die deutlich auf die sexuelle Vereinigung hinauslaufen (Abb. 85).[20] Die weiblichen Figuren ähneln dem Bild des nackten jungen Mädchens, sie sind nackt, haben kunstvolle Frisuren und tragen Schmuck und Hüftgürtel. Im Gegensatz dazu sind die Männer mit Röcken bekleidet, die ihre riesigen Geschlechtsteile allerdings nur teilweise verdecken; damit brechen sie die kononischen Regeln sakraler Kunst. Die Frauen ähneln Fruchtbarkeitsfiguren oder dem Bild des nackten Mädchens; darüber hinaus finden wir in einigen Szenen das Sistrum und den Spiegel der Hathor sowie den Lotus der Wiedergeburt. Es ist schwierig, die genaue Bedeutung des Papyrus zu bestimmen, aber er gehört mit Sicherheit einem Genre an, das ansonsten in unseren Quellen nicht repräsentiert ist.

Zusammenfassung

Ich habe in diesem Buch versucht, die Stellung der Frauen im Alten Ägypten angesichts einer äußerst begrenzten Quellenlage so objektiv wie möglich zu bewerten: Was von ihnen erwartet und was ihnen versagt wurde, was sie unter günstigen Umständen erreichen und zur Gesellschaft beitragen konnten, und was Männer, nach den erhaltenen Texten sowie den Inschriften und Darstellungen auf Grab- und Votivdenkmälern, von ihnen dachten. Die Quellen zeigen, daß die Hauptrolle von ägyptischen Frauen darin bestand, Kinder zu gebären, den Haushalt zu führen und zu wirtschaften, den Wohlstand durch den Tausch überschüssiger Güter (oftmals aus eigener Produktion) zu vermehren, Stoffe für Kleidung zu weben und Mehl und Brot, die Grundlagen der ägyptischen Ernährung, herzustellen. Die besondere Aufgabe von Frauen im Kult bestand darin, im Dienst der jeweiligen Tempelgottheit – ob Gott oder Göttin – für Musik, Gesang und Tanz zu sorgen. Die «Gottesgemahlin» oder «Gottesanbeterin» erreichte einen hohen Rang im Kult des Amun-Re zu Theben, und in der Spätzeit nahm die Amtsinhaberin dort eine absolute Machtstellung ein.

Im allgemeinen jedoch gab es für Frauen keine leitenden Machtpositionen. Der seltene Fall, daß eine Frau auf den Thron gelangte, war dem ägyptischen Begriff vom Königtum fremd, und als Hatschepsut König wurde – wahrscheinlich dank der Stärke ihres Charakters – tat ihr Nachfolger alles, um ihre Anmaßung auf den Denkmälern auszulöschen. Frauen waren von der gebildeten Schreiberbürokratie ausgeschlossen, und nur Jungen ging zur Schule, Mädchen nicht. Ein Vater wollte, daß sein Sohn Schreiber wurde, aber die Erwartungen an seine Tochter bestanden darin, daß sie heiratete und Kinder bekam. Frauen konnten selbständig Reichtum erwerben, durch persönliche Anstrengung oder durch Erbschaft, und theoretisch waren sie vor dem Gesetz den Männern gleichgestellt; aber eine Frau ohne männlichen Schutz befand sich wahrscheinlich in vielen Fällen in der Gefahr, ausgebeutet zu werden.

Die untergeordnete Stellung von Frauen zeigt sich besonders auf Denkmälern, wo sie sich fast immer in der weniger ehrenvollen Position befinden, wenn sie mit Ehemann oder Söhnen dargestellt wurden. Dennoch nahmen Frauen in der ägyptischen Kunst, im Unterschied beispielsweise zur neo-assyrischen oder klassischen griechischen, einen wichtigen Platz in der Familie ein. Dies kann dahingehend interpretiert werden, daß Männer die bedeutenden Beiträge der Frauen zur Gesellschaft und ihre aktive Rolle darin anerkannten. Vielleicht kann man auch noch weitergehen. Diejenigen, die sich mit griechischer Kunst beschäftigen, mögen mutmaßen, daß die alten Griechen Frauen niemals wirklich mochten. Die ägyptische Kunst läßt keinen Raum für solche Zweifel. Die Schönheit der jugendlichen weiblichen Gestalt ist nirgendwo plastischer verwirklicht, und auch wenn die Männer des Alten Ägypten sich Frauen gegenüber zugleich überlegen fühlten und Angst vor ihnen empfanden, offenbaren die Texte und Denkmäler, die sie hinterlassen haben, auch, daß sie sie liebten und respektierten. Trotzdem sollte die häufige Präsenz von Frauen in der ägyptischen Kunst nicht darüber hinwegtäuschen, daß die Unterscheidung zwischen den Geschlechtern Teil des Aufbaus der ägyptischen Gesellschaft war und daß Frauen während der gesamten Geschichte Altägyptens im allgemeinen eine im Vergleich zu Männern untergeordnete Rolle spielten.

Anmerkungen

I. Königliche Frauen und das Königinnentum

1 Silvermann 1991, 58–73.
2 Robins 1981; Troy 1986.
3 Fischer 1973, 16–18.
4 Robins 1983a.
5 Loewe 1974.
6 Helck 1969; Redford 1975.
7 Janssen und Dodson 1989, 136.
8 Allen 1991.
9 Kitchen 1982, 100, 110–11.
10 Schulman 1979.
11 Winlock 1948.
12 Schulman 1979, 183.
13 A. d. Ü. zur Zitierweise: Die ägyptischen Texte wurden nicht nach dem Original, sondern nach den von Gay Robins angefertigten oder zitierten englischen Übersetzungen ins Deutsche übertragen; dabei wurden deutsche Übersetzungen, soweit sie zur Verfügung standen, zu Rate gezogen, wobei jedoch der Intention der englischen Übersetzung der Vorrang gegeben wurde.
14 Schulman 1979, 183.
15 Schulman 1979, 183 Anm. 30.
16 Schulman 1979, 183.
17 Schulman 1979, 177–9.
18 Schulman 1979, 193.
19 Schulman 1979, 179.
20 Schulman 1979, 191–2.
21 Blankenberg-van Delden 1969, 18, 129–33.
22 Schulman 1979, 186 Anm. 41.
23 Schulman 1979, 187 Anm. 41.
24 Schulman 1979, 179 Anm. 11.
25 Schulman 1979, 178 Anm. 3.
26 Schulman 1979, 183 Anm. 32.
27 Kitchen 1982, 110; Wente 1990 Nr. 34; Reiser 1972, 57–8.
28 Kitchen 1979, 320, 381.
29 Janssen und Dodson 1989.
30 De Buck 1937, 152–64.
31 Parkinson 1991, 50.
32 Lichtheim 1973, 19.
33 Reiser 1972; Kemp 1978.
34 Brunner 1964.

II. Königinnen, Macht und die Übernahme des Königtums

1 James 1973, 306; siehe auch Vandersleyen 1971, 129–96.
2 Gitton 1981.
3 Edwards 1965, 25, Tafel 11 Nr. 2.
4 Sethe 1927, 59–60.
5 Brunner 1964.
6 Dorman 1988.
7 Redford 1967, 57–64.
8 Ägyptisches Museum, Kairo, CG 34013.
9 Newberry 1943; Zivie 1982.
10 Nims 1966.
11 Blankenberg-van Delden 1969, 16, 21–56.
12 Green 1988.
13 Harris 1973 a, b; Samson 1978.
14 Allen 1991.
15 Harris 1974; Reeves 1988.

III. Die Ehe

1 Valbelle 1985, 56–7.
2 Eyre 1984, 100.
3 Helck 1956, 1369.
4 Nach Pestman 1961, 8.
5 Pestman 1961, 8–9.
6 Nach Pestman 1961, 8.
7 Nach Pestman 1961, 8.
8 Lloyd 1983, 305.
9 Allam 1973, Nr. 272; Janssen 1982a, 119.
10 Janssen 1982b, 256.
11 Bierbrier 1980, 101.
12 Pestman 1961, 17.
13 Nach Pestman 1961, 22.
14 Ward 1986, 65–9.
15 Černý und Peet 1927.
16 Peet 1930, Tafel 34, S. 15 11.4 und 7.
17 Peet 1930, Tafel 27, S. 3 11.8–9 und 13.
18 Nach Ward 1986, 66.
19 Ward 1986, 65–9.
20 Peet 1930, Tafel 34, S. 15 1.7.
21 Pestman 1961, 65.
22 Gardiner und Sethe 1928, 8–9; siehe auch M. Guilmot 1973.
23 Ockinga und al-Masri 1988, 11 Nr. 36; Simpson 1974b, 104.
24 Z.B. Kanawati 1976, 149–60.
25 Nach Peet 1920, 18.
26 Whale 1989, 247–8, 272–3.
27 Gardiner 1910, 92.
28 Allam 1973, Nr. 272; Janssen 1982a, 120.
29 Whale 1989, 264.
30 Černý 1945.
31 Eyre 1984.
32 Eyre 1984, 100.
33 Eyre 1984, 94.
34 Eyre 1984, 94.
35 Černý 1929.
36 Černý 1929, Tafel 43, 11.2–4.
37 Janssen 1982a, 115.
38 Janssen 1982a, 115.
39 Eyre 1984, 95 mit Anm. 25.
40 Lichtheim 1976, 137.
41 Parkinson 1991, 68.
42 Parkinson 1991, 68–9.
43 Lichtheim 1976, 207.
44 Simpson 1973, 16–19.
45 Pestman 1961, 56.
46 Janssen 1982a, 120.
47 McDowell 1990, 115.
48 Janssen 1988, 135.
49 Janssen 1988, 135.
50 Whale 1989, 244–5.
51 Parkinson 1991, 55.
52 Ward 1963, 431.
53 Whale 1989, 253.
54 Whale 1989, 253.

IV. Fruchtbarkeit, Schwangerschaft und Geburt

1 Lichtheim 1976, 136.
2 Lichtheim 1973, 58.
3 Lichtheim 1973, 69.
4 Iversen 1939, Nr. IV, V, VI, VII.
5 Pinch 1983.
6 Gardiner 1930.
7 Schott 1930.
8 Bierbrier 1982a, 32; Černý 1973, 325.
9 Thebanisches Grab 336.
10 Janssen 1982a.
11 Gardiner 1940; für eine andere Interpretation siehe Cruz-Uribe 1988 sowie die Erwiderung bei Allam 1990.
12 Wente 1990, Nr. 206.
13 Hall 1986, 55 und Abb. 42.
14 Simpson 1973.
15 Depla 1994.
16 Lichtheim 1980, 128.
17 Lichtheim 1980, 128.
18 Lichtheim 1976, 200.
19 Lichtheim 1976, 212.
20 Faulkner 1969, 120.
21 Lichtheim 1976, 220.
22 Wreszinski 1909, 47 Nr. 199; siehe auch Iversen 1939, 14.
23 Sandison 1975.
24 Sandison 1975.
25 Brunner-Traut 1970a; Brovarski, Doll und Freed 1982, 293.
26 Westendorf 1980.

27 Westendorf 1966, 144–5.
28 Bourghouts 1978, 40 Nr. 63.
29 Lichtheim 1976, 141.
30 Lichtheim 1976, 200.
31 Lichtheim 1973, 219.
32 Lichtheim 1973, 220–2.
33 Barns 1956, 27 Tafel 18 1.28.
34 Bourghouts 1978, 39–40 Nr. 62–3.
35 Bourghouts 1978, 39–40 Nr. 62.
36 Bourghouts 1978, 40 Nr. 63.
37 Bourghouts 1971, 30.
38 Bourghouts 1978, 39 Nr. 60, 61.
39 Lichtheim 1976, 108.
40 Erman 1901, F.
41 Brunner-Traut 1955; Janssen und Janssen 1990, 4.
42 Janssen und Janssen 1990, 7–8.
43 Lichtheim 1973, 221.
44 Kemp 1979.
45 Barnes 1956, 27 Tafel 18 1.21 ff.
46 Barnes 1956, 27 Tafel 18 1.23 ff.
47 Lichtheim 1976, 138.
48 Lichtheim 1980, 58–9.
49 Wente 1990, 141–2 Nr. 184.
50 Barnes 1956, 26 Tafel 17 1.15.
51 Erman 1901; Parkinson 1991, 129.
52 Erman 1901, B.
53 Bourghouts 1978, 42 Nr. 66; Erman 1901, D.
54 Erman 1901, E.
55 Nach Parkinson 1991, 129–30 Nr. 49 a; Erman 1901, P.
56 Parkinson 1991, 130 Anm. 1.
57 Erman 1901, L.
58 Erman 1901, N.
59 Erman 1901, Q.
60 Steindorff 1946, 50.
61 Altenmüller 1965.
62 Edwards 1960.
63 Edwards 1960.
64 Lichtheim 1980, 128.
65 Janssen 1982 b, 255.
66 Manniche 1987, Abb. 26; Bryan 1991, Tafel 2 Abb. 6 a, b.
67 Wente 1967, 28.
68 Janssen und Janssen 1990, 17.
69 Lichtheim 1976, 169.
70 Maruéjol 1983.
71 Erman 1901, I.
72 Brunner-Traut 1970 b; Brovarski, Doll und Freed 1982, 293–4.
73 Janssen und Janssen 1990, 19.

V. Familie und Haushalt

1 Lichtheim 1976, 143.
2 Lichtheim 1976, 203–5.
3 Lichtheim 1976, 207.
4 Kemp 1989, 151–3.
5 Winlock 1955.
6 Kemp 1989, 294–8.
7 Ikram 1989.
8 Kemp 1989, 294–6; s. auch Brovarski, Doll und Freed 1982, 25–34.
9 Badawy 1968, 113–15.
10 Kemp 1987 a, 41–2.
11 Kemp 1987 a, 41.
12 Peet und Woolley 1923, 60–61.
13 Kemp 1979.
14 Kemp 1986, 5.
15 Peet und Woolley 1923, 63.
16 Kemp 1986, 6.
17 Kemp 1986, 7; 1987 a, 10.
18 Peet und Woolley 1923, 63.
19 Kemp 1986, 7.
20 Kemp 1987 a, 40–1.
21 Kemp 1987 b, 26.
22 Kemp 1986, 20–7.
23 Badawy 1968, 65–8.
24 Wente 1990, Nr. 170.
25 Gabra 1976, 48.
26 James 1962.
27 Kemp 1989, 157–8; Parkinson 1991, 111–12 Nr. 38.
28 Kemp 1989, 156.
29 Černý 1929, 254.
30 Valbelle 1985, 57.
31 McDowell 1991.
32 Bierbrier 1980; Robins 1979.
33 Davies 1920.
34 Lichtheim 1973, 170.
35 Hayes 1955, 105.
36 James 1962.
37 Kemp 1989, 297 Abb. 99.
38 Černý 1929, 246.
39 Lichtheim 1976, 205.
40 Gardiner 1935.
41 Peet 1930, Tafel 32 31 S. 10 1.15.
42 Peet 1930, Tafel S. 11 1.7–8.

43 Kemp 1989, 257–8.
44 Peet 1930, 90.
45 Lichtheim 1976, 141.
46 Parkinson 1991, 73.
47 Nach Gardiner und Sethe, 1928, 4.
48 Parkinson 1991, 74, 76.
49 Parkinson 1991, 73–6.
50 Bakir 1952.

VI. Frauen außerhalb des Hauses

1 Baines und Eyre 1983, 81–5.
2 Ward 1986, 16–17.
3 Fischer 1976, 77.
4 Graefe 1981, 41–2 (j200).
5 Ward 1989, 35.
6 Wente 1967, 28.
7 Bryan 1984.
8 Davies 1913, Tafel 26.
9 Ward 1986, 24–8.
10 Fischer 1989a, 15–16.
11 Fischer 1989a, 14–15.
12 Ward 1986, 3–23.
13 Fischer 1976, 79.
14 Nord 1970; Drenkhahn 1976.
15 Helck 1939, 66–70.
16 Ward 1989, 36.
17 Ward 1989, 36–7.
18 Simpson 1974a, Tafel 63.
19 Smither und Dakin 1939, 164, Tafel 21, Nr. 4.
20 Wente 1990, 96.
21 Wente 1990, 108.
22 Z.B. Ward 1982, 73 Nr. 595–601, 101 Nr. 841–2, 104 Nr. 860, 178 Nr. 1542.
23 Kemp 1989, 223.
24 Ward 1982, 67 Nr. 557, 559, 94 Nr. 787, 149 Nr. 1286.
25 Fischer 1989a, 10.
26 Hayes 1955.
27 Kemp 1989, 297 Abb. 99.
28 Davies und Gardiner 1948, Tafel 35.
29 Hall 1986, 48–56.
30 Brunner-Traut 1958.
31 Fischer 1989a, 6.
32 Lichtheim 1973, 216–17.
33 Wente 1990, 141.
34 Quirke 1990, 133.
35 Hayes 1955.
36 Caminos 1954, 250.
37 Caminos 1954, 51 (8.2), 55.
38 Caminos 1956, 10 B2, 5.
39 Lichtheim 1976, 190.
40 Gardiner 1941b, 1948a, b; Katary 1989.
41 Gardiner 1941a, 52.
42 Gardiner 1941a, 22–37.
43 Wente 1990, Nr. 290; Janssen 1986.
44 McDowell 1990, 222.

VII. Die ökonomische und rechtliche Stellung der Frauen

1 Goedicke 1970.
2 Parkinson 1991, 110 Nr. 36.
3 Harris 1971, 304–5.
4 Hayes 1955, 114–23.
5 Quirke 1990, 148–9.
6 Ich danke Andrea McDowell, die mich ihren unveröffentlichten Aufsatz «Women's economic position in the New Kingdom» lesen ließ.
7 Janssen 1975, 460.
8 Janssen 1975, 279 Nr. 11, 281.
9 Černý und Gardiner 1957, Tafel 51 Nr. 1.
10 Allam 1973, Nr. 183.
11 Černý und Gardiner 1957, Tafel 86 Nr. 1.
12 Černý und Gardiner 1957, Tafel 51 Nr. 2.
13 Gardiner 1906.
14 Gardiner 1935.
15 Janssen 1975.
16 McDowell 1990, 135.
17 Cerný 1945.
18 Cerný und Peet 1927.
19 Allam 1973, Nr. 233.
20 Janssen und Pestman 1968; Zitate nach ihrer Übersetzung.
21 Wente 1990, Nr. 351.
22 McDowell 1990, Nr. 124.
23 Wente 1990, Nr. 199.
24 Fairman 1938, Tafel 11 Nr. 3. Ich danke A. McDowell, die mich auf

diese Stele aufmerksam gemacht hat und den Text übersetzt hat.
25 Katary 1989.
26 Gardiner 1905; Gaballa 1977.
27 Bierbrier 1982a, 104–7.
28 McDowell 1990, 160, 251.
29 McDowell 1990.
30 McDowell 1990, 160.
31 McDowell 1990, 151–2.
32 Lichtheim 1973, 172.
33 Lichtheim 1988, 104.
34 Lichtheim 1980, 27.
35 Ockinga und al-Masri 1988, 37–8.
36 Lichtheim 1988, 139.
37 Lichtheim 1973, 100.
38 Lichtheim 1976, 151.
39 Lichtheim 1976, 161.
40 Lichtheim 1988, 139.
41 Lichtheim 1988, 23.
42 Lichtheim 1973, 89.
43 Baines und Málek 1980, 204.
44 Cruz-Uribe 1989.

VIII. Frauen und das Tempelritual

1 Fischer 1982.
2 Galvin 1984.
3 Ward 1986, 20–21, 34–5.
4 Brovarski, Doll und Freed 1982, 256.
5 Davies 1923, Tafel 14.
6 Lacau und Chevrier 1977, Tafel 9, Block 61 und 66; 1979, 198–202, Abs. 295–300.
7 Lacau und Chevrier 1977, Tafel 9, Block 130; 1979, 203–4, Abs. 303–5.
8 Epigraphic Survey 1980, Tafel 59.
9 Foucart 1935, Tafel 31.
10 Davies und Gardiner 1948, Tafel 14.
11 Davies und Gardiner 1948, Tafel 15.
12 Davies 1927, Tafel 5.
13 Épron 1939, Tafel 56.
14 Wente 1990, Nr. 93.
15 Nord 1981; Bryan 1982.
16 Scharff 1924, 45, Tafel 9.
17 Bryan 1990.
18 Caminos und James 1963, Tafel 38.
19 BM 1280.
20 Gitton 1981; Gitton 1984; Gitton und Leclant 1977.
21 Gitton 1981.
22 Gitton 1976.
23 Gitton 1981; Graefe 1981.
24 Robins 1983 b.
25 Petrie 1896, Tafel 19.
26 Bierbrier 1982 b.
27 Caminos 1964.
28 Graefe 1981.
29 Fazzini 1988, 19–21.

IX. Persönliche Frömmigkeit und Tod

1 Baines 1991.
2 Pinch 1993.
3 Černý 1958, Nr. 7.
4 James 1970, Tafel 37 Nr. 2.
5 BM EA 29.
6 Černý 1958, Nr. 6.
7 Tosi und Roccati 1972, Nr. 50051.
8 Tosi und Roccati 1972, Nr. 50052.
9 Pinch 1993.
10 Hall 1914, Tafel 40.
11 Wente 1990, Nr. 295.
12 Kemp 1989, 305.
13 Bruyère 1952, 72–82.
14 Fischer 1989 a, 13.
15 Werbrouck 1938.
16 Tosi und Roccati 1972, Nr. 50053.
17 Davies 1920.
18 Ich danke M. Mosher jr. für Informationen über die *Totenbücher* der Spätzeit und fruchtbare Diskussionen über *Totenbücher* im Besitz von Frauen.
19 Martin 1989, Tafel 125 Nr. 112 a.
20 Bierbrier 1982 b, 9–10, Tafeln 4–5.
21 Fischer 1989 a, 2–3.
22 Robins 1990 a, 92 Nr. 54.
23 Hall 1914, Tafel 49.
24 Parkinson 1991, 142.
25 Nach Gardiner und Sethe 1928, 4.
26 Lichtheim 1976, 137.
27 Gardiner 1957, 170.

X. Frauenbilder in Literatur und Kunst

1 Depla 1994.
2 Troy 1984.
3 Simpson 1973, 16–19.
4 Lichtheim 1976, 211–14.
5 te Velde 1977, 55–6.
6 Lichtheim 1988.
7 Fischer 1989a, 3.
8 Lichtheim 1976, 181–93; Simpson 1973; White 1978; Fox 1985.
9 Hall 1986.
10 Derchain 1975.
11 Brovarski, Doll und Freed 1982, 207–9.
12 Brovarski, Doll und Freed 1982, 204–5.
13 Brovarski, Doll und Freed 1982, 141–2, 144–5 Nr. 143.
14 Brovarski, Doll und Freed 1982, 184–8.
15 Hall 1986.
16 Brunner 1964.
17 Derchain 1976; Westendorf 1967.
18 Manniche 1987.
19 Manniche 1977, 1987.
20 Omlin 1973.

Bibliographie

A. Weiterführende Literatur zu den einzelnen Kapiteln

I. Königliche Frauen und das Königinnentum

K. A. Kitchen, *Pharaoh Triumphant: The Life and Times of Ramses II.,* Warminster 1978, Kapitel 6.

A. Schulman, «Diplomatic marriage in the Egyptian New Kingdom», *Journal of Near Eastern Studies* 38, 1979, S. 177–93.

L. Troy, *Patterns of Queenship in Ancient Egyptian Myth and History,* Uppsala 1986.

Artikel «Königsmutter», *Lexikon der Ägyptologie* Bd. III, S. 538 ff.

Artikel «Heiratsstele», *Lexikon der Ägyptologie* Bd. III, 1107 ff. (zur Heirat Ramses' II. mit einer hethitischen Prinzessin).

E. Edel, «Weitere Briefe aus der Heiratskorrespondenz Ramses' II.», in: *Geschichte des Alten Testaments.* Beiträge zur Historischen Theologie 16, 1953, S. 29 ff.

H. Brunner, *Die Geburt des Gottkönigs,* Wiesbaden 1964.

W. Helck, «Die Tochterheirat ägyptischer Könige», in: *Chronique d'Égypte* 44/87, Brüssel 1969, S. 22–6.

E. Reiser, *Der königliche Harim im Alten Ägypten und seine Verwaltung,* Wien 1972.

J. A. Knudtzon, *Die El-Amarna-Tafeln,* Aalen 1962.

H. A. Schlögl, *Ramses II.,* Reinbek 1993 (Rowohlt-Monografie 425).

W. Seipel, *Untersuchungen zu den ägyptischen Königinnen der Frühzeit und des Alten Reiches,* Diss. Hamburg 1980.

H. Thierfelder, *Die Geschwisterehe im hellenistisch-römischen Ägypten,* Münster 1960.

II. Königinnen, Macht und die Übernahme des Königtums

C. Aldred, *Akhenaten King of Egypt,* London 1988.

P. Dorman, *The Monuments of Senenmut,* London 1988.

M. Gitton, *L'épouse du dieu Ahmès Néfertary,* 2. Aufl. Paris 1981.

D. Redford, *Akhenaten The Heretic King,* Princeton 1984.

G. Robins, «The god's wife of Amun in the 18th Dynasty in Egypt», in: A. Cameron und A. Kuhrt (Hrsg.), *Images of Women in Antiquity,* London und Canberra 1983.

vgl. auch Kap. 1.

Artikel «Kija», *Lexikon der Ägyptologie* Bd. III, S. 422 ff.

Artikel «Hatschepsut», *Lexikon der Ägyptologie* Bd. IV, S. 1045 ff.

Artikel «Regentin», *Lexikon der Ägyptologie* Bd. V, S. 206 ff.

Artikel «Teje», *Lexikon der Ägyptologie* Bd. VI, S. 305 ff.

H. A. Schlögl, *Echnaton,* 3. Aufl. Reinbek 1992 (Rowohlt-Monografie 350).

St. Wenig, *Nofretete – Echnaton,* Katalog Berlin 1976.

– ders., *Meisterwerke der Amarna-Kunst,* Leipzig 1974.

III. Die Ehe

Schafik Allam: «Quelques aspects du mariage dans l'Égypte ancienne», *Journal of Egyptian Archaeology* 67, 1981, S. 116–35.
Schafik Allam: *Some Pages from Everyday Life in Ancient Egypt,* Gizeh 1986.
C. Eyre: «Crime and adultery in ancient Egypt», *Journal of Egyptian Archaeology* 79 1984, S. 92–105.
P. Pestman: *Marriage and Matrimonial Property in Ancient Egypt,* Leiden 1961.
Artikel «Ehe», *Lexikon der Ägyptologie* Bd. I, S. 1162ff.
Artikel «Eheurkunden», *Lexikon der Ägyptologie* Bd. I, S. 1181ff.
Artikel «Mitgift», *Lexikon der Ägyptologie* Bd. IV, S. 152ff.
H. Brunner, *Altägyptische Weisheitslehren,* Zürich/München 1991.
E. Feucht, *Geschlechtsreife und Legitimation zur Zeugung,* Freiburg/München 1985, S. 55ff.
E. Gerner, *Beiträge zum Recht der Parapherna,* Beiträge zur Papyrusforschung und Antiken Rechtsgeschichte 38, 1954 (Kap. Eheverträge).
St. Grunert, «Zum Eherecht im ptolemäischen Ägypten nach den Demotischen Papyri», in: *Zeitschrift f. Ägypt. Sprache u. Altertumskunde* 105, 1978, S. 114ff.
G. Häge, *Ehegüterrechtliche Verhältnisse in den ägyptischen Papyri Ägyptens bis Diokletian,* Gräzistische Abhandlungen 3, 1968.
E. Lüddeckens, *Ägyptische Eheverträge,* Ägyptologische Abhandlungen 1, 1960.
R. Tanner, «Untersuchungen zur Ehe- und erbrechtlichen Stellung der Frau im pharaonischen Ägypten», in: *Klio* 49, 1967, S. 5ff.

IV. Fruchtbarkeit, Schwangerschaft und Geburt

J. Baines, «Society, morality, and religious practice» in: B. Shafer (Hg.), *Religion in Ancient Egypt,* Ithaca 1991, S. 164–72 (Magic and divination).
J. Borghouts, *Ancient Egyptian Magical Texts,* Leiden 1978.
R. Janssen und J. Janssen, *Growing up in Ancient Egypt,* London 1990.
G. Pinch, «Childbirth and female figurines at Deir el-Medina and el-Amarna», *Orientalia* 52, 1983, S. 405–14.
G. Pinch, *Votive offerings to Hathor,* Oxford 1993.
Artikel «Fruchtbarkeit», *Lexikon der Ägyptologie* Bd. II, S. 336ff.
Artikel «Frauenheilkunde und -sterblichkeit», *Lexikon der Ägyptologie* Bd. II, S. 295ff.
H. Altenmüller, *Die Apotropaia und die Götter Mittelägyptens: Eine typologische und religionsgeschichtliche Untersuchung der sog. «Zaubermesser» des Mittleren Reichs,* München 1965.
E. Brunner-Traut, «Die Wochenlaube», in: *Mitteilungen des Instituts für Orientforschung* 3, 1955, S. 11–30.
dies., «Gravidenflasche. Das Salben des Mutterleibes», in: A. Kuschke u. E. Kutsch (Hg.), *Archäologie und Altes Testament,* Tübingen 1970, S. 35–48.
dies., «Das Muttermilchkrüglein. Ammen mit Stillumhang und Mondamulett», in: *Die Welt des Orients* 5, 1970, S. 145–64.
A. Erman, *Zaubersprüche für Mutter und Kind aus dem Papyrus 3207 des Berliner Museums,* Berlin 1901.
E. Feucht, «Kindheit, Jugend und Ausbildung im Alten Ägypten», in: J. Martin u. A. Nitschke (Hg.), *Zur Sozialgeschichte der Kindheit,* Frankfurt/München 1986.
H. Grapow, H. v. Deines, W. Westendorf: *Grundriß der Medizin der alten Ägypter* (9 Bde), Berlin 1954–73, bes. Bd. III, S. 9ff.

A. Hermann, «Das Kind und seine Hüterin», in: *Mitteilungen d. deutschen archäolog. Instituts Abt. Kairo* 8, 1939, S. 171 ff.
W. Westendorf, «Beiträge aus und zu den medizinischen Texten», in: *Zeitschrift f. Ägypt. Sprache u. Altertumskunde* 92, Berlin 1966, S. 128 ff. (bes. S. 144 ff.).

V. Familie und Haushalt

A. Badawy, *A History of Egyptian Architecture: The Empire,* Berkeley und Los Angeles 1968, Kapitel 2.
T. G. H. James, *The Hekanakhte Papers and other early Middle Kingdom Documents,* New York 1962.
B. Kemp, *Ancient Egypt: Anatomy of a Civilization,* London und New York 1989, S. 149–57 und 294–317.
Artikel «Familie», *Lexikon der Ägyptologie* Bd. II, S. 101 ff.
Artikel «Haus», *Lexikon der Ägyptologie* Bd. II. S. 1055 ff.
H. Ricke, *Der Grundriß des Amarna-Wohnhauses,* Wiss. Veröff. d. deutschen Orientgesellschaft, Leipzig 1932.

VI. Frauen außerhalb des Hauses

J. Baines und C. Eyre, «Four notes on literacy», in: *Göttinger Miszellen* 61, 1983, S. 81–85 (Women and Literacy).
H. Fischer, *Egyptian Studies I: Varia,* New York 1976, S. 69–79 (Administrative titles of women in the Old and Middle Kingdoms).
H. Fischer, *Egyptian Women of the Old Kingdom and of the Heracleopolitan Period,* New York 1989.
H. Fischer, «Women in the Old Kingdom and the Heracleopolitan Period», in: B. Lesko (Hrsg.), *Women's Earliest Records from Ancient Egypt and Western Asia,* Atlanta 1989, S. 5–24.
G. Robins, «Some images of women in New Kingdom art and literature», in: B. Lesko (Hrsg.), *Women's Earliest Records from Ancient Egypt and Western Asia,* Atlanta 1989, S. 105–116.
G. Robins, «While the woman looks on: gender inequality in New Kingdom Egypt», in: *KMT* 1 Nr. 3, 1900, 18, 21, 64–5.
D. Sweeney, «Women's correspondence from Deir el-Medinah», in: *Congresso Internazionale di Egitologia Festo 1.–8. 9. 1991,* erscheint demnächst.
W. Ward, *Essays on Feminine Titles of the Middle Kingdom and Related Subjects,* Beirut 1986.
W. Ward, «Non-royal women and their occupation in the Middle Kingdom», in: B. Lesko (Hrsg.), *Women's Earliest Records from Ancient Egypt and Western Asia, Atlanta* 1989, S. 33–43.

VII. Die ökonomische und rechtliche Stellung der Frauen

Schafik Allam, «Women as owners of immovables in pharaonic Egypt», in: B. Lesko (Hg.), *Women's Earliest Records from Ancient Egypt and Western Asia,* Atlanta 1989, S. 123–35.

M. Bierbrier, *The Tomb-Builders of the Pharaohs,* London 1982, Kap. 6.
J. Černý, «The will of Naunakhte and the related documents», *Journal of Egyptian Archaeology* 31, 1945, S. 29–53.
A. McDowell, *Jurisdiction in the Workmen's community of Deir el-Medineh,* Leiden 1990.

VIII. Frauen und das Tempelritual

H. Fischer, «Priesterin», *Lexikon der Ägyptologie* Bd. IV, S. 1100–1105.
M. Gitton, *L'épouse du dieu Ahmès Néfertary,* 2. Auflage Paris 1981.
M. Gitton, *Les divines épouses de la 18e dynastie,* Paris 1984.
G. Robins, «The god's wife of Amun in the 18th dynasty in Egypt», in: A. Cameron und A. Kuhrt (Hrsg.), *Images of Women in Antiquity,* London und Canberra 1983, S. 65–78.
E. Brunner-Traut, *Der Tanz im Alten Ägypten,* Glückstadt 1958.
E. Graefe, *Untersuchungen zur Verwaltung und Geschichte der Institution der Gottesgemahlin des Amun vom Beginn des Neuen Reiches bis zur Spätzeit I,* Wiesbaden 1981.
E. Hickmann, L. Manniche: «Altägyptische Musik», in: *Neues Handbuch der Musikwissenschaft* 1989, Bd. II, Kap. 2, S. 31–75.
H. Hickmann, *Musikgeschichte in Bildern. Ägypten,* Leipzig/Halle 1961.
K. S. Sander-Hansen, *Das Gottesweib des Amun,* Kopenhagen 1940.

IX. Persönliche Frömmigkeit und Tod

S. D'Auria, P. Lacovara und C. Roehrig, *Mummies and Magic: The Funerary Arts of Ancient Egypt,* Boston 1988.
H. Fischer, *Egyptian Women of the Old Kingdom and of the Heracleopolitan Period,* New York 1989, S. 2–9.
G. Pinch, *Votive Offerings to Hathor,* Oxford 1993.
A. J. Spencer, *Death in Ancient Egypt,* Harmondsworth 1982.
Artikel «Grab», *Lexikon der Ägyptologie* Bd. II, S. 826ff.
Artikel «Persönliche Frömmigkeit», *Lexikon der Ägyptologie* Bd. IV, S. 951ff.
Artikel «Tod», *Lexikon der Ägyptologie* Bd. VI, S. 613ff.
G. Fecht, Literarische Zeugnisse zur «Persönlichen Frömmigkeit» in Ägypten, *Abhandlungen der Heidelberger Akademie der Wissenschaften* 1 (Philolog.-historische Kl.), Heidelberg 1965.
S. Hodel-Hoenes, *Leben und Tod im Alten Ägypten. Privatgräber des Neuen Reiches,* Darmstadt 1991.
E. Sander-Hansen, Der Begriff des Todes bei den Ägyptern, *Det. Kgl. Danske Videnskabernes Selskab* 29.2, Meddelelser 1942.

X. Frauenbilder in Literatur und Kunst

A. Depla, «Women in ancient Egyptian wisdom literature», in: L. J. Archer u. a. (Hg.), *Women in Ancient Societies: An Illusion of the Night,* London 1994.
M. Fox, *The Song of Songs and Ancient Egyptian Love Songs,* Madison/Wisconsin, 1985.
G. Robins, «Some images of women in New Kingdom art and literature», in: B. Lesko (Hg.), *Women's Earliest Records from Ancient Egypt and Western Asia,* Atlanta 1989, 105–16.

G. Robins, «Problems in interpreting Egyptian art», *Discussions in Egyptology* 17 (1990), 45–58.
Artikel «Literatur», *Lexikon der Ägyptologie* Bd. III, S. 1067ff.
Artikel «Kunst», *Lexikon der Ägyptologie* Bd. III, S. 872ff.
C. Müller, *Die Frauenfrisur im Alten Ägypten,* Diss. Leipzig 1960.
J. Omlin, *Der Papyrus 55001 und seine satirisch-erotischen Zeichnungen und Inschriften,* Turin 1973.
S. Schoske u. a., *Abglanz der Göttlichkeit – Kosmetik im Alten Ägypten,* Katalog München 1990.
E. Staehelin, «Untersuchungen zur ägyptischen Tracht im Alten Reich», in: *MÄS* 8, 1966, S. 166ff., 257ff.
Nofret – Die Schöne. Die Frau im Alten Ägypten, Katalog Mainz 1981.

B. Allgemeines Literaturverzeichnis

Abkürzungen

ASAE Annales du Service des Antiquités de l'Égypte, Kairo.
BES Bulletin of the Egyptological Seminar, New York.
BSFE Bulletin de la Société française d'Égyptologie, Paris.
CdE Chronique d'Égypte, Brüssel.
GM Göttinger Miszellen, Göttingen.
JARCE Journal of the American Research Center in Egypt, New York.
JEA Journal of Egyptian Archaeology, London.
JNES Journal of Near Eastern Studies, Chicago.
LÄ Lexikon der Ägyptologie, Wiesbaden.
MDAIK Mitteilungen des Deutschen Archäologischen Instituts Abteilung Kairo, Mainz.
SAK Studien zur Altägyptischen Kultur, Hamburg.
ZÄS Zeitschrift für Ägyptische Sprache und Altertumskunde, Berlin.

Schafik Allam, *Hieratische Ostraka und Papyri aus der Ramessidenzeit,* Tübingen 1973.
–, Quelques aspects du mariage dans l'Égypte ancienne, in: JEA 67, 1981, S. 116–35.
–, *Some Pages from Everyday Life in Ancient Egypt,* Gizeh 1986.
–, Women as owners of immovables in pharaonic Egypt, in: B. Lesko (Hg.), *Women's Earliest Records from Ancient Egypt and Western Asia,* Atlanta 1989, S. 123–35.
–, A new look at the Adoption Papyrus (reconsidered), in: JEA 76, 1990, S. 189–91.
J. P. Allen, Akhenaten's mystery coregent and successor, in: *Amarna Letters* 1, 1991, S. 74–85.
H. Altenmüller, *Die Apotropaia und die Götter Mittelägyptens: Eine typologische und religionsgeschichtliche Untersuchung der sogenannten «Zaubermesser» des Mittleren Reichs,* München 1965.
A. Badawy, *A History of Egyptian Architecture: The Empire,* Berkeley und Los Angeles 1968.
J. Baines, Society, morality, and religious practice, in: B. E. Shafer (Hg.), *Religion in Ancient Egypt: Gods, Myths, and Personal Practice,* Itahaca und London 1991, S. 123–200.
J. Baines und C. J. Eyre, Four notes on literacy, in: GM 61, 1983, S. 65–96.
J. Baines und J. Málek, *Atlas of Ancient Egypt,* Oxford 1980.
Abd El-Mohsen Bakir, *Slavery in Pharaonic Egypt,* Kairo 1952.

J. Barns, *Five Ramesseum Papyri,* Oxford 1956.
M. L. Bierbrier, Terms of relationship at Deir el-Medina, in: JEA 66, 1980, S. 100–107.
–, *The Tomb-Builders of the Pharaohs,* London 1982a.
–, *Hieroglyphic Texts from Egyptian Stelae etc. Part 10,* London 1982b.
A. M. Blackman, *The Rock Tombs of Meir IV,* London 1924.
C. Blankenberg-van Delden, *The Large Commemorative Scarabs of Amenhotep III,* Leiden 1969.
J. F. Bourghouts, *The Magical Texts of Papyrus Leiden 1 348,* Leiden 1971.
–, *Ancient Egyptian Magical Texts,* Leiden 1978.
E. Brovarski, S. K. Doll und R. E. Freed, *Egypt's Golden Age. The Art of Living in the New Kingdom 1558–1085 v. Chr.,* Boston 1982.
H. Brunner, *Die Geburt des Gottkönigs,* Wiesbaden 1964.
E. Brunner-Traut, Die Wochenlaube, in: *Mitteilungen des Instituts für Orientforschung 3,* 1955, S. 11–30.
–, *Der Tanz im Alten Ägypten,* Glückstadt 1958.
–, Gravidenflasche. Das Salben des Mutterleibes, in: A. Kuschke und E. Kutsch (Hg.), *Archäologie und Altes Testament,* Tübingen 1970a, S. 35–48.
–, Das Muttermilchkrüglein. Ammen mit Stillumhang und Mondamulett, in: *Die Welt des Orients 5,* 1970b, S. 145–64.
B. Bruyère, *Rapport sur les fouilles de Deir el Médineh (1935–40),* Kairo 1952.
B. M. Bryan, The etymology of *ḫnr* «group of musical performers», in: BES 4, 1982, S. 35–54.
–, Evidence of female literacy from Theban tombs of the New Kingdom, in: BES 6, 1984, S. 17–32.
–, The tomb owner and his family, in: E. Dziobek und Mahmud Abdel Raziq, *Das Grab des Sobekhotep Theben Nr. 63,* Mainz 1990, S. 81–8.
–, *The Reign of Thutmose IV,* Baltimore und London 1991.
A. de Buck, The judicial papyrus of Turin, in: JEA 23, 1937, S. 152–64.
R. Caminos, *Late-Egyptian Miscellanies,* London 1954.
–, *Literary Fragments in the Hieratic Script,* Oxford 1956.
–, The Nitrocris adoption stela, in: JEA 50, 1964, S. 71–101.
R. Caminos und T. G. H. James, *Gebel es-Silsilah I,* London 1963.
J. Černý, Papyrus Salt 124 (Brit. Mus. 10055), in: JEA 15, 1929, S. 243–58.
–, The will of Naunakhte and the related documents, in: JEA 31, 1945, S. 29–53.
–, *Egyptian Stelae in the Bankes Collection,* Oxford 1958.
–, *A Community of Workmen at Thebes in the Ramesside Period,* Kairo 1973.
J. Černý und A. H. Gardiner, *Hieratic Ostraka* 1, Oxford 1957.
J. Černý und T. E. Peet, A marriage settlement of the twentieth dynasty, in: JEA 13, 1927, S. 30–39.
E. Cruz-Uribe, A new look at the Adoption Papyrus, in: JEA 74, 1988, S. 220–23.
–, in: B. S. Lesko (Hg.), *Women's Earliest Records from Ancient Egypt and Western Asia,* Atlanta 1989, S. 136–7.
N. de G. Davies, *The Rock Tombs at El-Amarna II,* London 1905.
–, *Five Theban Tombs,* London 1913.
–, *The Tomb of Antefoker, Vizier of Sesostris I, and of his Wife, Senet (No.60),* London 1920.
–, *The tombs of Two Officials of Thutmosis the Fourth,* London 1923.
–, *Two Ramesside Tombs at Thebes,* New York 1927.
–, *The Tomb of Ken-Amun at Thebes,* New York 1930.
–, *The Tomb of Rekh-Mi-Re at Thebes,* New York 1943.
N. de G. Davies und A. H. Gardiner, *Seven Private Tombs at Kurnah,* London 1948.
A. S. M. Depla, Women in ancient Egyptian wisdom literature, in: L. J. Archer u. a. (Hg.), *Women in Ancient Societies: An Illusion of the Night,* London 1994.

P. Derchain, La perruque et le cristal, in: SAK 2, 1975, S. 55–74.
–, Symbols and metaphors in literature and representations of private life, in: *Royal Anthropological Institute News* 15, 1976, S. 7–10.
P. F. Dorman, *The Monuments of Senenmut,* London 1988.
R. Drenkhahn, Bemerkungen zu dem Titel *ẖkr.t nswt,* in: SAK 4, 1976, S. 59–67.
I. E. S. Edwards, *Hieratic Papyri in the British Museum 1,* London 1960.
–, Lord Dufferin's excavations at Deir el-Bahari and the Clandeboye Collection, in: JEA 51, 1965, S. 16–28.
Epigraphic Survey, *The tomb of Kheruef, Theban Tomb 192,* Chicago 1980.
L. Epron, *Le Tombeau de Ti I,* Kairo 1939.
A. Erman, *Zaubersprüche für Mutter und Kind aus dem Papyrus 3207 des Berliner Museums,* Berlin 1901.
C. J. Eyre, Crime and adultery in ancient Egypt, in: JEA 70, 1984, S. 92–105.
R. O. Faulkner, *The Ancient Egyptian Pyramid Texts,* Oxford 1969.
R. Fazzini, *Egypt: Dynasty XXII–XXV,* Leiden 1988.
H. G. Fischer, An eleventh dynasty couple holding the sign of life, in: ZÄS 100, 1973, S. 16–28.
–, *Egyptian Studies I: Varia,* New York 1976.
–, *Priesterin,* in: LÄ 4, 1982, S. 1100–1105.
–, *Egyptian Titles of the Middle Kingdom,* New York 1985.
–, *Egyptian Women of the Old Kingdom and of the Heracleopolitan Period,* New York 1989a.
–, Women in the Old Kingdom and the Heracleopolitan Period, in: B. Lesko (Hg.), *Women's Earliest Records from Ancient Egypt and Western Asia,* Atlanta 1989b, S. 24.
G. Foucart, *Tombes thébaines. Nécropole de Dirâʿ Abûʾ n-Nága. Le tombeau d'Amonmos (quatrième partie),* Kairo 1935.
M. V. Vox, *The Song of Songs and Ancient Egyptian Love Songs,* Madison/Wisconsin 1985.
G. A. Gaballa, *The Memphite Tomb-Chapel of Mose,* Warminster 1977.
G. Gabra, Preliminary report on the stela of *Htpi* from el-Kab from the time of Wakhankh Inyotef II, in: MDAIK 32, 1976, S. 45–56.
M. Galvin, The hereditary status of the titles of the cult of Hathor, in: JEA 70, 1984, S. 42–49.
A. H. Gardiner, *Inscription of Mes,* Leipzig 1905.
–, Four papyri of the 18th dynasty from Kahun, in: ZÄS 43, 1906, S. 27–54.
–, The tomb of Amenemhet, high priest of Amon, in: ZÄS 47, 1910, S. 87–99.
–, A new letter to the dead, in: JEA 16, 1930, S. 19–22.
–, A lawsuit arising from the purchase of two slaves, in: JEA 21, 1935, S. 140–46.
–, Adoption extraordinary, in: JEA 26, 1940, S. 23–9.
–, Ramesside texts relating to the taxation and transport of corn, in: JEA 27, 1941a, S. 19–73.
–, *The Wilbour Papyrus 1,* Oxford 1941b.
–, *The Wilbour Papyrus 2,* Oxford 1948a.
–, *The Wilbour Papyrus 3,* Oxford 1948b.
–, *Egyptian Grammar,* 3. Auflage, Oxford 1957.
A. H. Gardiner und K. Sethe, *Egyptian Letters to the Dead,* London 1928.
M. Gitton, Le rôle des femmes dans le clergé d'Amon à la 18ᵉ dynastie, in: BSFE 75, 1976, S. 31–46.
–, *L'épouse du dieu Ahmès Néfertary,* 2. Aufl., Paris 1981.
–, *Les divines épouses de la 18ᵉ* dynastie, Paris 1984.
M. Gitton und J. Leclant, *Gottesgemahlin,* in: LÄ 2, 1977, S. 792–812.
H. Goedicke, Die privaten Rechtsinschriften aus dem Alten Reich, Wien 1970.

E. Graefe, *Untersuchungen zur Verwaltung und Geschichte der Institution der Gottesgemahlin des Amun vom Beginn des Neuen Reiches bis zur Spätzeit I*, Wiesbaden 1981.
L. Green, *Queens and princesses of the Amarna Period: The social, political, religious and cultic role of women of the royal family at the end of the 18th dynasty*, unveröff. Diss., Toronto 1988.
M. Guilmot, Lettre à une épouse défunte (Pap. Leiden I, 371), in: ZÄS 99, 1973, S. 94–103.
H. R. Hall, *Hieroglyphic texts from Egyptian Stelae etc. in the British Museum*, Teil V, London 1914.
R. Hall, *Egyptian Textiles*, Aylesbury 1986.
J. R. Harris (Hg.), *The Legacy of Egypt*, 2. Aufl., Oxford 1971.
–, Nefertiti Rediviva, in: *Acta Orientalia* 35, 1973a, S. 5–13.
–, Neferneferuaten, in: GM 4, 1973b, S. 15–17.
–, Kiya, in: CdE 49, 1974, S. 25–31.
W. C. Hayes, *A Papyrus of the Late Middle Kingdom in the Brooklyn Museum*, New York 1955.
H.-W. Helck, *Der Einfluß der Militärführer in der 18. ägyptischen Dynastie*, Leipzig 1939.
W. Helck, *Urkunden der 18. Dynastie* Heft 18, Berlin 1956.
–, Die Tochterheirat ägyptischer Könige, in: CdE 44/87, 1969, S. 22–26.
S. Ikram, Domestic shrines and the cult of the royal family at el-Amarna, in: JEA 75, 1989, S. 89–101.
E. Iversen, *Papyrus Carlsberg No. VIII, with some Remarks on the Egyptian Origin of some Popular Birth Prognoses*, Kopenhagen 1939.
T. G. H. James, *The Mastaba of Khentika called Ikhekhi*, London 1953.
–, *The Hekanakhte Papers and other early Middle Kingdom Documents*, New York 1962.
–, *Hieroglyphic Texts from Egyptian Stelae etc. Part 9*, London 1970.
–, Egypt: From the expulsion of the Hyksos to Amenophis I, in: I. E. S. Edwards u. a. (Hg.), *Cambridge Ancient History 2*, Teil 1, 3. Aufl., Cambridge 1973, S. 289–312.
J. J. Janssen, *Commodity Prices from the Ramesside Period*, Leiden 1975.
–, Two personalities, in: R. J. Demarée und J. J. Janssen (Hg.), *Gleanings from Deir el-Medina*, Leiden 1982a, S. 109–131.
–, Gift-giving in ancient Egypt as an economic feature, in: JEA 68, 1982b, S. 253–8.
–, A notable lady, in: *Wepwawet* 2, 1986, S. 30–31.
–, Marriage problems and public reactions (P. BM 10416), in: J. Baines u. a. (Hg.), *Pyramid Studies and other Essays presented to I. E. S. Edwards*, London 1988, S. 134–137.
J. J. Janssen und A. Dodson, A Theban tomb and its tenants, in: JEA 75, 1989, S. 125–38.
R. M. Janssen und J. J. Janssen, *Growing up in Ancient Egypt*, London 1990.
J. J. Janssen und P. W. Pestman, Burial and inheritance in the community of the necropolis workmen at Thebes, in: *Journal of the Economic and Social History of the Orient* 11, 1968, S. 137–170.
G. Jéquier, *L'Architecture et la décoration dans l'ancienne Égypte 1*, Paris 1920.
N. Kanawati, Polygamy in the Old Kingdom, in: SAK 4, 1976, S. 149–160.
S. Katary, *Land Tenure in the Ramesside Period*, London und New York 1989.
B. J. Kemp, The harim-palace at Medinet el-Ghurab, in: ZÄS 105, 1978, S. 122–33.
–, Wall paintings from the workmen's village at el-Amarna, in: JEA 65, 1979, S. 47–53.
–, *Amarna Reports III*, London 1986.
–, *Amarna Reports IV*, London 1987a.
–, The Amarna workmen's village in retrospect, in: JEA 73, 1987b, S. 21–50.
–, *Ancient Egypt: Anatomy of a Civilization*, London and New York 1989.

K. A. Kitchen, *Ramesside Inscriptions, Historical and Biographical II*, Oxford 1979.
–, *Pharaoh Triumphant: The Life and Times of Ramesses II*, Warminster 1982.
P. Lacau und H. Chevrier, *Une chapelle d'Hatshepsout à Karnak I* (Text), Kairo 1977.
–, *Une chapelle d'Hatshepsout à Karnak II* (Bildtafeln), Kairo 1979.
M. Lichtheim, *Ancient Egyptian Literature 1*, Berkeley, Los Angeles und London 1973.
–, *Ancient Egyptian Literature 2*, Berkeley, Los Angeles und London 1976.
–, *Ancient Egyptian Literature 3*, Berkeley, Los Angeles und London 1980.
–, *Ancient Egyptian Autobiographies chiefly of the Middle Kingdom: A Study and Anthology*, Freiburg 1988.
A. Lloyd, The Late Period, 664–323 BC, in: B. Trigger u. a. (Hg.), *Ancient Egypt: A Social History*, Kap. 4, Cambridge 1983.
M. Loewe, *Crisis and Conflict in Han China*, London 1974.
A. G. McDowell, *Jurisdiction in the Workmen's Community of Deir el-Medina*, Leiden 1990.
–, Agricultural activity by the workmen of Deir el-Medina, in: *Congresso Internazionale di Egitologia, Festo 1.–8. 9. 1991*, S. 52ff.
L. Manniche, Some aspects of ancient Egyptian sexual life, in: *Acta Orientalia* 38, 1977, S. 11–23.
–, *Sexual Life in Ancient Egypt*, London 1987.
G. T. Martin, *The Memphite Tomb of Horemheb Commander-in-Chief of Tutankhamun I*, London 1989.
F. Maruéjol, La nourrice: un thème iconographique, in: ASAE 69, 1983, S. 311–319.
E. Naville, *The Temple of Deir el-Bahari II*, London 1896.
A. M. Moussa und H. Altenmüller, *Das Grab des Nianchchnum und Chnumhotep*, Mainz 1977.
P. E. Newberry, Queen Nitocris of the sixth dynasty, in: JEA 29, 1943, S. 51–54.
C. Nims, The date of the dishonoring of Hatshepsut, in: ZÄS 93, 1966, S. 97–100.
D. Nord, *ẖkrt-nsw* = «king's concubine»?, in: Serapis 2, 1970, S. 1–16.
–, The term *ḫnr*: «harem» or «musical performers»?, in: W. K. Simpson und W. M. Davies (Hg.), *Studies in Ancient Egypt, the Aegean, and the Sudan*, Boston 1981, S. 137–45.
B. G. Ockinga und Yahya Al-Masri, *Two Ramesside Tombs at el-Mashayikh*, Teil 1: *The Tomb of Anhurmose – the Outer Room*, Sydney 1988.
J. Omlin, *Der Papyrus 55001 und seine satirisch-erotischen Zeichnungen und Inschriften*, Turin 1973.
R. B. Parkinson, *Voices from Ancient Egypt. An Anthology of Middle Kingdom Writings*, London 1991.
T. E. Peet, *The Mayer Papyri A & B*, London 1920.
–, *The Great Tomb Robberies of the Twentieth Dynasty 1–2*, Oxford 1930.
T. E. Peet und C. L. Woolley, *The City of Akhenaten Part 1*, London 1923.
P. W. Pestman, *Marriage and Matrimonial Property in Ancient Egypt*, Leiden 1961.
W. M. F. Petrie, *Koptos*, London 1896.
G. Pinch, Childbirth and female figurines at Deir el-Medina and el-Amarna, in: *Orientalia* 52, 1983, S. 405–414.
–, *Votive offerings to Hathor*, Oxford 1993.
S. Quirke, *The Administration of Egypt in the Late Middle Kingdom*, New Malden/Surrey 1990.
D. Redford, *History and Chronology of the Eighteenth Dynasty of Egypt: Seven Studies*, Toronto 1967.
–, Studies on Akhenaten at Thebes II. A report on the work of the Akhenaten Temple Project of the University Museum, The University of Pennsylvania, for the year 1973/74, in: JARCE 12, 1975, S. 9–18.

C. N. Reeves, New light on Kiya from texts in the British Museum, in: JEA 74, 1988, S. 91–101.

E. Reiser, *Der königliche Harim im Alten Ägypten und seine Verwaltung*, Wien 1972; Rezension D. Nord in: JNES 34, 1975, S. 142–145.

G. Robins, The relationships specified by Egyptian kinship terms of the Middle and New Kingdoms, in: CdE 54/108, 1979, S. 197–217.

–, *Egyptian queens in the 18th dynasty up to the end of the reign of Amenhotpe III*, Unveröff. Diss., Oxford 1981.

–, A critical examination of the theory that the right to the throne of ancient Egypt passed through the female line in the 18th dynasty, in: GM 62, 1983 a, S. 67–77.

–, The god's wife of Amun in the 18th dynasty in Egypt, in: A. Cameron und A. Kuhrt (Hg.), *Images of Women in Antiquity*, S. 65–78, London und Canberra 1983 b.

–, The role of the royal family in the 18th dynasty up to the reign of Amenhotpe III: 1. Queens, in: *Wepwawet* 2, 1986, S. 10–14.

–, The role of the royal family in the 18th dynasty up to the reign of Amenhotpe III: 2. Royal children, in: *Wepwawet* 3, 1987, S. 15–17.

–, Some images of women in New Kingdom art and literature, in: B. Lesko (Hg.), *Women's Earliest Records from Ancient Egypt and Western Asia*, Atlanta 1989, S. 105–116.

–, (Hg.), *Beyond the Pyramids: Egyptian Regional Art from the Museo Egizio Turin*, Atlanta 1990 a.

–, While the woman looks on: gender inequality in the New Kingdom, in: KMT 1 Nr. 3, 1990 b, S. 18, 21 u. 64–65.

–, Problems in interpreting Egyptian art, in: DE 17, 1990 a, S. 45–58.

J. Samson, *Amarna, City of Akhenaten and Nefertiti: Nefertiti as Pharaoh*, Warminster 1978.

A. T. Sandison, *Empfängnisverhütung*, in: LÄ 1, 1975, S. 1227–8.

Scharff, Briefe aus Illahun, in: ZÄS 59, 1924, S. 20–51.

B. Schmitz, Untersuchungen zum Titel *S3-NJSWT* «Königssohn», Bonn 1976.

S. Schott, Die Bitte um ein Kind auf einer Grabfigur des frühen Mittleren Reichs, in: JEA 16, 1930, S. 23, Tafel 10 Nr. 4.

A. Schulman, Diplomatic marriage in the Egyptian New Kingdom, in: JNES 38, 1979, S. 177–93.

K. Sethe, *Urkunden der 18. Dynastie* Heft 1, 2. Aufl., Berlin 1927.

D. Silverman, Divinity and deities in Ancient Egypt, in: B. E. Shafer (Hg.), *Religion in Ancient Egypt: Gods, Myths, and Personal Practice*, S. 7–87, Ithaca und London 1991, S. 7–87.

W. K. Simpson (Hg.), *The Literature of Ancient Egypt*, New Haven und London 1973.

–, *The Terrace of the Great God at Abydos*, New Haven und Philadelphia 1974 a.

–, Polygamy in Egypt in the Middle Kingdom?, in: JEA 60, 1974 b, S. 100–105.

P. C. Smither und A. N. Dakin, Stelae in the Queen's College Oxford, in: JEA 25, 1939, S. 157–165.

G. Steindorff, The magical knives of ancient Egypt, in: *Journal of the Walters Art Gallery* 9, 1946, S. 41–51 u. 106–7.

D. Sweeney, Women's correspondence from Deir el-Medinah, in: *Congresso Internazionale di Egitologia Festo 1.–8. 9. 1991*, Turin, erscheint demnächst.

M. Tosi und A. Roccati, *Stele e altre epigrafi di Deir el-Medina n.50001–n.50262*, Turin 1972.

L. Troy, Good and bad women, in: GM 80, 1984, S. 77–82.

–, *Patterns of Queenship in Ancient Egyptian Myth and History*, Uppsala 1986.

D. Valbelle, *«Les ouvriers de la tombe». Deir el-Medineh à l'époque ramesside*, Kairo 1985.

C. Vandersleyen, *Les guerres d'Amosis*, Brüssel 1971.

H. te Velde, *Seth God of Confusion*, Leiden 1977.
J. Vercoutter, La femme en Égypte ancienne, in: P. Grimal (Hg.), *Histoire mondiale de la femme*, Paris 1965.
W. A. Ward, Notes on some Semitic loan-words and personal names in Late Egyptian, in: *Orientalia* 32, 1963, S. 413–36.
–, *Index of Egyptian Administrative and Religious Titles of the Middle Kingdom*, Beirut 1982.
–, *Essays on Feminine Titles of the Middle Kingdom and Related Subjects*, Beirut 1986.
–, Non-royal women and their occupations in the Middle Kingdom, in: B. Lesko (Hg.), *Women's Earliest Records from Ancient Egypt and Western Asia*, Atlanta 1989.
E. F. Wente, *Late Ramesside Letters*, Chicago 1967.
–, *Letters from Ancient Egypt*, Atlanta 1990.
M. Werbrouck, *Les pleureuses dans l'Égypte ancienne*, Brüssel 1938.
W. Westendorf, Beiträge aus und zu den medizinischen Texten, in: ZÄS 92, 1966, S. 128–154.
–, Bemerkungen zur «Kammer der Wiedergeburt» im Tutankhamungrab, in: ZÄS 94, 1967, S. 139–150.
–, *Isisknoten*, in: LÄ 3, 1980, S. 204.
S. Whale, *The Family in the Eighteenth Dynasty of Egypt. A Study of the Representation of the Family in Private Tombs*, Sydney 1989.
J. B. White, *A Study of the Language of Love in the Song of Songs and Ancient Egyptian Poetry*, Missoula/Montana 1978.
H. Winlock, *The Treasure of the Three Egyptian Princesses*, New York 1948.
–, Models of Daily Life in Ancient Egypt, New York 1955.
W. Wreszinski, *Der Große Medizinische Papyrus des Berliner Museums (Pap. Berl. 3038)*, Leipzig 1909.
C. M. Zivie, *Nitokris*, in: LÄ 4, 1982, S. 513–514.

Abbildungsnachweis

Abkürzungen:
IBM Mit freundlicher Genehmigung des British Museum
EES Mit freundlicher Genehmigung des Komitees der Egypt Exploration Society
TT: Thebanisches Grab

1 Tempel von Deir el-Bahari, Theben. Aus: Naville 1896, Tafel 49 links, EES.
2 Karnak, 18. Dynastie, Archives Lacau A XV 5, mit Erlaubnis des Centre Wladimir Golenischeff.
3 Karnak, 18. Dynastie, Museum von Luxor. Aus: Karol Myśliewiec, *Eighteenth Dynasty before the Amarna Period,* Iconography of Religions XVI, 5, Leiden 1985, Tafel 1 Nr. 1, mit Erlaubnis von E. J. Brill.
4 TT 192, 18. Dynastie, Epigraphic Survey 1980, Tafel 42 rechts, mit freundlicher Genehmigung des Oriental Institute der Universität Chicago.
5 TT 192, 18. Dynastie, Epigraphic Survey 1908, Tafel 49, mit freundlicher Genehmigung des Oriental Institute der Universität Chicago.
6 Medinet Habu, Theben, Museum von Kairo, 18. Dynastie. Aus: Jequier 1920, Tafel 77.
7 18. Dynastie, Pelizaeus-Museum 53 b, Fotografie des Pelizaeus-Museums Hildesheim.
8 18. Dynastie, Ägyptisches Museum Berlin, Inv. Nr. 15699, mit freundlicher Genehmigung des Ägyptischen Museums Berlin.
9 Rote Kapelle der Hatschepsut Block 26 (Detail), Karnak, 18. Dynastie, Fotografie der Autorin.
10 Tempel von Deir el-Bahari, Theben, 18. Dynastie. Aus: Naville 1896, Tafel 47 rechts, EES.
11 Theben, 18. Dynastie, BM, EA 174.
12 Serabit el-Khadim, Sinai, 18. Dynastie, Kairo JE 38257, mit freundlicher Genehmigung des Ägyptischen Museums Kairo.
13 Amarna, 18. Dynastie, Ägyptisches Museum Berlin Inv. Nr. 14145, mit freundlicher Genehmigung des Ägyptischen Museums Berlin.
14 Amarna, 18. Dynastie, University College London 038, mit freundlicher Genehmigung des Petrie-Museums, University College London.
15 Grab des Panehsi, Amarna, 18. Dynastie, Davies 1905, Tafel 8, EES.
16 Amarna, 18. Dynastie, Museum of Fine Arts, Boston 64. 521 links, Egyptian Curator's Fund, mit freundlicher Genehmigung des Museum of Fine Arts Boston.
17 (links) Ägyptisches Museum Berlin Inv. Nr. 9583, mit freundlicher Genehmigung des Ägyptischen Museums Berlin.
(Mitte) Heiligtum der Hathor, Faras, Nubien, 18. Dynastie, BM 51236.
(rechts) Theben, Neues Reich, BM, EA 2371.
18 Mittleres Reich, Ägyptisches Museum Berlin Inv. Nr. 14517, mit freundlicher Genehmigung des Ägyptischen Museums Berlin.
19 BM EA 35813.
20 18. Dynastie, BM EA 30459.
21 18. Dynastie, Brooklyn Museum 37. 710E, mit freundlicher Genehmigung des Brooklyn Museums.

22 Deir el-Medineh, Neues Reich, BM EA 8506.
23 Mittleres Reich, BM EA 18175.
24 TT 93, 18. Dynastie, Davies 1930, Tafel 9 rechts.
25 Mittleres Reich, Queen's College, Oxford Kat. Nr. 1113, mit freundlicher Genehmigung der Visitors of the Ashmolean Museum, Oxford.
26 Grab von Nianchchnum und Chnumhotep, Saqqara, 5. Dynasty, Moussa und Altenmüller 1977, Tafel 26 (a) links, mit freundlicher Genehmigung des Deutschen Archäologischen Instituts Kairo.
27 18. Dynastie, Louvre AF 6. 643, Foto © RMN.
28 TT 280, Mittleres Reich, Ägyptisches Museum JE 46723, mit freundlicher Genehmigung des Ägyptischen Museums Kairo.
29 Peet und Woolley, 1923, Tafel 16, entnommen aus: Miriam Stead, *Egyptian Life*, London 1986.
30 Nach Badawy 1968, 65 Abb. 34.
31 TT 217, 19. Dynastie, aus: Davies 1927, Tafel 30.
32 Grab 604, Sidmant, Mittleres Reich, Ashmolean Museum 1921.1423, Oxford.
33 TT 52 (Nacht), 18. Dynasty, MMA 15.15.19e, Faksimile von Nina Davies. Alle Rechte vorbehalten: Metropolitan Museum of Art, New York.
34 Grab D Nr. 2 in Meir, Blackman 1924, Tafel 10, EES.
35 Grab des Nebamun in Theben, 18. Dynasty, BM EA 37984.
36 TT 52 (Nacht), 18. Dynastie, MMA 15.5.19b, Faksimile von Nina Davies. Alle Rechte vorbehalten: Metropolitan Museum of Art, New York.
37 Rote Kapelle der Hatschepsut Block 66, Karnak, 18. Dynasty, Fotografie der Autorin.
38 TT 192 (Cheriuf), 18. Dynastie, Epigraphic Survey 1980, Tafel 59, mit freundlicher Genehmigung des Oriental Institute der Universität Chicago.
39 TT 51 (Userhat), 19. Dynastie, Davies 1927, Tafel 5, unteres Register.
40 Grab des Ti, Saqqara, 5. Dynastie, aus: Epron 1939, Tafel 56 (Detail).
41 Rote Kapelle der Hatschepsut Block 37, Karnak, 18. Dynastie, Fotografie der Autorin.
42 Rote Kapelle der Hatschepsut, Teile der Blöcke 140 und 292, Karnak, 18. Dynastie, Fotografie der Autorin.
43 25. Dynastie, BM EA 46699.
44 Karnak, 9. Jahr von Psammetich I., 26. Dynastie, Louvre E 26.905, Foto © RMN.
45 Karnak, 26. Dynastie, BM EA 835.
46 Karnak, 26. Dynastie, BM EA 1519 rechter Pfosten.
47 Deir el-Medineh, 19. Dynastie, BM EA 1516.
48 Vermutlich Theben, 19. Dynastie, Kestner-Museum Hannover 2938, mit freundlicher Genehmigung des Kestner-Museums.
49 19. Dynastie, BM EA 65355.
50 Deir el-Medineh, 19. Dynastie, Bankes-Stele Nr. 7, Černý 1958, Nr. 7, mit freundlicher Genehmigung des National Trust, Kingston Lacy, Bankes Collection.
51 18. Dynastie, BM EA 1297.
52 Deir el-Medineh, 19. Dynastie, Bankes-Stele Nr. 6, Černý 1958, Nr. 6, mit freundlicher Genehmigung des National Trust, Kingston Lacy, Bankes Collection.
53 Deir el-Medineh, Neues Reich, Museo Egizio Turin 50051, mit freundlicher Genehmigung des Museo Egizio Turin.
54 Deir el-Medineh, Neues Reich, Museo Egizio Turin 50052, mit freundlicher Genehmigung des Museo Egizio Turin.
55 Deir el-Bahari, 18. Dynastie, BM EA 43215.
56 18. Dynastie, Turin Kat. 1611, mit freundlicher Genehmigung des Museo Egizio Turin.

57 TT 100 (Rechmire), 18. Dynastie, aus: Davies 1943, Tafel 63.
58 Totenbuch des Ani, 19. Dynastie, BM EA 10470/6.
59 TT 359, 20. Dynastie, mit freundlicher Genehmigung des Griffith Institute, Ashmolean Museum, Oxford.
60 Theben, 18. Dynastie, BM EA 48001.
61 20. Dynastie, BM EA 10472/4.
62 19. Dynastie, BM EA 9901.
63 Deir el-Bahari, Theben, 21. Dynastie, Kairo 14-7/35-6, mit freundlicher Genehmigung des Ägyptischen Museums Kairo.
64 Theben, 19. Dynastie, BM EA 305.
65 4. Dynastie, BM EA 1228.
66 Gizeh, 5. Dynastie, BM EA 1171.
67 Saqqara, 5. Dynastie, BM EA 1848.
68 Meidum oder Dahschur, 6. Dynastie, BM EA 65430.
69 Saqqara (?), späte 5. bis frühe 6. Dynastie, Brooklyn Museum 37.17E, mit freundlicher Genehmigung des Brooklyn Museums.
70 Saqqara, 5. Dynastie, BM EA 1181.
71 Altes Reich, Brooklyn Museum 49.215, mit freundlicher Genehmigung des Brooklyn Museums.
72 19. Dynastie, Museo Archeologico di Firenze, Inv. Nr. 2522, mit freundlicher Genehmigung des Museo Archeologico.
73 19.–20. Dynastie, Museo Archeologico di Firenze, Inv. Nr. 2591, mit freundlicher Genehmigung des Museo Archeologico.
74 18. Dynastie, Kestner-Museum 1935.200.106, mit freundlicher Genehmigung des Kestner-Museums.
75 BM EA 36.
76 Grab des Maja, Saqqara, Leiden, Rijksmuseum van Oudheden AST 3, mit freundlicher Genehmigung des Rijksmuseums van Oudheden.
77 TT 96, 18. Dynastie. Aus: Karol Myśliewiec, *Eighteenth Dynasty before the Amarna Period*, Iconography of Religions XVI, 5, Leiden 1985, Tafel 40 Nr. 1, mit Erlaubnis von E. J. Brill.
78 Grab des Chentika, Saqqara, James 1953, Tafel 7 unten links, EES.
79 TT 100, 18. Dynastie, aus: Davies 1943, Tafel 64.
80 18. Dynastie, BM EA 37986.
81 18. Dynastie, University College London 14365, mit freundlicher Genehmigung des Petrie-Museums, University College London.
82 18. Dynastie, Gulbenkian Museum of Oriental Art, University of Durham, mit freundlicher Genehmigung des Durham University Oriental Museums.
83 18.–19. Dynastie, Leiden, Rijksmuseum van Oudheden AD 14, mit freundlicher Genehmigung des Rijksmuseums van Oudheden.
84 TT 69, 18. Dynastie, MMA 30.4.48, Faksimile von Nina Davies. Alle Rechte vorbehalten: Metropolitan Museum of Art, New York.
85 Deir el-Medineh, Neues Reich, Museo Egizio Turin 2031, mit freundlicher Genehmigung des Museo Egizio Turin.

Danksagung

Allen, die mir auf irgendeine Weise geholfen und mich ermutigt haben, dieses Buch zu schreiben, schulde ich Dank. Ganz besonders möchte ich Vivian Davies und Celia Clear danken, die mir als erste vorgeschlagen haben, dieses Projekt zu verwirklichen; John Baines für hilfreiche Diskussionen, während ich in Oxford an dem Buch arbeitete; Annette Depla, die mir erlaubte, den Entwurf ihres Aufsatzes «Women in ancient Egyptian wisdom literature» vor der Veröffentlichung einzusehen; Andrea McDowell für all ihre Hilfe bei der Beantwortung meiner Fragen und für zwei ihrer Aufsätze, «Women's economic position in the New Kingdom» und «Agricultural activity by the workmen of Deir el-Medina», die sie mich vor der Veröffentlichung lesen ließ; Malcolm Mosher Jr. für Informationen über die *Totenbücher* der Spätzeit, die Frauen gehörten; Richard Parkinson für zahlreiche interessante Diskussionen; Geraldine Pinch für all ihre Hilfe und anregende Diskussion, sowie für eine Kopie ihres Aufsatzes «Fertility magic», die sie mir vor der Veröffentlichung zukommen ließ; Stephen Quirke, der mir viele interessante Einsichten vermittelte, als er mir bei einem anderen Projekt über Frauen im Alten Ägypten half; Jim Romano, der mir freundlicherweise eine Kopie seines Vortrags über «Mother and child in Ancient Egypt» vor dem Metropolitan Museum of Art in New York zur Verfügung stellte; Donald Spanel für seine Hilfsbereitschaft bei der Literatursuche und der Beantwortung von Fragen – er hat immer, gleich welcher Aspekt des Alten Ägyptens zur Debatte steht, interessante und wertvolle Kommentare gegeben. Schließlich möchte ich Charles Shute, meinem Mann, danken, denn er hat die verschiedenen Entwürfe des Typoskripts unzählige Male gelesen und viele wichtige Verbesserungsvorschläge gemacht, außerdem meiner Lektorin, Carolyn Jones, die das Projekt bis zur Veröffentlichung begleitet hat.

Register

Kursiv gedruckte Zahlenangaben beziehen sich auf Abbildungen

Buchanzeigen